デジタルイノベーションと金融システム

木下信行
［著］

一般社団法人金融財政事情研究会

はじめに

　最近の報道では、自動運転やシェアリングエコノミー等の取組みが日々取り上げられています。こうした動きは、デジタルイノベーションと総称されるように、いずれも、情報通信技術の進歩を基礎として新たなアイデアを実現しようとするものです。こうしたアイデアを事業として成り立たせようとしたときには、財・サービスの対価をどのように受け取るのか、新たな事業に必要な資金をどのように調達するのかということが共通の課題となります。

　前者については、こうした事業の多くは非対面で取引が行われますので、ネット上だけで完結できる支払手段が必要ですし、対価の受払いと引き換えで財・サービスを提供するためには両者のリアルタイムの連携が必要です。こうした取組みにあたっては決済サービスが重要な鍵となります。また、情報通信技術の進歩に伴い、企業が機動的に連携して財・サービスの革新を目指すオープンイノベーションが進展してきています。こうしたオープンイノベーションを支えていくためには、既存の企業融資だけでは不十分であり、産業構造の変化に見合った金融サービスが必要です。そして、決済サービスと金融サービスをあわせ提供する金融産業は、それ自体として、デジタルイノベーションの主要な舞台となっています。仮想通貨が良くも悪くも注目を集めている原因はここにあります。

ところが、この分野の動きは大変わかりづらいことが実情です。ブロックチェーンや人工知能のような新技術によるシステム開発が行われたり、従来からの通念と異なる方法で財・サービスが提供されたり、既存の法制度では割り切れない試みが行われたりします。報道では、そのたびに専門家による解説が行われますが、各々の専門領域に固有の考え方や言葉によって説明するので、説明の受け手にとっては、まるでバベルの塔のような状況を呈しています。その結果、全体として何が起きているかをイメージできず、今後の取組方針を決めかねている方も多いのではないかと思います。

一方、デジタルイノベーションでは、クロスインダストリー・クロスボーダーの競争が加速の一途をたどっています。たとえば、金融分野では既存の金融機関といわゆるフィンテック企業が競争したり、連携したりしています。また、中国の決済サービスは、つい最近までわが国に比べて遅れているのではないかとみられていましたが、銀行以外の事業者によるフィンテックの進展は目をみはるばかりであり、いまや世界で最も先進的という指摘さえあります。

こうしたなかでは、わが国における個別の解説を後追いしていても、世界的な事態の進展に伍していくことは困難です。

私は三年前に「決済から金融を考える」という書物を書きました。これは、自らの長年の職務経験に基づき、決済と金融については、経済活動において果たす機能から制度や組織を考えていくというアプローチが必要だと痛感したことによるものです。当時は、ビットコイン等が拡大し始めたばかりの時期でしたので、ブロックチェーンを「暗号通貨の基礎となるシステム」と呼び、それを銀行の決済サービスの提供に取り入れることを提言しました。また、仮想通貨については、「暗号通貨の価値」というテーマとして論じ、将来、情報処理能力本位制に基づく決済システムが自生的に形成され、既存の決済システムに対するアンチテーゼとして機能することへの期待を表明しました。

現時点で振り返ってみますと、ブロックチェーンについては正しい見通しであったと自負できますが、仮想通貨については、残念ながら期待に沿った展開になっていないと考えざるをえません。そこで、その状況を分析するとともに、人工知能等を含むデジタルイノベーション全般を視野に入れ、「決済から金融を考える」を改訂することとしました。その後の状況をふまえて、現時点でさらに具体的な議論をさせていただけば、金融産業の方々の取組みの参考になるのではないかと考えたものです。

以上から、この本では、決済と金融の基本的な考え方を出発点として、デジタルイノベーションと金融システムのかかわりの全体像を説明します。その際、個別の専門分野について掘り下げて分析するというよりは、情報通信技術の進歩を事業に活かしていただくことを主眼として、実務の組立てや法制度の整備を考える枠組みを示すことにします。そして、その説明にあたっては、多少おおざっぱであっても、技術、金融、法律等の予備知識のない方にもわかっていただけるように工夫していくこととしています。

こうした工夫を凝らすに際しては、株式会社きんざいの花岡博氏に多大な協力をいただきました。ともすれば独りよがりになりがちな私の行論や表現について、忌たんのない意見をいただき、率直な議論をさせてもらいました。

この本が、皆様にとって、今後のデジタルイノベーションの流れを見通し、前広に的確な対応に取り組んでいくための手がかりとしてお役に立てば幸いと存じます。

目　次

第二章　決済のオペレーションとブロックチェーン

第三章　決済と取引のインフラストラクチュア

第四章　銀行と通貨のデジタルイノベーション

第五章　金融市場とブロックチェーン

第六章　政府の役割

序章

デジタルイノベーションと金融システムのかかわり

(1) デジタルイノベーション

情報通信技術の進歩に伴って、これまでは現実のものとして考えられてこなかったような財・サービスが提供されるようになっています。新たな性能をもつ物理的な財としては、自動運転車、ドローン等がありますし、スマートフォンやパソコンで操作する新たなサービスとしては、検索、ソーシャルネットワーク、動画や地図情報の配信等に加え、シェアリング等の多種多様なサービスがあります。こうした新たな財・サービスは、いまや私たちにとって欠かせないものとなっており、将来は、生活すべてを覆うものと予測されます。

こうしたイノベーションは、個別の現象として起きているわけではありません。共通の基盤の上で相互に関連しあって進展しています。

まず、新たな財・サービスを開発するための共通の基盤としては、モバイル端末やセンサー等の情報機器の普及、インターネットやワイファイに代表される情報通信の基盤強化、ビッグデータや検索エンジンに示されるような情報処理能力の向上があります。最近提供されるようになった財・サービスは、こうした情報通信技術の基盤の上に、ＧＰＳやＰ２Ｐネットワーク等の要素技術が確立されたことを受けて開発されたものです。さらに近い将来には、ブロックチェーンや人工知能等の要素技術を活かして、より画期的な財・サービスの開発が行われると見込まれます。

また、こうした財・サービスの革新の内容は相互に連関しています。たとえば、検索エンジンを使った際に地図や動画の情報サイトにリンクすることは、すでに私たちの日常生活の前提となっています。

さらに、シェアリングをはじめとして、財・サービスの提供方法自体のイノベーションも拡大を続けています。

この本では、こうした情報通信技術の進歩に伴う財・サービスの革新を、総体として「デジタルイノベーション」と呼ぶこととします。

デジタルイノベーションは、このように情報通信技術の進歩を活用して進められますが、技術面からの創意工夫だけで実現できるものではありません。いくら素晴らしい技術があっても、それを活かした事業として成功しなければ、宝の持ち腐れになってしまいます。事業としては、顧客の満足度を高める新たなアイデアを創出し、具体的な財・サービスとして開発したうえで、ニーズの見込まれる市場に迅速に売り出し、受け入れてもらわなければなりません。こうしたプロセスは新たな事業全般に妥当するものですが、デジタルイノベーションでは、非常に早いタイミングで優勝劣敗がはっきりすることが特徴です。これは、アイデアを実装するための設備や時間が少なくてすむこと、増産に伴う限界費用がきわめて小さいこと、市場における評価がネット上で定まること、利用者が多ければ多いほど利便性の高まるものが多いこと等の特性があることによります。デジタルイノベーションで成功を勝ち取るためには、アイデアの斬新さと事業化のスピードが何より重要です。これまで成長してきた財・サービスのなかでは、用いる技術はトラディショナルであっても、アイデアと事業化に優れたものが多かったのです。今後のデジタルイノベーションにおいては、こうしたアイデアと事業化をめぐる競争を円滑に進めるための環境がよりいっそう重要になります。

それが決済サービスや金融サービスの役割です。

(2) デジタルイノベーションの事業化と決済サービス

デジタルイノベーションにおける決済サービスの意味について、もう少し具体的に、新たなサービスのアイデアを思いついた場合を想定してみましょう。それを実現しようとするときにまず考えなければならないことは、顧客に対するサービス提供の方法に加えて、顧客からの対価の回収方法です。事業として行う以上、対価を得て収益があがらなければ意味がありません。また、そのことによってはじめてアイデアが広く世の中の役に立つことにもなります。

ところが、銀行券の引渡しや預金の振込み等の従来の決済サービスでは、新たなサービスの利用対価の回収はうまくいきません。なぜなら、まず、サービスの提供では、不特定の顧客とネット上で取引しますので、銀行券の引渡しを受けることはできません。また、顧客はアプリをダウンロードしてしまえば直ちに利用できるようになるので、預金の振込み等のように時間のかかる方法では、途中で取り消される等により対価を受け取れないおそれがあります。かといって代金先払いとしたのでは、警戒されて潜在顧客を取り逃がしてしまうかもしれません。

実は、この問題は、インターネットの商業利用が始まった頃から、最も大きな懸案となったものです。当時は、通信事業者経由での課金やネットワーク上の電子マネー等、さまざまな取組みが行われましたが、時間がたつにつれ、バナー広告とクレジットカード決済とに収斂していきました。

バナー広告は、情報サービスの利用自体は無料なのですが、利用中の画面等に広告を出して顧客による他の財・サービスの購買を促すというもので、現在の民間放送と同様の対価回収方法です。これに準じた方法としては、顧客に会員になってもらう等により、プライバシー情報を入力してもらい、マーケティング等に用いるものもあります。しかし、これらの方法については、他の財・サービスの広告やマーケティングを行いたい企業のニーズと情報サービスを利用したい顧客のニーズが一致するとは限らないという問題があります。この問題への対処のために、サービスの内容や利用状況とバナー広告の内容や料金をリンクさせる取引等が行われていますが、新たな情報サービスについては、どのような顧客に受け入れられるかが明らかではないという限界があります。

一方、クレジットカード決済は、サービスの利用の前に顧客のクレジットカードの情報を入力してもらい、クレジットカード会社から対価を受け取るというもので、財・サービスの一般的な販売と同様の対価回収方法です。クレジットカード会社は、入力の時点では顧客に対する貸付を行い、一定期間後に顧客の銀行口座からの引落しで資金を回収することになります。これに準じた方法としては、事前に顧客の銀行口座から一定額を振り込んでもらい、その範囲で取引の対価を支払うプリペイド決済の方法もあります。これらの方法については、銀行口座へのアクセスにつながる情報をネット上でやりとりするため、悪意ある第三者によって不正に使われるおそれがあるという問題があります。このため、クレジットカードの情報を暗号化する手段を提供したり、プリペイド方式により利用者サイドのリスクを限定したりしたうえで、事業者の情報セキュリティを確保する等の工夫が行われています。しかし、こうした工夫は、情報セキュリティを確保するためのコストや利用上の制約につながってきました。

このように、決済サービスは、デジタルイノベーションを事業化する際にまず直面する課題なのです。アイデアを開発する段階では、事業の規模が小さいうえに不確実性が高いので、対価の回収方法の設定に要する固定費用は大きな障壁になります。逆に、外国の電子取引の事業者においては、対価の支払と商品の引渡しを引換えとする「エスクローサービス」が事業発展の決め手となった例がみられます。こうしたことからすれば、より効率的で自由度の高い決済サービスが提供されれば、より多くのアイデアの創出を促す土壌がつくられることになると考えられます。

(3) デジタルイノベーションの事業化と金融サービス

次に、デジタルイノベーションにおける金融サービスの意味について、事業の核となる斬新なアイデアがどのように創出されるかを考えてみましょう。日々の生活を振り返ってみれば明らかなように、新たなアイデアは、一人で熟考して思いつくことはまれで、異なる考え方の交流によって生まれてくることが多いのです。とりわけ顧客の満足度を高めるようなアイデアは、さまざまな人とのコミュニケーションを通じて生まれてくることが多く、事業のパートナーの間で考え方や知識が異なれば異なるほど、相互に刺激しあって、より斬新なアイデアが生まれやすいといわれています。デジタルイノベーションでは、役職員の考え方が終身雇用によって同質化している老舗の大企業よりも、さまざまな人の協力によって設立された新興企業において斬新なアイデアが創出されやすいことになります。

そこで、起業家たちが新たなアイデアを事業化しようと決心した場合を想定してみましょう。そうすると、そのアイデアの事業化に成功する確率は決して高くありませんし、企業としての信用もいまだ確立していないので、所要資金の調達が難問であることに気づきます。新興企業では、提供できる担保もありませんので、銀行等から融資を受けることはむずかしいですし、大企業から出資を受けると、組織内の調整に巻き込まれてアイデアの迅速な事業化が危ぶまれます。

このように、デジタルイノベーションにおいては、起業のための資金調達は本質的な課題なのです。この点、外国をみれば、スタートアップ企業の目利きを行ったり、事業化の支援を行ったりするベンチャー投資家等が存在し、「オープンイノベーション」のエコシステムが確立しているといわれています。これに伍していくためには、わが国でも、アイデアの事業化を支えるための金融サービスの整備が必要ですが、従来型の融資中心の方法では対応が困難であり、企業経営への関与を含む資本市場の整備が必要だと考えられます。

(4) 金融産業のデジタルイノベーション

以上で論じたように、決済サービスや金融サービスは、デジタルイノベーションを進めるうえで決定的に重要な前提となるのですが、一方で、決済サービスや金融サービスにおけるデジタルイノベーションの進展という逆方向の関係も、これに劣らず重要です。

その具体的な例としては、決済サービスにおけるブロックチェーンの利用があげられます。詳細については後ほど説明しますが、これについては、情報セキュリティ確保の方法を転換させることにより、銀行の顧客に対する決済サービスや金融市場における決済に画期的革新をもたらすことが期待されます。このため、現在、世界中の金融産業で、ブロックチェーン導入に向けた実証作業等が進められています。

また、深層学習を取り入れた人工知能についても、従来人手に頼っていた金融実務をコンピュータ処理することにより、著しい効率化効果が期待されます。このため、世界中の金融産業で、顧客情報の入力から融資や投資の決定に至るまで、さまざまな場面での導入が進められており、就業構造に甚大な影響を与えるのではないかと論じられています。

こうした金融分野におけるデジタルイノベーションは、総体として「フィンテック」という言葉で呼ばれています。

フィンテックにおいても、デジタルイノベーション全般について前述したように、革新的な技術を利用するだけでは事業として成功することはできません。やはり、顧客の満足度を高める新たなアイデアを創出し、具体的な財・サービスとして開発したうえで、ニーズの見込まれる市場に迅速に売り出し、受け入れてもらわなければなりません。老舗企業よりも新興企業のほうが斬新なアイデアを創設しやすいことも同様です。この点、外国では、いわゆるフィンテック企業が決済サービスや金融サービスを広く提供する一方、既存の金融産業サイドでは、これらの企業による侵食への警戒感が表明される例がみられます。

ただし、金融分野では、一般の事業分野に比して、財務の健全性に対する顧客からの信認が本質的に重要だという特性があります。とりわけ銀行は、多数の預金者から無担保で資金を預かること等から、政府による厳格な監督体制と堅固なセーフティネットが整備されています。このため、フィンテックでは、デジタルイノベーション一般とは異なる動きが生ずる面もあります。

まず、イノベーションに際し、政府や中央銀行の関与に対するアンチテーゼを提示するものが見受けられます。たとえば当初のビットコインでは、そうした志向が強く感じられます。一方で、政府や中央銀行の関与を所与として、既存の銀行と共同して事業を展開するものがあります。たとえばわが国の銀行のオープンＡＰＩにかかわる事業者では、そうした志向が見受けられます。

こうしたなかで、金融産業におけるデジタルイノベーションでは、政府や中央銀行の対応が大きな影響力をもつことになります。しかし、アイデアが斬新であることと顧客からの信認を確保することとは裏腹の関係にあるので、従来の銀行監督等の延長線では対応できない事象も生じてきます。たとえば、必要な規制を行うための登録制度導入が顧客に対するお墨付きとして用いられる等のゆがみがみられるという指摘があります。

このように、デジタルイノベーションと決済サービスや金融サービスは、相互にかかわりあいながら、共進化しています。

(5) デジタルイノベーションと金融システム

ここで、以上で論じた点に関する現実の動きを的確に理解するためには、決済サービスや金融サービスが金融システムの提供する機能の断片にすぎないことに注意する必要があると指摘しておきたいと思います。現状の金融システムは、個別決済のオペレーション、決済のネットワーク、銀行システム、金融市場に至るまで、連続的な体系として形成されてきたものです。そして、政府による法制度の整備と執行のもとで、中央銀行を中心とする関係者の最適化努力が行われた結果として存在しています。デジタルイノベーションに伴って生ずる個々の事象を断片的にみるだけでは、金融システムとのかかわりについての認識を誤ることにつながります。

とりわけ、仮想通貨をめぐる現在の議論には、こうした混乱が見受けられます。仮想通貨を分解してみると、もともとブロックチェーンによる情報セキュリティの確保という革新的な技術の上に成り立つ決済サービスの手段としての側面があります。そこでは、ブロックチェーンの運用のためには情報処理の正当性をチェックするネットワーク参加者が必要であることに加え、政府や中央銀行による管理から解放されたネットワークとするという価値判断から、不特定多数の外部者に検証の誘因を与える枠組みが構築されています。さらに、中央銀行による金融政策の運営に対するアンチテーゼという流れから、機械的な発行限度を定める等の仕組みが導入されました。そのうえで、複雑な取引を支えることのできるブロックチェーンに基づく仮想通貨は、そうした取引を行うネット上の企業の資金調達手段として用いられることがあります。このように、仮想通貨は、個別の決済オペレーションから、決済ネットワーク、銀行システム、金融市場に至るまで、金融システムのさまざまな側面において行われているデジタルイノベーションの一形態なのです。

ところが、従来の仮想通貨をめぐる議論においては、当初のビットコインが中央銀行による管理のない通貨というアピールポイントで普及し始めたことにひきずられ、既存の法定通貨との関係等に議論が偏ってしまったきらいがあります。現状の仮想通貨は、情報処理の効率や価格の変動のために、決済サービスの手段とすることがむずかしい状況にあります。資金調達の手段としてみても、発行限度による希少性等から値上りが期待され、投機の対象としての側面が強くなってしまっています。こうした状況にもかかわらず、仮想通貨という用語が使われていることに表れているように、決済サービスの手段としての側面が過大評価されていると考えられます。わが国の規制面でも、資金決済法により、外貨の両替やプリペイドカードの提供同様のサービスとしての制度整備が先行しています。しかし、現状の仮想通貨は投機や資金調達の手段としての性格が強く、実態的には集団投資スキームの持分に近いものと考えられます。

金融産業におけるデジタルイノベーションは、決済のオペレーションを出発点として、ネット企業の資金調達に至るまで、金融システムのありとあらゆる側面で進行している現象です。仮想通貨は、そのごく一部にすぎません。金融システムに関する現在の法制度は、デジタルイノベーションとのかかわりについてバランスのとれた理解を得ることを通じて、包括的に変革されていくべきものと考えられます。

(6) この本のアプローチ

この本では、デジタルイノベーションという具体的事象を考えるために、しばしば法と経済学の基本に立ち戻った検討を行うこととします。こうしたアプローチをとる理由は、決して学術的な演繹論を展開しようとしているからではありません。デジタルイノベーションの現実を理解するうえで有効だからです。

この点を理解するために、私たちがデジタルイノベーションを歓迎するのはどのような場合かを振り返ってみましょう。すると、従来は存在していなかったり不便だったりした財・サービスが、情報通信技術の進歩を活かすことによって、新たに提供されたり便利に享受できるようになった場合だということに気がつきます。たとえば、初めての場所に行こうとした場合、従来は、道に迷うおそれもあり、所要時間の見込みも立ちにくかったのですが、いまでは、スマートフォンで地図アプリを使うことで、そうした心配を払拭できます。このサービスは、もともと顧客にとって望ましくはあっても、地図や時刻表という紙媒体の受渡しによる情報提供では実現できなかったことが、電子媒体によるリアルタイムの情報提供が可能になったことにより実現されたものです。このように、デジタルイノベーションが事業として成功するためには、潜在的ニーズはありながら従来提供されていなかった財・サービスについて、情報通信技術の進歩をシーズとする開発を行うことが鍵となります。

このことを裏からみれば、従来から提供されていた財・サービスは、かつての情報通信技術を所与として、事業者が創意工夫を凝らしてきたものなので、目覚ましい改善はむずかしいということになります。こうした財・サービスは、相互に連携して提供されてきたうえ、既存の企業組織や法制度がそうした財・サービスの体系を前提として構築されてきたので、経済社会という複雑系の一環をなしています。既存事業者による財・サービスの改善は、このように堅牢な複雑系のもとで、増分主義的な工夫によって行われますので、仮に未充足の顧客のニーズを見出したとしても、突破口をもたらすシーズがなければ、そうしたニーズを満たす新たなアイデアを実現することがむずかしいのです。逆にいえば、既存の組織や法制度等の枠に収まらない財・サービスのほうが、これまで満たされていない顧客のニーズを発掘できる可能性が高いことになります。

この点、情報通信技術の進歩を活用すれば、経済活動の根幹にある情報処理の方法を変革することができますので、複雑系全体を変える突破口となり、既存の財・サービスにない斬新なアイデアの事業化が幅広く可能になります。こうしたアイデアは、情報通信技術の進歩をシーズとして開発されますので、既存の経済社会の枠組みに沿ったものとなる必然性はありません。むしろ、既存の財・サービス等にこだわらないもののほうが顧客に支持される可能性が高いと考えられます。たとえば、シリコンバレーのスタートアップ企業による新たな財・サービスを紹介したサイトをみると、既存企業の提供する財・サービスの区分とはまったく無関係に、技術面から考えられるありとあらゆるシーズが試されていることがわかります。こうした起業家は、既存の財・サービスの改善ではなく、新規の財・サービスの開発を行っており、そのなかから、市場における淘汰のプロセスを経て顧客の満足を獲得したものが成功することになります。デジタルイノベーションによって、事業に成功したり経済成長を促進したりすることを考える場合には、既存の組織や法制度に執着しなければしないほどよいということになります。

また、現在のデジタルイノベーションでは、オープンソースを出発点として、多種多様な財・

サービスがどんどん開発されます。こうした開発を進める新興企業からみれば、既存の組織や法制度は、過去の技術に基づいた特定の概念を基本として組み立てられていますので、迂回することがきわめて容易です。仮に組織や法制度が状況変化に応じて変更されるとしても、それには一定の期間が必要である一方、新興企業による迂回活動はきわめて迅速に行われるので、変更による実効性向上はあまり見込まれません。

さらに、デジタルイノベーションの成果は、インターネットを通じて国境に関係なく提供されますし、デジタルイノベーションに取り組む企業の連携と競争は、クロスボーダーで展開されます。イノベーターや投資家も、国境を越えて、事業化に最も適した地域で活動します。こうした流れは加速の一途をたどっているので、国内の従来の枠組みを増分主義的に改善していくということでは、競争に伍していくことができません。

したがって、デジタルイノベーションの今後の流れを見通し、前広に対応していくためには、経済取引の基本原則に立ち戻ったアプローチが有効なのです。現在の具体的な財・サービスについて詳細に検討しても、その成果はすぐに陳腐化してしまいます。事業者としては、既存の複雑系が情報通信技術の進歩によってどのような影響を受けるかを考えたうえで、それを先取りするためには、既存の枠組みの背景にある経済原則を確認し、どのような未充足のニーズと未実現のシーズがありうるかを考えるほうが有益だと考えられます。また、政府としては、こうした取組みに適した環境をどう整備していくべきかを考えることが有益だと考えられます。

(7) この本の構成

この本では、以上のような考え方から、取引と金融に関する基本的な整理を行ったうえで、デジタルイノベーションとのかかわりについて説明していくこととします。その際には、「取引から企業を考え、決済から金融を考える」というやや特異な議論の進め方をすることになりますが、この本を通読していただければ、それがデジタルイノベーションの全体像を把握するうえで最も有効な枠組みであることをご理解いただけると思います。

ここで、この本の構成について説明しますと、第一章で、取引と金融に関する基礎的説明を行います。この分野では、技術、金融、法律等の縦割りの専門的な議論が入り組んでいることをふまえて、法と経済学による横割りの方法論に沿って整理をつけることを目指したものです。

次いで、第二章から第五章では、情報処理の方法に着目して章の区分を行っています。つまり、第二章では個別の情報処理のオペレーション、第三章では経済社会における情報処理のインフラストラクチュア、第四章では情報処理の帰着先としての銀行、第五章では企業と銀行に関する情報を処理する金融市場に着目した説明を行います。こうした章立てとした理由は、情報通信技術の進歩をシーズとしたイノベーションについて、既存の組織や法制度等にこだわらず、経済合理性に沿って幅広く考えていくことを目指したところにあります。これらの章においては、情報セキュリティ、ネットワーク、生産性、市場規律といった鍵となるメカニズムが働くことを説明します。

それぞれの章のなかでは、取引に関する情報処理のルールに着目し、契約の締結と執行、契約の束としての企業、取引と企業を支える金融システムについて説明します。これは、デジタルイノベーションに関し、個別の財・サービスの内容ではなく、事業化全般に共通する課題について説明していくためです。その際、具体的な議論の進め方としては、基礎となる概念の説明を行ったうえで、デジタルイノベーションがどのような意味をもつかを考えることとしました。なお、これらに関連するわが国の具体的な事実関係については、章末にボックスとしてまとめることにしました。

最後に第六章では、以上の説明をふまえて、デジタルイノベーションの環境整備のためにわが国政府の果たすべき役割について、私なりの意見を述べます。

こうした構成は、技術、金融、法律等の専門知識のバベルの塔に埋没することなく、実務の取組みや法制度の整備を考えていただくための工夫です。これによって、皆様が情報通信技術の進歩を事業に活かしていくうえでの一助としたいと願っています。

第一章

経済社会と情報通信技術

(1) 通貨と法制度の機能

① 取引の機能

デジタルイノベーションについて基本に立ち戻った説明を行うにあたって、鍵となる言葉は「情報処理費用」です。情報通信技術の進歩は、情報処理の効率化をもたらすものだからです。情報処理費用を節約するためには、情報処理の件数を減らすことと、一件当りの情報処理の単価を引き下げることの二つの方法があります。通貨や法制度等の役割は前者に当たるものですが、情報通信技術の活用は後者に当たります。そこでこの本では、まず、情報処理にかかわる社会的枠組みについて法と経済学等に基づいて整理し、次いで、情報処理に対する技術革新の影響について説明することとします。

経済社会における情報処理の意味を考える際の出発点は、「分業」による生産と消費による「効用」をつなぐ「取引」です。

経済学の基本的考え方によれば、財・サービスの生産については、個々の人々が最も効率的に実行できる仕事に集中してほかの人々と分業していくほうが、皆が万遍なく同じような生産活動をするよりも、経済社会全体として、より豊富な財・サービスが供給されるようになります。一方、人々の効用は、財・サービスの生産ではなく、消費によって得られます。したがって、分業して財・サービスを供給することが経済社会全体としての効用を増大させるためには、財・サービスを必要とする人々がほかの人々の生産したものを手に入れられるようになっていることが前提となります。つまり、財・サービスの分業による生産と消費による効用の双方を実現するためには、財・サービスを交換するための取引が不可欠なのです。

ただし、取引のために使われる費用は、分業によって得られる利益よりも小さくなくてはいけません。さもないと、自給自足のほうが経済社会全体として大きな効用をもたらすことになってしまいます。逆にいえば、取引のために使う費用を小さくすることができれば、より精密に分業が行われるようになり、同じ能力の人々が同じように働いても、経済社会全体としては、より多くの効用が得られるようになります。

② 取引費用削減に向けた社会的枠組み

イ 探索と交渉の費用

情報処理費用の削減に関する社会的枠組みについて説明しますと、まず、取引を行おうとする際に、何と何を交換するか、誰と取引するかという「探索の費用」が必要であることは明らかでしょう。

次に、取引の相手が見つかった際には、自分が引き渡そうと考えている財・サービスと、相手から受け取ろうとする財・サービスを比べてみて、釣り合っているかどうかが問題になります。人々は、皆、自分の引き渡す財・サービスよりも値打ちのある財・サービスを受け取りたいと考えますので、交渉を重ねていけば、結果として、すべての取引は「等価交換」に落ち着くことになるはずです。しかし、何と何が等価なのかは、個々の財・サービスの価値を個々の人々が考える場合には答えのない問題です。人々は、それぞれほしい財・サービスが違いますし、同じ財・サービスについても、それを手に入れることによって効用が増す度合いは人により異なるからです。こうしたなかでは、交換をすべき相手を見つけて、交渉を行ったとしても、妥結のための決め手がありません。交渉の費用はとても大きくなってしまいます。

しかし、取引の対象となる個々の財・サービスとは別に、人々が共通に価値の尺度として認めるものがあれば、個々の財・サービスとそのものの交換を行うことによって、この問題がかなり緩和されます。人々がそのものとの交換比率のかたちで自らの評価を表すようにするのです。この枠組みは、それ自体としては役に立たない作業を付け加えるようですが、とても有効です。

それがどれほど有効かは、簡単な数学を思い出していただけばわかります。仮に、社会に

図表1　ネットワークの構成

〈メッシュ型ネットワーク〉　〈ハブ＆スポーク型ネットワーク〉

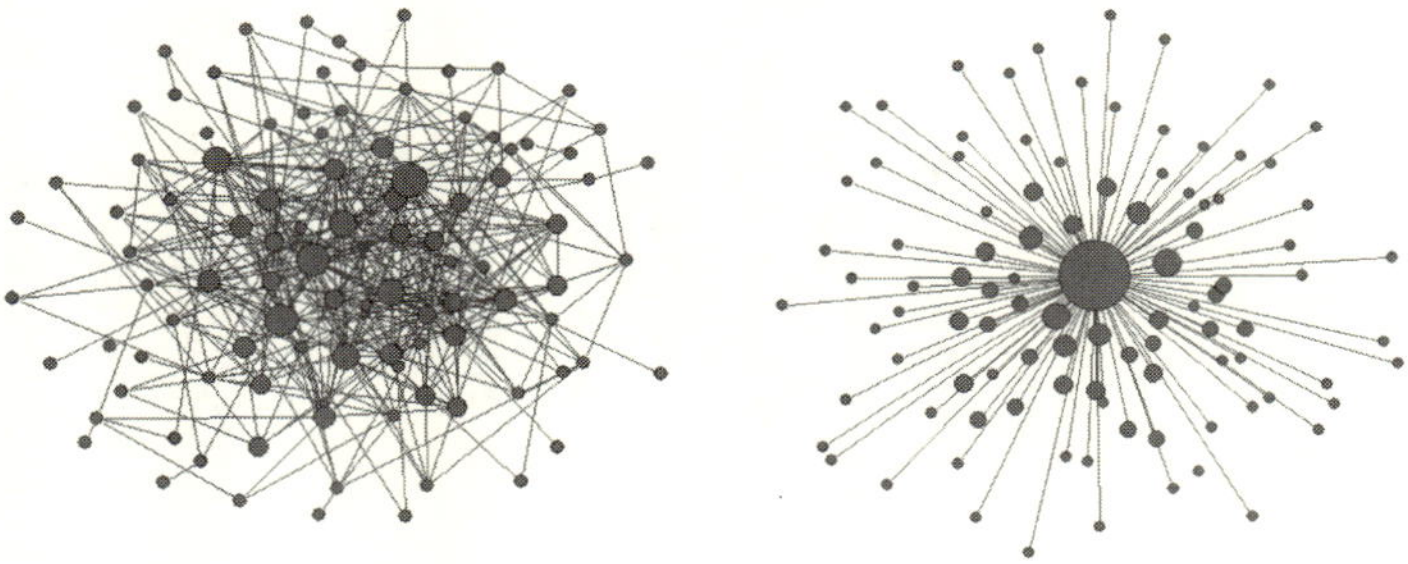

一〇〇種類の財・サービスがあるとして、その財・サービスの価値をほかの個々の財・サービスとの交換割合で表そうとすれば、一〇〇×九九÷二＝四九五〇件の情報が必要になります。ところが、共通に価値の尺度として認める一つのものがあれば、一〇〇種類の財・サービスの価値は、そのものとの関係で示せればよいので、その共通の価値自体を表す情報が追加的に必要になるとしても、示すべき価値の情報は、一〇〇＋一＝一〇一件ですみます。この例では、情報処理の件数が四九分の一ですむことになります。

これを図示すると、図表1のようになります。左の「メッシュ型」のネットワークと右の「ハブ&スポーク型」のネットワークを比べると、個々の点をつなぐのに必要となる連結線の数がハブ&スポーク型ではずっと少なくなっています。これは、ハブをつくれば、経済社会が取引を行うための情報処理の件数を節約できることを意味します。

こうした情報処理件数の節約が、人々が共通に価値の尺度として認める一つのもの、すなわち「通貨」の基本的機能です。そして、個々のものと通貨との交換比率が「価格」ということになります。それぞれのものに、通貨との交換割合で量った価格をつければ、交渉のための費用を大幅に節約できるのです。

そのうえで重要なことは、どのように価格を設定するかということです。この点に関する経済社会の基本的なメカニズムは、やはり、交渉のチャネルをハブ&スポーク型のネットワークとすることです。つまり、それ自体は財・サービスの取引を必要としない相手に対し、人々が集中して取引価格を申し出ることによって、個々に交渉を行う場合よりも、情報処理件数を節約することができます。これが「市場」の基本的役割です。市場の「価格発見機能」の発揮は、交渉のための情報処理の件数を削減するために取引を集中することによって可能となります。

このように、個々の人の比較優位を活かし、取引を通じて経済社会全体としての効用を大きくしていく際には、情報処理の費用を節約するために、通貨と市場という枠組みを用いることが基本となります。

□　強制の費用

さらに、経済取引においては、財・サービスや通貨の同時引換えが行われないものがたくさんあります。このような場合、取引を行おうとする人には、自分は財・サービスや通貨を引き渡したのに、相手からは対応する通貨や財・サービスを引き渡してもらえないことになるのではないかという心配があります。個々の人としては、いくら取引相手の情報を集めても、こうした心配を解消させることはできません。このままでは、取引自体が行われなくなってしまいますので、経済社会としては、取引に関する合意である「契約」に基づく引渡しを強制する枠組みが必要になります。それが法制度と裁判所の役割で、それにより節約される費用が「強制の費用」です。

具体的には、契約に基づく引渡しは法律上の義務とされており、それを実行しない人に対しては、裁判所に訴えて、取引対象の財・サービスを強制的に引き渡させたり、引渡しが契約どおり実行されなかったために生じた損害を賠償させたりすることができます。また、こうした裁判所の命令に従わない場合には、その人に対して罰金や懲役等の処罰が行われます。現実のほとんどの取引では、このような強制の枠組みがあることによって、実際には裁判所が関与せずとも、円滑に契約が成立し、自発的に引渡しが実行されることになります。そして、こうした法制度と裁判所の機能を発揮するためには、事前に可能な限り精密な契約書を作成し、履行状況に関する事実を確認し、裁判所等で証拠として提出することが必要です。

以上で述べてきた探索の費用、交渉の費用、強制の費用は、総称して「取引費用」と呼ばれることがあります。通貨、市場、法制度、裁判所といった枠組みは、経済社会全体として取引費用を節約するためのものだという考え方です。

(2) 企業の機能

① 契約の束としての企業

現代の経済社会における取引の主体は企業です。企業の組織がどのように形成されるかという論点に関する法と経済学の整理は、企業を「契約の束」とすることが基本です。本来は、個々の人々がその時々に市場で取引を行うことで経済社会全体としての効用を最大化できるはずですが、実際には、取引費用がかかるので、そのままでは最適化を実現できません。そこで、こうした取引費用を節約するために企業の組織が形成されると論じられているのです。つまり、同様の取引が反復継続して行われたり、交渉に要する基礎的知識が取引固有のものだったり、裁判所によって取引の実行を強制することが不経済だったりする場合には、当事者が企業という組織をつくり、そのなかで長期的に取引を行うことで探索や交渉の費用を節約するとともに、指揮命令によって取引の実行を確保し強制の費用を省くことが効率的だという考え方です。

企業という組織をつくることの意義は、どのような取引を営むかにより異なります。たとえば、長期間の固定的取引を営む場合は、その間に生じうる事態を予測するための情報処理費用が高くなりますので、企業をつくる合理性は大きくなりますが、短期のスポット的な取引を営む場合は、その時々に市場で取引を行っても情報処理費用が低いので、企業をつくる合理性は大きくありません。

また、契約の束をつくる手段は、企業という組織をつくることには限られません。たとえば、代理店契約のような長期の取引関係を確立するという手段や、事業ごとのコンソーシアムのような企業連合を形成するという手段もあります。これらの手段の間の選択は、どれをとることが最も効率的かという静的な比較衡量とともに、現状で用いている手段を変更するためにどれだけの費用がかかるかという動的な比較衡量によって決まってくることになります。

② 企業のステイクホルダー

企業の構成要素は、大きく人的資本と物的資本に分けることができます。人的資本の提供者としては経営者と従業員があり、物的資本の提供者としては株主と債権者があります。人的・物的資本の提供者の参入・退出は、それぞれ、労働市場や金融市場を通じて行われます。したがって、企業の組織の状況は、それを取り巻く市場の状況によっても変わってきます。たとえば、経営者の市場が発達している経済社会では、従業員から内部昇格する経営者が少なくなり、内部の人的な固定性も小さくなります。

企業は、こうした人的・物的資本を投入して財・サービスを提供し、顧客から対価を得て収益をあげるための組織であり、そのコントロールセンターが経営者です。企業においては、従業員、株主、債権者といったステイクホルダーが各々の誘因に沿った要求を行い、経営者がこれらの均衡を図りながら事業を進めることになります。

企業の収益には、その時々の経済情勢や競争環境等に応じた変動が生じますが、物的資本の提供者について、収益変動から影響を受ける度合いを比べますと、債権者は企業が倒産しない限り元利の支払を受けることができるのに対し、株主は企業の収益に応じて配当が増減したり株価が変動したりします。こうした株主の立場は、「残余請求権者」と呼ばれています。

企業金融においては、残余請求権者が最終的な決定権をもつことが鉄則です。すなわち、株主は、平常時にも、経営者の任免権をもつほか、企業の重要な方針決定について議決をしたり、一定の事由について金銭の請求をしたりする権利が与えられています。これに対し、債権者は、約定どおり元利の弁済が行われている限り、企業経営に関与する権利をもっていません。ただし、元利の弁済が困難になり、企業が倒産手続に移行した場合には、債権者は、残余請求権者となり、決定権をもちます。債権者としては、弁済困難に陥っている企業に対する債権を現金に替えるか、リスケジュールするかを決定しなくてはなりません。そのためには、企業に再建計画を立ててもらい、実現性が乏しいときには現金化、実現性が大きいときにはリスケジュールという判定を行うことになります。これを倒産制度からみれば、前者が破産のような清算型手続、後者が民事再生のような再建型手続となります。

一方、人的資本の提供者をみると、従業員は、労働法と雇用契約等によってさまざまな権利保護を受けますが、経営者は物的資本の提供者によって直接監督される立場にあります。経営者は、企業に対する残余請求権の所在を反映し、平常時には株主の決定に沿って運営する誘因をもちます。これが「コーポレート・ガバナンス」の基本です。一方、債権者に対しては、元利の弁済が滞ると倒産手続で責任を追及されることになりますので、企業を窮境に陥れないように努力する誘因をもちます。これが「負債による規律づけ」の基本です。なお、従業員を一般債権者と比べると、平常時には労働法による雇用条件の保護、倒産手続では賃金債権の優先を受ける立場である点に差異があります。

(3) 金融システムの機能

① 決済の機能

イ 取引の完了

個人や企業が経済活動を円滑に行うためには、取引を逐次完了させていくことがきわめて重要です。そして、決済の役割の本質は、取引を完了させることにあります。

このことが個々の人々にとってもつ意味を確認するためには、次の場合について考えることが有効です。つまり、取引ごとにいちいち対価を引き渡したり、金融商品に差し替えたりという手間をかけずとも、取引の記録を積み重ねておいて、年に一度だけ決済をしたり、事前に取引の年間計画をつくっておき、人々がそれに従って取引をしたりすることです。この場合の問題としては、人々の情報処理能力が限界に達してしまうことがあげられます。この問題の意味を実感するためには、たとえば、パソコンのアプリを次々に開いて、さまざまな作業を並行して進めていくと、メモリーがいっぱいになってしまい、遅かれ早かれフリーズしてしまうことを思い出していただければよいでしょう。取引を行う個々の人についても、同様の問題が生じます。決済のすんでいない取引が積み重なると、その管理だけで情報処理能力が限界に達し、新たな取引に取り組む余力がなくなってしまいます。このことは、企業の場合でも同様です。現実の企業では、売掛金を台帳に記載し、決済が行われたものを消し込む等の作業に多大な手間がかけられています。あまりに未決済の売掛金が多くなると、その管理に追われ、新しい財・サービスの開発や取引に振り向ける余力がなくなってしまいます。

□　情報の自律分散処理

取引を逐次完了させることが重要である理由としては、経済社会全体としての情報処理の効率性ということもあげられます。つまり、経済取引に関する情報は、分散して処理するほうが中央で集中して処理するよりも効率的だとされています。かつての社会主義国では、人々の必要に応じて計画的に生産を行うほうが、資本主義のもとで個々の人々が利益を求めて生産を行うよりも、人々に幸せをもたらすことができると考えられていました。この考え方の是非は、「社会主義計算論争」と呼ばれる重要な論点でした。歴史が示すように、社会主義経済は巨大な無駄を生み、崩壊してしまいました。これは、当事者の誘因のゆがみ等の問題もありますが、根本的には、経済社会のような複雑なシステムは、中央集権的な情報処理によっては円滑に動かないということによるものです。個々の主体が市場に向かって自律的に取引を行う分散処理のほうが有効であり、そのためには市場における価格発見と通貨を用いた確実な決済が不可欠となります。

② 決済サービス

イ 決済サービスの提供

決済は、このように、個々の取引を可能な限り迅速に完了させ、当事者が自らの情報処理能力をフルに活用できるようにするとともに、市場中心の取引によって情報の自律分散処理を進めていくために不可欠な手段です。

当事者が取引を行う際には、相対の取引関係のなかで、物々交換や債権の相殺のかたちで決済を行うことは可能です。しかしそのことには、通貨と市場の機能について前述したように、相手を探索する費用がかかります。そこで、さまざまな人々に共通の決済サービスを提供するインフラストラクチュアを設け、ハブ&スポーク型のネットワークで情報処理を行うほうが効率的になります。それが銀行等による決済サービスです。

決済サービスは、取引を完了させるための手段ですので、決済の実行後にはその結果を確認しなくてもよくなることが不可欠です。これは、決済の「ファイナリティ」と呼ばれます。これを支える要素には、決済サービスのオペレーションの堅確さと決済サービスの手段の価値の安定の二つがあります。

銀行等による決済サービスの提供にあたっては、従来から、オペレーションの堅確さ確保のために、多大な資源が投入されてきました。その多くは、銀行券における偽造防止や真贋鑑査、預金における情報セキュリティ確保等、個別の決済のオペレーションに関するものです。一方、決済サービスの手段としては通貨が用いられます。現時点で用いられる通貨としては、銀行券や預金があり、いずれも最終的には政府信用によって価値が裏付けられています。

ロ　決済サービスをめぐる競争

決済サービスは、これまで、基本的には、中央銀行を中心とする銀行システムによって提供されてきました。しかし、現在では、顧客への直接的なサービス提供において、クレジットカードや電子マネーの事業者の活動が拡大しています。流通事業者や通信事業者等が本業にあわせてこうした決済サービスを提供している場合もあります。

このように、決済サービスをめぐる競争はクロスインダストリーで展開されており、利用者による選択にさらされています。自らの提供する決済サービスが選ばれるためには、取引に応じて適時かつ的確に情報処理が行われること、一度完了させた取引が覆されないようにすることが不可欠です。取引の当事者が決済サービスを利用する際には、こうした要件が満たされるという前提のもとで、より効率性や自由度の高いものを選択することになります。

八　決済システム

取引の完了という観点からみると、個別の決済サービスだけでなく、決済が確実かつ円滑に行われるためのインフラストラクチュア、すなわち「決済システム」が設けられていることの重要性も明らかになります。取引に応じた決済が行われるかどうかが不確実な場合には、どんなに通貨、市場、法制度が整備されていても、自分が財・サービスを引き渡したのに、対価である通貨を受け取れないという状態に陥るおそれが残ってしまいます。決済システムが確実に機能しなければ、取引相手が対価の支払を怠った場合、裁判所に訴えても、通貨の引渡しを強制することができません。その場合には、取引自体が行われなくなったり、決済に要する費用や時間に見合わない取引が行われなくなったりしてしまいます。

決済システムには、共通のサービスを利用している者が多ければ多いほど、より円滑に決済を行うことができるという「ネットワークの外部経済性」があります。現在の経済社会では銀行券と預金による決済サービスのシステムがネットワークの外部経済性を発揮しており、銀行システムの中核となるとともに、決済サービスの利用等に関する法令や取引慣行等の前提となっています。

二　決済システムのための社会的枠組み

決済システムは経済社会のインフラストラクチュアですので、その機能を支えるための社会的枠組みが設けられています。

まず、決済の法制度上の意義を確認しますと、当事者間の債権債務を解消させるための手段ということになります。契約を行うことによって、取引の当事者には、それぞれ、財・サービスや通貨を受け取る債権と財・サービスや通貨を引き渡す債務が生じるので、決済を行うことによってそうした債権債務関係を解消させるという考え方です。ここでは、決済は手段であって目的ではないことに留意が必要です。

また、その経済的効果は、取引当事者が完了した取引の効力を覆される懸念をもつことなく、次の取引に取り組むことを可能とするところにあります。決済を行った後でしばしば巻戻しが行われるとすれば、取引による効用の増大や情報処理能力の回復という効果を得ることはできません。決済によって、経済社会としては分業の利益が実現するとともに、当事者としては次の取引に向けて創意工夫を行うことができるようになるのです。ただし、このことに関しても、決済それ自体が目的ではなく、取引を完了させる手段であることが重要です。

決済の実効性を確保するためには、支払指図等の情報の的確な伝達と対価として支払われる決済手段の価値の安定が必要です。前者については、まず、情報を伝達するための媒体への記載が真正なものかどうかが重要です。そのうえで、伝達行為についてみますと、中央銀行に対する支払指図である銀行券では、その交付によって、的確な伝達が物理的に確保されています。しかし、預金では、取引当事者が各々自らの口座のある銀行に支払指図を行うことになりますので、銀行と顧客の間の的確な通信が不可欠です。一方、支払われる決済手段の価値の安定についてみますと、決済の時点において、その手段に表示されている価値を当事者が共通に信頼していることが不可欠の前提です。これは、銀行券の発行者である中央銀行や預金を自らの負債とする商業銀行の財務の健全性によって担保されることになります。

なお、こうした枠組みに関連し、「法定通貨」の意味について考えますと、一般には、「契約が成立した後には、それによる決済を拒絶できないという強制力をもつ債務の弁済手段」とされています。これについて、成立した契約に関する制度であって、法定通貨で支払う契約を結ぶ必要はないことに留意する必要があります。また、財・サービスの売り手は法的通貨による決済を拒絶できませんが、買い手は、契約をする段階で法定通貨による支払を求められても拒絶してさしつかえありません。これは、物々交換を考えれば当然のことですが、それ以外でも、売り手が承諾さえすれば、外貨等で支払うことにも問題がありません。

こうしてみると、決済システムと通貨の機能については、法定通貨だから決済手段として使われるという一方的な関係ではなく、相互に循環的な関係にあることがわかります。決済をきちんと行いやすいものが通貨となる一方、通貨として使いやすいものを用いることで決済をきちんと行うことができるのです。そして、決済システムが有効に機能するための条件は、法定通貨に関する説明で明らかなように、法律で決めれば満たされるようなものではありません。多くの人々の絶え間ない努力によってはじめて満たされるものです。

③ 銀行と金融商品のインフラストラクチュア

イ 決済サービスと金融サービスの組合せ

以上では、暗黙の裡に、財・サービスの引渡しと対価の支払が一時点で行われる売買のような取引を念頭に置いていました。しかし、取引のなかには、一定の期間、財を貸したり、サービスを提供したりするものもあります。こうした取引については、財・サービスの引渡しと対価の受取りの時期をずらすことが必要になります。その際には、決済サービスを提供する事業者が仲介し、財・サービスの提供者には引渡しの時点で対価を支払う一方で、利用者からは後日分割して弁済を受けるという金融サービスを提供することになります。

また、決済のオペレーションにはコストや時間帯等の制約がありますので、多数の取引をまとめて決済したいというニーズもあります。その場合には、一方の当事者は一括して対価を受け取り、他方の当事者には個別に弁済することを可能とする金融サービスを提供することになります。

さらに、こうしたサービスは、個々の取引だけではなく、それをまとめた企業の事業活動全体に対して提供されます。たとえば、企業は、事業を行ううえで、役職員等の人的資本とともに、原材料や施設等の物的資本を必要としており、これらが対価を生むようになるまでの資金調達手段を必要とするのです。

ロ　銀行と金融商品のインフラストラクチュア

情報処理費用という観点からすると、取引当事者が以上のようなサービスを利用する場合、個別に決済や金融の方法を設定するかわりに、標準的な内容の金融商品を用いるほうが効率的だということができます。これは、双方の取引当事者の主な関心事は財・サービスの取引にあり、決済はそれを完了させるための手段にすぎないので、政府等により標準化されたインフラストラクチュアがあれば、それを使ったほうが、より取引に集中できるからです。そうしたインフラストラクチュアとしては、組織としての銀行と、取引の対象としての金融商品があげられます。

銀行は、企業の一形態ですが、決済システムを構成するとともに企業に対する金融サービスを提供している点に特性があります。政府としては、こうした特性に対応し、決済手段である預金の価値の安定等の観点から、業務範囲を制限するとともに、財務比率の維持等の厳格な規制を課しています。銀行という商号は、こうした規制を守る事業者のみに許されているので、取引当事者は、決済と金融のサービスを利用する場合、そのインフラストラクチュアである銀行と取引しておけば、余計な心配をしなくてもすむのです。

また、こうした決済と金融のサービスの提供方法についても、政府により標準が定められています。まず、銀行の提供する預金については、銀行規制のほか、預金取引に関するさまざまな法制度が設けられています。また、一般企業の金融取引についても法制度が設けられています。たとえば、手形・小切手は、手形債権等を債権発生の原因となった取引の効力から切り離すとともに、裏書制度によって信用力を強化する等により、第三者への譲渡をしやすくしたものです。企業が発行する株式等についても、会社法において標準的な権利義務の内容が規定されています。これらが金融商品のインフラストラクチュアです。

金融市場は、こうした金融商品が取引される市場です。ここにおいては、外貨預金、株式、債券等が取り扱われています。わが国では、以上のような金融商品に関する民事法の制度を前提として、金融商品取引法による規制の対象が定義されています。そのうち株式や債券等の一定のものを金融商品取引法上の有価証券として位置づけています。これらに関しては、取引を仲介できる事業者等を限定するとともに、投資家が自らの責任で円滑に取引を行えるよう、決済システムや情報開示等のインフラストラクチュアが設けられています。

(4) 情報処理の技術的基盤

① 取引費用と情報通信技術

以上で論じた取引費用に関する社会的枠組みは、主として情報処理の件数を減らすためのものでした。これに対し、情報通信技術が発展すれば、情報処理の単価を引き下げることが可能になります。

ここで、取引にかかわる情報処理の方法を振り返ってみますと、かつては情報の記録や伝達の媒体として紙を用いることが一般的でした。たとえば、取引の提案を伝達したり、取引の合意を契約書として確認したり、取引の内容を伝票にして帳簿に計上したり、それらの内容を証拠として裁判所等に提出したりすることは、すべて紙を媒体として行っていました。決済に関しても、財・サービスの交付と引き換えに銀行券や手形・小切手を引き渡すことで実施していましたし、その結果を預金残高に反映させる際にも、銀行の元帳と預金者の通帳に記載することで処理していました。こうした紙を媒体とする情報処理の効率性は低かったので、処理のパターンを標準化したり、ハブ&スポーク型のネットワークによって伝達したりすることによる費用節約の必要性は非常に大きかったものと考えられます。

しかし、現在では、そうした情報処理は、主として電磁媒体により行われるようになりました。紙媒体よりも情報の処理や伝達の効率が格段に高いからです。また、そうした電磁媒体による情報処理の結果をコンピュータに登録すれば、さまざまな計算等の情報処理を効率的に行うことができます。取引に関する情報処理は経済活動の根幹ですので、電磁媒体による情報処理の流れは経済社会全般に広がり続けています。

この結果、現在では、情報処理の媒体として紙が用いられている分野は、銀行券の交付、契約書の作成、裁判所での証拠調べ等に限定されるようになっています。紙による情報処理が残っている理由は、後ほど詳しく説明するように、不正処理のリスクを抑制するうえで紙媒体のほうが有効であることや、コンピュータでの情報処理への移行が立ち遅れていることにあります。特に前者が重要であり、電子データは複製しても元データとの区別がつかないことから、偽造のリスクにどう対処するかが重要な課題となってきました。

そうした固有の事情がない限り、現在の経済取引は、ほぼすべて電磁媒体によるものとなっています。取引のための情報の伝達、財・サービスの管理、取引の実施、会計処理等の情報処理は、ほぼすべて電磁媒体とコンピュータによって行われます。決済に関しても、クレジットカード情報の伝達、預金振込等は、電子データの通信とそれに基づく情報の更新によっています。

取引に関する情報処理の単価は、こうした電磁媒体とコンピュータの利用拡大によって著しく低下してきています。

② ハードウェア等の性能向上

電子データを処理する基盤であるハードウェアの性能は、急速な向上を続けています。この点については、半導体の性能が一八カ月で二倍になるという「ムーアの法則」が知られています。これは、いわゆる経験則ですが、過去数十年間にわたって妥当してきました。こうした半導体の性能の著しい向上に伴い、半導体の集積であるコンピュータの性能にも著しい向上がみられます。たとえば、一九五〇年代に一兆ドル程度かかったコンピュータと同等の情報処理能力をもつタブレットは、現在では数百ドルで買えるようになっています。

このように指数関数的なコンピュータの性能向上により、当然ながら、これを活用したさまざまな財・サービスが急速に開発されています。また、コンピュータの性能向上をふまえて、通信技術の面でも大容量のデータ通信に対応した革新が進められています。インターネットが商業利用され始めた時期には、通信速度がサービスの品質の制約要因となる例も多かったのですが、現在ではほぼストレスのない操作が可能となっています。今後は、すべての財・サービスがインターネット経由で容易に制御できるようになるといわれています。

現在のデジタルイノベーションを大局的にみると、こうしたハードウェア等の性能向上を基盤として、モバイル端末のような顧客の機器、クラウドのような事業者の情報処理手段、インターネットのような当事者間の通信手段といった各分野の技術革新が進み、財・サービスに取り入れられてきたものと考えることができます。この流れは、中長期的に加速を続けてきたものであり、最近始まったことではありません。今後のデジタルイノベーションを見通す際にも、これまでの流れをふまえることが必要と考えられます。

コンピュータの性能向上は、このように取引の対象となる財・サービスの革新をもたらすとともに、取引のための情報処理の単価を著しく引き下げてきました。このことは、取引の形態に変革をもたらし、さらに、市場、法制度、決済システム等、情報処理の件数を節約するための社会的枠組みの変革にもつながります。

なお、半導体の性能に関しては、ムーアの法則がいずれ妥当しなくなるおそれがあるという指摘もみられます。しかし、少なくとも現時点のわが国では、技術革新の促進よりもアイデアの事業化が課題であること、通信技術の面では5Gの導入が日程にのぼっていること、量子コンピュータの実用化も将来的には期待できることからみて、今後のデジタルイノベーションの取組みに対する制約となることを懸念する必要はないと考えられます。

③ 自律分散処理の拡大

コンピュータの分野では、以上のようなハードウェアの性能向上と並んで、情報通信における暗号技術の利用拡大が続いています。かつては、コンピュータによる情報処理は、情報セキュリティの厳しく管理されたセンターのコンピュータで集中して行うことが多かったのです。しかし、現在では、不特定のコンピュータを用いて情報の自律分散処理を行うことが一般的になりました。これは、「公開鍵暗号」や「ハッシュ関数」等の暗号技術に基づく情報セキュリティ確保によって可能となったものです。

インターネットを通じた情報のやりとりは、途中でさまざまなコンピュータを経由しますので、改ざんされたり偽造されたりするリスクが大きくなります。しかし、一方向からの計算は容易だが逆算が困難な暗号技術を用いれば、こうしたリスクに対処することができます。公開鍵によって電子データが暗号化されていれば、秘密鍵をもつ正当な権限者だけがその内容を知ることができます。また、インターネットではなりすましのリスクも大きいのですが、暗号技術を逆方向に用いることでメッセージの発信者を確定する「電子署名」（Electronic Signature）の技術で対応することができます。

自律分散処理のもとでは、利用者の端末でのセルフサービスによって情報セキュリティが確保されるため、通信サービスを提供する事業者の費用を著しく節約できるようになります。自律分散処理が中央集中処理に比べて経済的にいかに有利かについては、インターネット電話で国際通話をしてみればわかります。かつての国際電話は、料金がきわめて高額であり、個人ではごく限られた場合にしか利用できませんでした。しかし、現在のインターネット電話では、無料でいくらでもクロスボーダーのテレビ電話を楽しむことができます。これは、かつての国際電話では、当事者間の回線の接続を確保して会話を行うので、交換機や交換手の確保に大きな費用がかかったのに対し、インターネット電話では、会話をパケットとしてネットワークに送り出すので、交換機等に要する費用が不要となるからです。

こうした経済性から、現在では、多くの事業者がインターネットを通じて取引を行うことに重点を置いています。特にクロスボーダーでインターネットを用いれば、きわめて有利に事業を展開することができます。その結果、インターネットを通じて提供される国際的サービスを利用する消費者も急増しています。

(5) デジタルイノベーションのいっそうの進展

① 社会的枠組みの変革

情報通信技術の進歩により情報処理の単価が引き下げられれば、情報処理の件数を削減する社会的枠組みにも影響が及びます。

その際、第一に留意すべき点は、情報通信技術の進歩は突然変異のようなものではなく、ムーアの法則に示されるハードウェアの性能向上に伴い、持続的に進んできているということです。これまでも、電子取引や電子決済の拡大をはじめとして、取引と金融の方法が変化してきましたし、そのことは取引費用削減のための枠組みである組織や法制度に対しても変革の圧力を加え続けてきました。

第二に留意すべき点は、こうした圧力の顕在化する度合いは、既存の組織や法制度のもつ慣性と経済合理性に基づく変革の必要性との兼ね合いにより異なるということです。

この点、企業については、情報通信技術の進歩を活用した財・サービスをめぐる競争に直接さらされていることから、大きな影響がもたらされることになります。まず、企業が営む取引の方法への影響があります。たとえば、インターネットの普及に伴って電子取引が拡大してきましたので、企業の役職員が共有すべき基礎知識が変わってきています。また、企業の組織に対する影響もあります。情報通信技術の進歩が進めば、事業の開廃に要する費用が削減されたり、人材や資本の移動が容易になったりするため、企業の新陳代謝を活発にする効果が生じます。このことは、デジタルイノベーションに関する新興企業の役割が大きくなっていること等にすでに表れています。さらに、企業のステイクホルダーの行動にも影響があります。たとえば、資本市場における事業分析が盛んに行われるようになるにつれ、コングロマリットディスカウントが強く意識されるようになり、従来のような多角経営が評価されず、事業ごとの売却や買収が盛んに行われるようになってきています。これと並行し、経営者や従業員の転職に関する情報が広く流通するようになり、経営者や専門人材の転出入が増大しています。

このような企業の形態変化は、オープンイノベーションと称されるように、情報通信技術の進歩を活用したイノベーションを生み出しやすい産業構造につながる一方で、イノベーションが産業構造の変化をさらに加速させることにより、情報通信技術と産業構造の共進化をもたらしています。

一方、政府については、非常に複雑で相互補完性の高いシステムであるために粘着性が高い一方、経済合理性に基づく変革の誘因が相対的に小さいと考えられます。情報通信技術の進歩に対応するための能動的な努力が望まれます。

② ソフトウェアの革新

イ ブロックチェーン

以上のように、情報通信技術の進歩は、すでに数十年にわたって指数関数的に進んできたものですが、最近では、さらに新たな要素技術が提示され、デジタルイノベーションのいっそうの加速をもたらしています。

そのうち、取引と決済に深くかかわるものとして、「ブロックチェーン」(Blockchain) と「人工知能」(Artificial Intelligence) があげられます。特に金融システムからみると、ブロックチェーンは画期的です。その影響については、この本のテーマ全体にかかわりますので、ここでは、まず、その基本的な意義だけを紹介したいと思います。

金融産業でインターネットの利用が遅れてきた根本的な理由として、情報セキュリティの確保が特に重要だったことがあげられます。銀行は、預金口座の情報をサーバーの奥深く格納したうえで、情報処理の正当性については、外部からのアクセスを事前に確認することで厳格に管理してきました。この方式のもとでは、ムーアの法則に従ってハードウェアの性能が向上しても、それは犯罪者の攻撃力と銀行の防御力の双方を等しく向上させるため、結果としては元の木阿弥になってしまいます。

ブロックチェーンは、この状況にブレイクスルーをもたらすことができます。それは、従来のようなアクセスの事前確認による「立て籠もり」型ではなく、情報処理の正当性を事後に検証する「公開」型のセキュリティ確保方法だからです。事業の観点からみると、とりわけ決済サービスで、事業者をサーバー管理に伴う制約から解放し、インターネットの利便性を十分に活かしたサービス提供を可能とする手段であることが重要です。これによって、決済サービスの分野でも、インターネット電話がかつての国際電話にとってかわったような激変が生ずるものと考えられます。

ブロックチェーンを用いた決済サービスのアプリケーションとしては、ビットコイン等の「仮想通貨」がまず拡大しました。仮想通貨を考える際には、情報の真正性の検証について、技術的な方法と当事者の誘因設定を組み合わせた社会的枠組みとして設計されていることに注意する必要があります。また、ビットコインについては、決済サービスの手段としての信用力を維持するために政府や中央銀行に依存することはしないという前提でつくられたことも特徴となっています。

他方、デジタルイノベーションの観点からブロックチェーンをみると、決済サービスの手段としての価値よりも決済方法としての利便性に具体的有用性があります。インターネットの商業利用が始まった頃を振り返ると、前述のように、対価の回収の方法が情報サービスの事業化のボトルネックとなっていました。しかし、当時のシステム設計にあたっては、偽造防止のためには個別決済ごとにサーバーにアクセスして登録情報を更新することとせざるをえず、抜本的な効率化が実現できませんでした。その結果、情報サービスの代金回収方法は、わが国では、通信料金の徴収に上乗せした課金が主力となってガラパゴス化し、世界的にも、従来の紙メディアと同様、広告料と会費の組合せが主流のままとなりました。ブロックチェーンを用いることで対価の回収方法を変革できれば、提供される財・サービスの内容もこれに応じて変革し、産業全体に地殻変動をもたらす可能性があります。

また、ブロックチェーンは、安全かつ効率的に情報処理を行う一般的な技術であり、単純な支払だけではなく、より広範な取引への活用を想定することができます。デジタルイノベーション全般をみますと、こうした方向の取組みがすでに主流となっており、ユースケースを確立するためのさまざまなプロジェクトが進められています。そのなかには、デジタル資産に関する権利義務を自動執行できるようにする「スマートコントラクト」があります。この動きは、対象となる市場の規模が非常に大きいのみならず、個別企業ごとに情報処理が行われ、権利義務が帰属するという既存の組織形態を変革させることにもつながり、産業構造に大きな影響を与える可能性があります。

□ 人工知能

人工知能の可能性は、かねてから喧伝されてきましたが、これまでは、何度かブームになりながらも、結局は失速してきたというのが実情でした。

しかし現在は、「深層学習（Deep Learning）」により、処理対象情報の特徴表現をコンピュータが自ら獲得できるようになったことで、大きな前進を示しています。深層学習の基礎となる考え方は、多くの情報を背後にある少数の要因に縮約するものであり、心理学における主成分分析や、ビジネスにおけるエキスパートシステムをはじめとして、従来から磨き続けられてきた統計的技術の延長線上にあります。現在は、ハードウェアの性能の格段の向上を背景に、ニューラルネットワークを多層的に用いることや、処理対象とする情報の量を大幅に増大させることにより、人工知能の機能が著しく強化されるようになっています。

人工知能の活用形態としては、技術の観点からは、「アルファ碁」のような論理操作の側面が注目されますが、事業の観点からは、特徴表現の獲得能力を業務に活用することが重要です。具体的なユースケースとしては、まず、デジタルでない情報の処理の効率化があげられます。業務処理におけるコンピュータの活用にあたっては、かねてから顧客情報の入力負担が最大の制約要因でしたが、人工知能を活用すれば、手書きデータのOCR入力や音声による照会への対応等を抜本的に効率化することが可能になります。

また、マーケティングへの活用も考えられます。現在では、顧客にモバイル端末等を通じて情報を入力してもらうことや、物品に装着したセンサーを通じた情報収集等を活用することで、「ビッグデータ」と呼ばれるような膨大な情報集積が可能となったため、その分析のために人工知能を活用することには大きな効果が見込まれます。

金融サービスに関しては、このほかにも、投資アドバイス、資産管理等、これまで人手に頼っていた広範な業務をコンピュータ処理で代替することが検討されています。

人工知能をめぐっては、既存の職業を代替してしまうという予測や、いずれは人々の能力を追い越してしまうのではないかという懸念等が論じられます。しかし、企業の立場からみれば、そうした社会評論よりも、業務処理の効率化や、よりよい財・サービスの提供に活用していくことが優先課題だと考えられます。

ボックス1　わが国における決済システムの変革

①　決済サービスに対するニーズの変化

イ　消費者向け取引

わが国における情報通信技術を活用した取引は、ハードウェアの性能向上のもとで、インターネットの商業利用の拡大とともに進展してきました。

まず、私たちの身の回りでは、インターネットを通じた経済活動が急速に拡大していることが目立ちます。このうち財・サービスの売買について、経済産業省の「電子商取引に関する市場調査」をみると、消費者向けの電子取引は毎年一〇％程度の伸びを続け、二〇一六年には一三・八兆円に達しています。消費者向けの取引に占めるシェアも、二〇一六年の物販分野ではなお五・四三％ではありますが、拡大を続けています。また、サービス系分野やデジタル系分野では電子取引の比重が大きいとみられています。こうした取引ではリアルタイムで決済が行われ、コンテンツの取得や予約等が完了することの意義が大きいからです。さらに、直接に対価を支払う取引の形態をとらなくても、バナー広告等と引き換えに無料のアプリや情報のサービスを受けることが拡大しています。

しかし、こうしたインターネットを通じた経済活動は、中国等ではより急激に拡大しており、相対的に伸びの緩慢なわが国との格差が開いているとみられます。これに伴って、電子取引のプラットフォームを提供する外国の事業者の規模も飛躍的に拡大しており、データの蓄積等を通じて格段に強い競争力をもつようになっています。外国の事業者のサービスは、インターネットを通じたクロスボーダー取引の広がり、訪日旅行客や在日外国人の増加に伴って、わが国の国内においても、次第に広く利用されるようになってきています。

消費者向け電子取引において決済サービスを提供することの意義は大きく、外国では、二四時間三六五日の決済、スマートフォンとＱＲコードを組み合わせた決済、財・サービスの引渡しを確認したうえでの支払等、さまざまな決済サービスが展開されてきています。

ロ　企業間取引

わが国においては、企業間の電子取引は、消費者向けよりもはるかに大きな規模となっており、上記の経済産業省の調査によれば、二〇一六年には約二九〇兆円に達しています。また、企業間取引全体に占める電子取引の比率をみると、二〇一六年では一九・八％となっており、基本的な取引方法としてすでに定着しています。分野別では、輸送用機械や鉄・非鉄金属で堅調な伸びを示しているように、わが国の基幹産業では、企業間取引の主力が電子化されています。

こうした流れと並行し、わが国の企業活動はグローバル化を続けています。たとえば、外務省の「海外在留邦人数・進出日系企業数の調査」によれば、わが国企業が海外にもつ拠点の数は、アジア・太平洋を中心に増加を続けており、二〇一六年には七万カ所以上に達しています。また、最近では、中小企業の海外進出の拡大が目立ちます。これは、アジアを中心に、グローバルサプライチェーンが形成されていること等を反映したものです。わが国産業が競争力をもつ材料や部品については、完成品ができあがるまでに、何度もクロスボーダーの取引が行われるようになっています。

こうした取引形態の変革に対応し、金融サービスの面でも、海外におけるわが国銀行のサービス提供や、外国の市場における金融商品の取引等が拡大を続けています。

② 決済システムの対応

イ　わが国の決済サービスの課題

このような取引形態の変革は、取引を完了させる手段である決済サービスに対しても、変革を促す圧力として作用しています。たとえば、個人向けのネット通販に関しては、クレジットカード情報の入力のほかに、コンビニエンスストアにおける現金払いが用いられますが、前者ではセキュリティの懸念や販売者にかかる費用、後者ではコンビニエンスストアに現金を持参する手間等が障壁となります。また、企業間の電子取引に関しては、取引の受発注等が電子データによってインターネット上で行われるのに、その対価支払である銀行預金の振込は別途取りまとめて行わざるをえず、人手により双方の情報を突合する作業が残ります。こうしたことでは、取引の完了が遅れがちになり、企業の経営資源の適正な配分にも障害となります。

こうした問題は、一般の財・サービスの取引がインターネット上へとシフトしてきたなかで、預金による決済のみはクローズドなシステムで行われてきたことから生じています。既存の決済システムでは、預金残高の情報は財産価値そのものであり、不正処理が行われた際にも、ファイナリティとの兼ね合いもあって巻戻しがむずかしいことに対応し、情報セキュリティの確保を徹底する必要があるとされてきたのです。

以上をふまえて、企業ニーズの変化に対応した決済サービスの高度化の課題を考えてみますと、個人向けのネット通販に関しては、低廉な手数料でリアルタイムの支払を可能とすることが求められます。また、企業間の電子取引に関しては、決済に関連する取引情報が入金先企業における情報の一貫処理に即したかたちで届けられることが重要です。さらに、取引のグローバル化に関しては、わが国の決済システムにおける情報処理との時差の解消のほか、海外からのアクセスの許容が重要な鍵になります。

ロ　わが国銀行における決済サービス革新の制約要因

このように、銀行としては、決済サービスに対する潜在ニーズを掘り起こすことが重要だと考えられます。しかし、これまでのわが国では、そうした掘り起こしはあまり行われてきませんでした。

その背景としては、企業サイドからみれば、決済システムは事業を行う際の前提となるものであって、まず銀行サイドにおいて改善を進める方針が示されない限り、現在の決済サービスを前提として考えていく以外にないという事情があるのではないかと推察されます。また、銀行サイドからみますと、この本の最初に説明したネットワークの外部経済性にかかわる問題があります。つまり、個別の銀行からすれば、決済サービスについても採算性を確認する必要がありますが、自行だけが投資をしても有効な事業を展開できるか否かが不確実です。決済サービスを本格的に高度化するためには、決済システム全体を刷新しなければなりませんが、その際には、システムを構成する銀行の間で経営判断の「すくみ」が生じがちです。

さらに、両サイドに共通し、現状の低金利のもとでは決済の効率化による資金収益の改善効果が小さいために、変革のニーズが顕在化しにくいという問題もあります。

ハ　わが国における決済システムの取組み

しかし、外国の決済システムでは、取引からのニーズの変化に対応し、海外との時差をカバーするための夜間稼働や、広域的な統合等が進められてきました。わが国でも、こうした立ち遅れは、わが国の経済社会全体にとっての制約要因となるという見方から、決済サービスの改善が成長戦略の一環として取り上げられるようになりました。

これに対応し、預金振込みによる決済のわが国におけるハブである全国銀行資金決済ネットワークでは、二四時間三六五日でリアルタイムの振込みを行う「モアタイムシステム」を開発し、二〇一八年一〇月から稼働することとしているほか、個別の受発注に関する商流データと個別の預金振込みに関する金流データをコンピュータ処理により突合できるようにする「全銀EDIシステム」を開発し、二〇一八年一二月から稼働することとしています。また、外国の決済システムではすでに導入されている携帯電話番号送金や支払リクエストといった決済サービスとともに、不正送金検知システムの導入についても検討を進めることとしています。

一方、銀行システム全体のハブである日本銀行の「日銀ネット」については、かねてから更改作業が行われ、二〇一五年一〇月から新システムが稼働を開始しています。これによって、日銀ネットは、商流データと金流データのコンピュータ処理による突合のハブとして機能できるようになりました。また、二〇一六年二月から稼働時間を夜九時まで延長したことや、二〇一七年四月から国外の営業所等での利用を認めたことにより、金融サービスのグローバル化に対応する体制を整えています。

わが国の決済システムは、これまでハブ&スポーク型のネットワークのもとで、堅確な決済サービスのプラットフォームを提供してきたので、改革に際してのレガシーコストは相応に大きなものがあります。そうしたなかで、このように改革を進めていることについては、かつてなく迅速に課題に対応しているものと評価されます。

ただし、こうした改革は、引き続き国内の金融システムに閉じられていることに変わりはありません。上記のように、取引形態の変革はグローバル化を伴うものであり、これに対応した決済サービスの競争も、クロスボーダーで進んでいます。わが国の決済システムは、もともと内国為替決済制度に由来するシステムではありますが、インターネットを通じた取引には、本来的に国境による仕切りがありませんので、今後の改革にあたっては、クロスボーダーでの決済サービス提供をも視野に入れることが必要だと考えられます。

第二章

決済のオペレーションとブロックチェーン

（1） 情報セキュリティ

① 情報処理に対する脅威

デジタルイノベーションは、情報通信技術の進歩を活かして顧客の満足度の向上に貢献することに眼目がありますが、それによる新たな財・サービスが受け入れられるためには、情報の正確な伝達と処理が前提となります。この前提が破られる場合としては、偽造、なりすまし、侵入、コンピュータの障害等の脅威が考えられます。こうした脅威から情報を守るための機能が情報セキュリティです。

現在の取引は、ほぼすべてがコンピュータによる情報処理によっているので、情報セキュリティの重要性はすべての事業に共通するものですが、最も深刻な課題となる分野が決済です。これは、決済で処理される情報はそれ自体が価値にかかわるものであること、取引を完了させるための手段である決済では不正な処理が行われても巻き戻すことに問題があることによります。そこで、以下では、決済を念頭に置いて、情報処理に対する脅威について説明を行うことにします。

② 偽　造

偽造の脅威については、銀行券を考えればわかっていただきやすいと思います。銀行券は、日常感覚とはやや異なるかもしれませんが、中央銀行に対する支払指図なのです。かつては、銀行券を金に引き換えてもらうことができました。中央銀行としては、偽札が出回れば見合いの資産なしに負債がふくらむことになりますので、そうしたことがないよう厳しく鑑査しており、万が一偽札があれば、受取りを拒絶します。中央銀行で偽札が検出されれば、それを持ち込んだ銀行が損害を負担することになります。そこで、銀行は、そうした憂き目にあうことのないよう、企業から持ち込まれる銀行券を厳しく鑑査します。そうなると、商店等でも、偽札かどうかを厳しく鑑査することになるのです。

こうしたことについては、外国で買い物をすると気がつきます。たとえば、アメリカのスーパーマーケットで一〇〇ドル札を出すと、お店の人はとても慎重に鑑査しますし、場合によってはすぐには受け取ってもらえないこともあります。これは、偽札を受け取ってしまうことに伴うリスクが高額紙幣では高くなるからです。これに対し、わが国では偽札が非常にまれです。その理由は、クロスボーダーの人の移動が少ないことに加え、偽造の予防と検証に大きな費用をかけていることにあります。こうした費用を高いと考えるかどうかは、日常の買い物に際して、人々が銀行券の真偽を個々に鑑査する費用との兼ね合いで考えるべきことですが、銀行券の発行は決して無コストでないことには留意する必要があります。また、銀行券の偽造は、銀行券における防止技術だけではなく、経済社会全体として、偽造が割にあわないような誘因の構造によって防止されていることに留意が必要です。

支払指図の偽造の問題は、預金による決済にも存在します。たとえば、従来、外国でクレジットカードを使った場合には、伝票が偽造されることがありました。わが国では、そうした例は少ないのですが、偽造を是正するために要する費用がどれほどかについては、外国のクレジットカードを用いたときに実感されることと思います。このため、最近のクレジットカードでは、不正防止に有効なＩＣチップを装着するとともに、使用時には暗証番号を必要とするようになっています。

偽造の脅威は、インターネットを通じた取引において、きわめて深刻なものとなります。これは、電子データではコピーされたものと元のデータの区別ができないこと、インターネットでは情報通信の記録が統一的に管理されていないこと等によるものです。特にわが国のように、これまで閉鎖的な取引環境のなかで消費者が安全神話に浸っていた社会にとっては、日常取引がクロスボーダーで活動する犯罪者の脅威にさらされるようになるということですから、大きなインパクトをもつことになります。

③ なりすまし

権限のない支払指図を勝手に出したり、他人が受け取るべき支払指図を横取りしたりするという「なりすまし」の脅威は、主に預金による決済において発生します。銀行券による決済は、当事者が物理的に対面している環境で行われますので、なりすましがそれほど多発することはありません。

わが国におけるなりすましの被害の事例としては、一九八〇年代におけるキャッシュカードの暗証番号の問題があげられます。当時は、暗証番号の情報がカードの磁気ストライプに登録されており、預金者がATMに入力した暗証番号がカードに登録された暗証番号と合致するかどうかを、ATMに搭載されたソフトウェアで検証するというシステムが用いられていました。その結果、カードの磁気ストライプから登録された暗証番号を読み取る装置を使い、勝手に預金を引き出す事例が多数発生しました。そこで、銀行では、カードには暗証番号を登録せず、預金者が銀行本体のセンターサーバーに格納された口座にアクセスしたうえで、入力された暗証番号をセンターで確認するという「ゼロ暗証」の仕組みに移行したのです。

最近では、インターネットバンキングでのなりすましの脅威が指摘されています。警視庁では、「アクセスの際に入力したID、パスワード等が第三者に取得され、それらを不正に利用し、他人名義の銀行口座へ不正送金を行う不正アクセス事案が多発している」という警告を発しています。もっとも、なりすましによる犯罪はインターネットに限られたものではありません。一般の取引でも、振込詐欺等のなりすましの例があります。

なりすましの脅威への対処では、支払指図を出した人が権限ある本人であることを銀行等がどのようにして確認するかが鍵となります。技術的には、これは「認証（Authentication）」と呼ばれています。支払指図を出す権限のある本人を一義的に識別できるなんらかの情報を決めておき、指図を受ける銀行等は、その特定のための情報を確認した場合にのみ指図を実行するという仕組みを設けるということです。その際、支払指図とともに認証のための情報を伝達する過程で、第三者がその情報を入手する可能性がありますので、本人と銀行以外には情報の意味がわからないようにしておく必要があります。このため、認証の手続においては、暗号技術が広く用いられています。インターネットを通じた通信や、利用者によるカードの使用等、支払指図を受ける側からみて情報の伝達経路が事前に確定しない場合には、認証がとりわけ重要です。

④ コンピュータへの侵入等

以上のようにして不正を防止したとしても、預金による決済においては、コンピュータシステム自体が、誤った処理をしたり、機能しなくなったりするおそれもあります。

そうした原因としては、まず、悪意ある外部者が侵入したり、ウイルスを送りこんだりすることが考えられます。銀行では、これを防ぐために、外部との接続にはファイアウォールを設けるとともに、細心の注意を払って監視を続けています。サイバー攻撃の手口は多様化・高度化しているので、防御態勢も不断の拡充が必要です。なお、こうした脅威の変形として、極端に多くのアクセスを集中させることで、本来の通信機能を阻害する「DOS（Denial of Service）攻撃」の例もみられます。近年では、業務を妨害する手段として用いられることが多く、実務上、正当なアクセスとの切分けが課題となっています。

また、内部者による不正操作にも注意が必要です。銀行や緊密な委託先の職員であっても、預金による決済システムを不正に操作しようという経済的誘因はありますので、十分な統制が必要です。

⑤ コンピュータの障害

銀行のコンピュータシステムでは、以上のような脅威を防ぐため、預金口座の残高情報が搭載されたメモリーに対するアクセスをきわめて厳格に管理したうえで、残高情報の更新を慎重な手順で行っています。

まず、銀行のコンピュータへの利用者のアクセスについては、ATMの操作に際してICカードや指紋等による認証が行われる等、技術進歩を取り入れた工夫が重ねられています。特に、インターネットバンキングについては、アクセスに一回限りのパスワードを用いたり、送金を事前に指定された口座間のみに限定したりする等、厳しい管理が行われています。また、利用者からの支払指図に基づいて銀行間で情報をやりとりする際には、情報処理の真正性と銀行間の整合性を確保するため、慎重なプロトコルに従って通信が行われています。わが国では、こうしたこともあって、従来、銀行間の決済に関する情報通信では、限定された情報のみを伝達することとされてきました。

また、コンピュータシステムにおける情報処理自体も、きわめて慎重な手順が設定されています。わが国の銀行では、支払指図を受け取る段階から、アクセスの真正性を確認したうえで、対象となる預金口座をロックし、逐次、個々の指図を確実に実行することとしています。このほか、インターネットバンキングにおいては、銀行サイドで専用のシステムを設け、預金口座情報の登録された本体コンピュータから隔離する等の工夫を行っています。

こうしたことは、コンピュータに大きな負荷をかけることになります。特に、特定の口座へのアクセスが集中した場合には、システム全体の重大な障害の原因になりかねません。そこで、銀行のコンピュータシステムの運用にあたっては、取引集中時の円滑な処理を確保するため、処理対象情報を決済サービスの提供に不可欠なものに厳しく限定するとともに、金利計算や公共料金引落し等、リアルタイムでなくてもかまわない処理を夜間に「バッチ処理」すること等により、コンピュータの負荷を平準化する工夫が凝らされています。

コンピュータシステムの円滑な運用に工夫を凝らしたとしても、処理能力を超えた支払指図の集中や、ハードウェアの障害等が生じた場合には、決済サービスの提供に支障が生じるおそれがあります。それが大きなトラブルにつながった場合には、その銀行に対する信頼が著しく毀損してしまいます。

さらに、地震等の自然災害によりハードウェアが物理的に毀損することもありえます。特にわが国では、このリスクは大きいのです。銀行では、こうした事態に備え、コンピュータシステム等のバックアップ体制を整備するとともに、交通が途絶しても出勤できる場所に要員を常時待機させる等、綿密な業務継続計画を作成し、実行しています。

このように、銀行にとっては、コンピュータシステムに関するオペレーショナルリスクの管理は、常に重大な課題となっています。

(2) 銀行券による決済の情報セキュリティ

① 銀行券による決済のオペレーション

情報セキュリティの確保は決済実務の前提なので、決済サービスの提供方法に大きな影響を与えています。以下では、決済の具体的なオペレーションを振り返ったうえで、情報セキュリティとのかかわりについて説明することにします。

決済について、私たちが最初に思い浮かべる手段は、銀行券や硬貨です。日用品を買うときには、商店で、財・サービスと銀行券や硬貨を交換することにより、取引とその決済を行います。そのなかでも、硬貨は重いうえに少額であるため、銀行券が中心となっています。

そこで、わが国における日本銀行券の流通のプロセスを概観しましょう。銀行券は、まず、銀行が日本銀行に対して有する当座預金を引き出すことにより、日本銀行の窓口から出ていきます。その後で、消費者が銀行に対して有する預金をATM等で引き出すことで、銀行券は社会に出ていき、商店での買い物等に使用されます。使用された銀行券を受け取った商店等は、取引先の銀行に持ち込んで、自らの預金残高を増額してもらいます。そうすると、銀行は、持ち込まれた銀行券を日本銀行の窓口に持ち込んで、自らの日本銀行当座預金の残高を増額してもらうのです。

決済サービスのオペレーションという観点からみると、銀行券による決済にはいくつかの制約があります。

第一に、銀行券は、物理的に引き渡すことで、所有が移ってしまいます。このことは、簡易に決済を行うという観点からは大きなメリットがありますが、銀行券が損傷したり、盗まれたりすると、本来の権利者が価値を失ってしまうというデメリットと裏腹です。こうした事態を防ぐために、企業でも、銀行でも、銀行券の運送や保管にはきわめて神経を使っています。

第二に、銀行券は、物理的な媒体であるうえに、誰もが手元で観察できますので、偽造の危険が大きくなります。銀行券の印刷には、偽造を防ぐためのさまざまな技術が盛り込まれており、商店、銀行、日本銀行の各々の段階で、そうした技術に基づいて、偽造券を検知するための鑑査が繰り返されています。たとえば、身近なところでは、自動販売機で商品を買うたびに、鑑査装置が稼働しています。銀行が銀行券による入金を受け入れる際には、さらに精緻な偽造検知が行われます。なかでも、銀行券の管理の元締めである日本銀行では、最高の技術水準を備えた自動鑑査機を装備し、銀行券の受入れのたびに厳密に鑑査しています。また、銀行券が汚損すると偽造しやすくなるので、そうした銀行券の排除も行っています。

第三に、銀行券は、物理的な媒体ですので、運送や保管に大きな費用や長い時間がかかります。これは、通信販売での買い物等で、現金書留を用いる場合とクレジットカード番号を入力する場合とを比べれば実感していただけると思います。

このように、銀行券や硬貨には、物理的な媒体であることに伴う制約等があり、その使用には非常に大きな費用がかかるのです。

② 銀行券の真正性の検証

経済社会のインフラストラクチュアとしての決済サービスの実効性が確保されるための必要条件としては、まず、これまで説明した決済手段等の的確な伝達とともに、決済の時点において、取引当事者が決済手段の価値の表示を信頼していることが前提となります。決済は取引を完了するための手段ですから、その手段が額面通りの価値をもたないおそれがあっては、当事者は安心して次の取引に取り組めず、経済的に無意味になってしまいます。

この観点から銀行券をみますと、その価値は券面に表示されていますし、その信用は発行者である中央銀行の資産によって確保されています。一般的に、中央銀行は倒産しないものと考えられていますが、徴税権をもつ政府と異なり、銀行券の信用は、中央銀行が自らの財務の健全性確保に万全を期すことによって担保されています。中央銀行の資産内容をみますと、主要な資産は、商業銀行に対する貸出と国債等です。このうち、商業銀行への貸出は、その商業銀行の保有する資産により裏打ちされているほか、担保として国債等が差し入れられています。商業銀行の主要な資産は、企業等に対する貸出や有価証券、国債、外貨等です。また、政府が発行する国債は将来の税収等を見合いにしたものです。

これらをあわせ考えますと、銀行券に表示された価値が信頼に値するかどうかは、商業銀行が企業等の返済能力を的確に把握して財務に反映させているかという点と、政府が将来の税収等で返済しうる範囲内で国債を発行しているかという点にかかってくることになります。

中央銀行としては、自らに対する支払指図である銀行券に表示した価値への信認を確保することは最優先課題ですから、商業銀行に対しては、立入調査も含めて財務の状況をモニターしたり、主要な企業等については自ら信用判定を行ったりすることにより、財務の適正性を確認しています。一方、政府に対しては、将来どのような財政運営を行うかは政治決定そのものですので、中央銀行が事前に審査することはできません。そこで、政府との取引においては、極力、信用供与の残高を大きくしないこととされています。また、金融市場におけるオペレーションとして国債の買入れ等を行う場合であっても、不確実性を減殺するため、可能な限り短期のものを対象とするとともに、残高を一定限度以下にとどめることが一般的でした。現在の日本銀行は、膨大な額の長期国債を購入していますが、これは、「物価安定の目標を消費者物価の前年比上昇率二％と定め、これをできるだけ早期に実現する」ためにとられている異例の措置であり、いずれ正常化するとみられています。

(3) 預金による決済の情報セキュリティ

① 預金による決済のオペレーション

預金による決済のオペレーションを銀行券と対比しますと、電子データの通信に基づいて預金残高の情報書換えを行うという点で、より効率的な情報処理であることは明らかです。情報の媒体の運送や保管にかかる費用や時間の面では、紙媒体よりも電磁媒体のほうが便利です。特に高額の決済においては、銀行券を用いる場合には物理的に大量の媒体が必要になるのに対し、預金を用いる場合には支払指図に書き込む数字を大きくするだけでよいのです。

現在のわが国では、こうしたこともあって、取引のほとんどが預金を用いる決済によって完了しています。企業間取引は多くが電子データの通信によって決済されていますし、かつては銀行券による決済が行われていた消費者向け取引においても、クレジットカードやプリペイドカード等が多く用いられるようになってきました。わが国では、実態として、銀行券は、消費者、企

図表2　預金を用いる決済システム

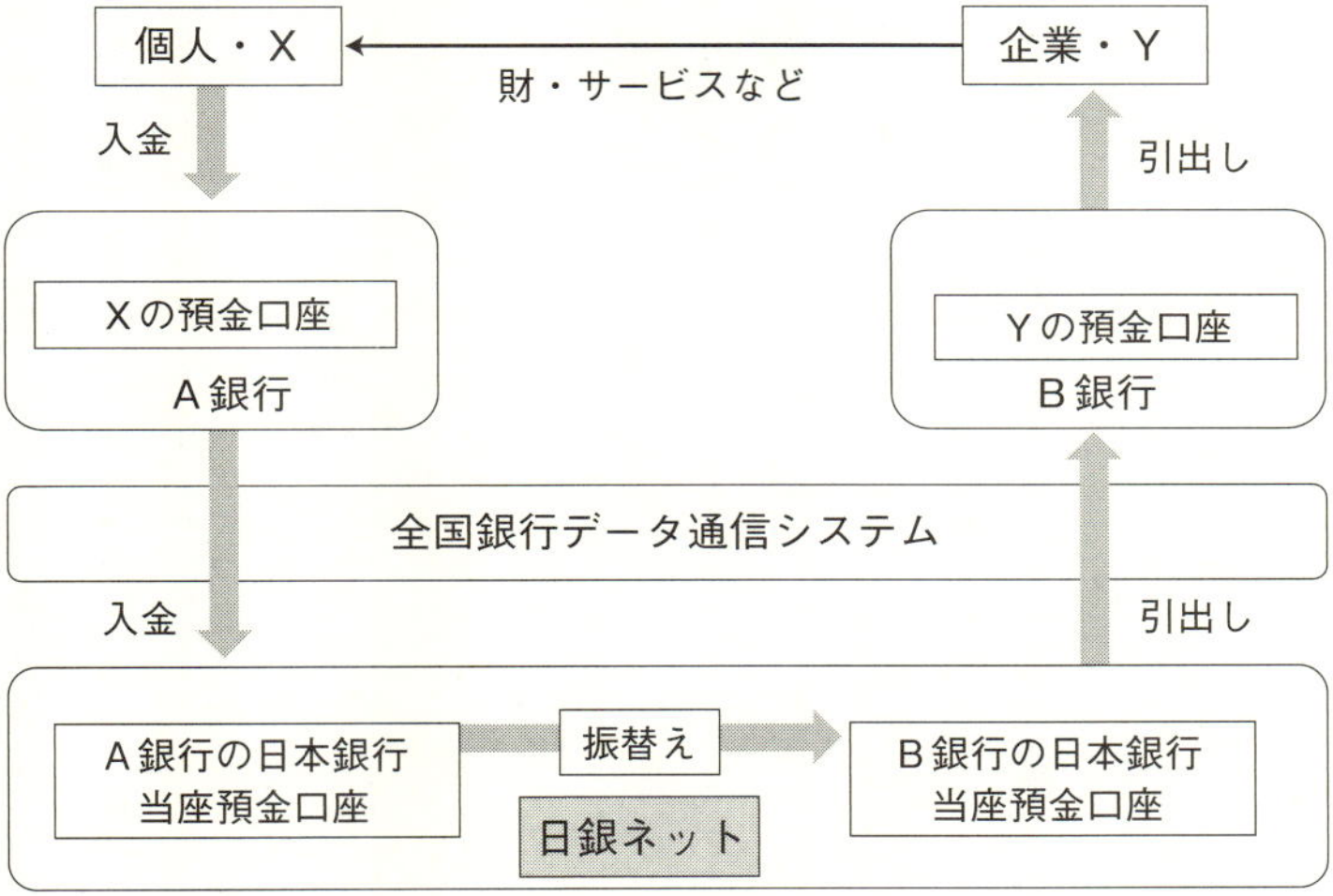

業、銀行の預金残高を増減するための手段として使用されていると考えられます。

預金による決済のオペレーションについて、図表2により具体的に説明しましょう。

私たちが購入した財・サービスの対価を企業に支払おうとする場合には、まず、自らの取引銀行に対し、自分の預金残高から対価に見合う金額を企業に振り込むよう指図します。指図を受けた「仕向銀行」のA銀行は、振込人Xの口座にアクセスし、必要な額の残高があるかどうかを確かめたうえで、その預金残高から所要額を減額します。次いで、A銀行は、その金額を自己勘定に振り替えます。銀行では、これを「資金化」と呼んでいます。そのうえで、A銀行は、企業の取引銀行Bにその金額を送付する旨を通知します。連絡を受けた「被仕向銀行」のB銀行は、振込先Yの口座にアクセスし、指図された送金先に合致していることを確認したうえで、通知された金額を増額します。

このオペレーションを実施するうえでは、電子データの通信のインフラストラクチュアがフルに機能しています。まず、仕向銀行と被仕向銀行の間の通信は、万全の情報セキュリティが確保された銀行間通信ネットワークを通じて行われます。そのうえで、個別の利用者間送金に対応して銀行全体の帳尻をあわせるための銀行間決済は、各々の銀行が中央銀行に有する当座預金間の振替えによって行われます。

利用者からみると、こうしたネットワークの運用は、水道や電力と同様、円滑に動いていることが当然のように感じられます。しかし実際には、ネットワークを構成する銀行のコンピュータにはしばしば障害が生じますし、個別の預金口座における情報処理能力にも上限があり、オーバーフローする危険があります。担当者は、そうした事態が生じないよう、常にコンピュータの運行を監視するとともに、万が一のことがあれば、不眠不休で復旧にあたっています。預金による決済のシステムは、このように、もっぱらコンピュータシステムの運用により、経済社会のインフラストラクチュアとして機能しています。

ただし、わが国におけるネットワークの運用を仔細に検討しますと、銀行間の送金のプロセスがあたかも銀行券を電子的手段で送っているかのような手順を踏んでいること等、かつての手作業による実務の残滓が見受けられます。この点については、ボックス4で詳しく説明します。

② 預金残高の真正性の検証

イ 価値の均一性

預金の金融商品としての性格を考えますと、個々の銀行の業況いかんにかかわらず、等価として扱われることが特徴です。企業の発行する負債である債券等は、発行時に額面や約定利率等が固定されるものの、その金融市場における流通価格は、その時点の企業の業況等に応じて変動します。これに対し預金は、企業の発行する負債である点は社債等と共通しているものの、預金による決済にあたっては、信用力の異なる銀行間でも、同一通貨の預金であれば同一価値として扱われ、プレミアムやディスカウントは生じません。

このように預金の価値が銀行間で均一であることは、取引に伴う情報処理が効率的に行われるために必須の前提条件です。仮に銀行によって預金の価値が異なっていると想定すると、取引を行おうとする人にとっては、相手の取引先銀行がどのような業況にあるかがわからなければ、自分が受け取る対価の価値がわからなくなってしまいます。これでは、取引費用の節約ができないので、そもそも取引を完了させる手段として預金の受払いを介在させる意味がなくなります。

また、預金の価値の均一性は、決済のネットワークが効率的に運用されるための必要条件でもあります。銀行をまたがる決済を行う場合、仕向銀行の預金口座から減額された額と等しい額を、被仕向銀行の預金口座で増額するのですが、仮に仕向銀行の預金と被仕向銀行の預金の間に交換比率が存在するとなると、どの仕向銀行でいつ減額されたかにより、被仕向銀行で増額できる額が変わってくることになります。これでは、一件ごとの決済のオペレーションに際して処理すべき情報量が、預金の価値を均一とした場合に比べてはるかに大きくなります。また、銀行間の決済の大半は、一定期間の支払指図を取りまとめて差額を決済することによっているのですが、預金の価値にばらつきがあると、決済処理の前に、価値の違いを反映させるための清算作業を行わねばならなくなります。

以上のように考えますと、預金の価値が銀行間で均一であることは、預金が決済サービスの手段として機能するための必要条件であることがわかります。しかし、銀行が民間企業であることを考えると、その負債である預金が当然に均一の価値を認められるということにはなりません。現に、かつてのアメリカでは、異なる地域の銀行の預金の間で為替相場が形成されていた例があるようです。また、現在でも、預金の価値の均一性は、同一通貨建ての預金の間に限られます。外貨預金との間では、外国為替相場というかたちで交換比率が存在しています。

そこで、国内の各銀行の預金はどのようにして均一の価値を保っているのかを考えてみましょう。その結論を先取りすると、預金は基本的に要求払いの負債だからです。定期預金であっても、所要のペナルティを払えば、直ちに払い出すことができます。要求払いの負債について、仮に銀行間で価値に差異があるとすれば、より価値の低い預金を払い出して銀行券にし、より価値の高い預金に預け入れれば、価値の差分に応じた利益を得ることができます。これはリスクのない収益機会ですから、銀行券の運送等に要する費用をまかなえる限り、無限に実行されます。その場合には、より価値の低い預金を発行している銀行が取付けにあうことになり、そうした銀行を含むネットワークでは、預金による決済のシステムが機能しなくなります。

一方、預金を要求払いでなくすると、利用者からみれば、そうした金融商品の残高を増額してもらっても取引が完了しません。したがって、そうした銀行を含むネットワークでは、やはり預金による決済のシステムが機能しなくなります。

こうしたことから、預金による決済のネットワークに参加している銀行は、低い価値でしか預金が評価されないような銀行を締め出そうとすることになります。逆に、締め出されそうな銀行は、そうなると、決済サービスを提供できず破綻してしまいますから、締め出されないように経営の健全化に努めることになります。かつてのアメリカでは、このメカニズムにより、中央銀行や監督当局がなくとも銀行システムが有効に機能していた例があると指摘されています。

このように、預金の価値が均一であるということは、銀行が預金による決済のネットワークを構成しているということと、相互に循環的な関係にあります。預金による決済のシステムが経済社会のインフラストラクチュアになったのは、このような相互循環が強まった結果です。

□ 価値の表示

預金は銀行の負債ですので、その価値の表示に対する信認のいかんは、銀行の資産評価が適正に行われているかどうかにかかってきます。銀行の資産のうち、金融市場で価格が決まる金融商品については、客観的な評価の拠り所がありますが、企業等に対する貸出の価値については、その企業等の将来の業況と担保とした資産の価値の評価によるので、主観的判断の要素が大きく、その評価に対し預金者からの信頼を確保することは容易ではありません。適正な情報開示は銀行経営者の責任なのですが、第三者による信頼性の担保が不可欠です。

かつてのわが国では、銀行の資産評価の情報開示に関する規律が確立されないままで、バブル経済の崩壊に伴って、不良債権の額が膨張しました。その結果、銀行の資産内容に対する疑心暗鬼が生じ、一九九〇年代末には、全面的な金融危機につながってしまいました。

これを放置すると、決済システムまで機能不全となりかねませんので、当時の政府は、きわめて強い介入を行いました。具体的には、銀行が資産内容を自ら査定し、その内容を監査法人が監査し、さらにそれを政府が検査するという枠組みを導入しました。そのうえで、従来の大蔵省から金融監督庁を分離し、きわめて保守的な基準に基づく検査を実施させ、銀行の資産査定やその結果の開示への疑念を払拭しました。その際、莫大な貸倒れ損失が判明したので、これに応じた財政資金を投入しました。すなわち、検査の結果、債務超過となった銀行については、企業としては破綻処理するものの、預金については財政資金を投入して全額払戻しを確保し、それまで表示されていた預金残高に対する信頼を裏書しました。政府がこうした処理に要した費用は、預金保険を通じた金銭贈与だけでも約一九兆円にのぼりました。

(4) ブロックチェーンとコンセンサスアルゴリズム

① クライアント&サーバー型システムの情報セキュリティ

以上のように、決済の情報処理においては、情報セキュリティの確保がきわめて重要です。この点について具体的に説明しますと、図表3の上段で「クライアント&サーバー型システムの情報セキュリティ」と記したように、システムのいちばん奥に預金残高の情報が登録されたＤＢサーバーを置いています。このＤＢサーバーを取り囲むように、内部サーバー、外部接続サーー

図表3　ブロックチェーンの情報セキュリティ

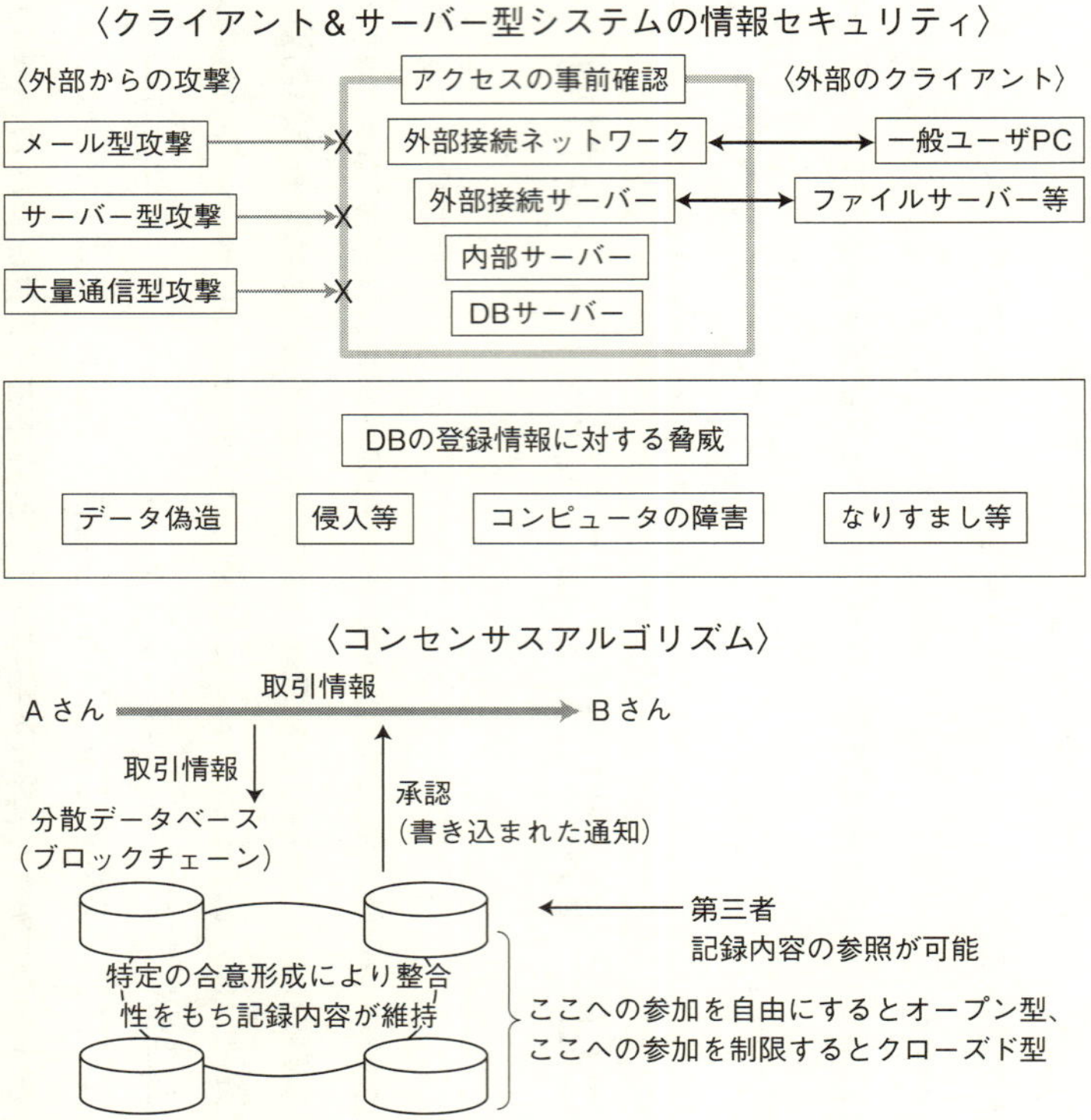

（出所）　上段は筆者作成、下段はTECH NOTEの解説サイトによる

バー、外部接続ネットワークなどが置かれています。これらは、DBサーバーの情報を不正に書き換えようとする外部からの脅威に対し、情報の真正性を守るために、堀や壁をつくり、二の丸を建てているようなものです。

これは、利用者の間だけで決済を行う場合には、決済手段の偽造が問題になるからです。電磁媒体では、偽造されたデータと本来のデータの区別がつきませんので、もともと少額だった電子データを増額すれば、不正な利益を得ることができるのです。そこで、預金による決済では、預金残高の情報を厳格に管理し、利用者からの適正なアクセスに応じて更新することで、サービスが提供されることになっています。

その際、外部から悪意ある攻撃を行う者は、まともな顧客を装ってアクセスしてくるので、銀行としては、なりすましをどう防ぐかということが重大な課題になります。ただし、外部からのアクセスを全部防いでいたら、決済サービスは提供できません。顧客のまともなアクセス、たとえば自分の預金をおろしたいという要求には、これに応じて、残高の情報を書き換えなければいけません。このため、外部からのアクセスの事前確認がきわめて重要になります。

こうしたことから、銀行は、上記のような方法により情報セキュリティを確保するのですが、これに伴う問題点は、外部からのアクセスを監視できるときしか預金残高のデータベースを利用できないということです。具体的には、まず、アクセスを監視するための人件費などのコストがかかります。また、監視対象のコンピュータが動いていなければならないことによる稼働時間の制約が生じます。たとえば、ニューヨークやロンドンで取引をすると、わが国では夜中であり、通常はコンピュータが動いていないので、決済には一日待たなければならないことになるわけです。一日待って、わが国に置かれたサーバーにわざわざアクセスし、コストをかけて監視してもらい、無事データベースを書き換えられれば、はじめて取引が完了することになります。

このように、預金による決済は、銀行が電子データを集中管理していることで、情報セキュリティの確保等に要する費用がきわめて高くなっています。しかも、そうしていても、内部者や委託先による不正行為のおそれがなくなるわけではありません。顧客の電子取引が拡大するなかで、こうした制約の克服が銀行経営上も不可欠の課題となっていました。

② コンセンサスアルゴリズム

クライアント&サーバー型システムの情報セキュリティに伴う制約を打破できる技術が「ブロックチェーン」です。

ブロックチェーンにおける情報セキュリティ確保の仕組みは「コンセンサスアルゴリズム」と呼ばれています。これは、前述したように、これまでの情報セキュリティ確保の方法が「立て籠り」型とも呼ぶべきものであるのに対し、「開放」型とも呼ぶべき方法です。たとえば、「AさんとBさんが取引をしました」「Bさんが代金を五〇〇〇円払いました」という情報があれば、これをネットワークに開放することにより、ネットワークに参加する第三者が「AさんとBさんは本当に取引したのか」「Bさんは五〇〇〇円をもっていたのか」と検証し、問題がなければ承認のメッセージを送るという仕組みです。これは、とりわけ電子データの二重譲渡を防止できる点に特徴があります。

コンセンサスアルゴリズムは、まったく新規の技術というものではありません。検証の方法は、古くからの公開鍵暗号やハッシュ関数等の暗号技術の応用ですし、ネットワークに情報を流す方法も、ネットワーク上で対等な関係にある端末を相互に直接接続する「P2P(Peer to Peer)ネットワーク」です。これも、ソーシャルネットワークや動画共有サービス等でかねて使われている技術です。コンセンサスアルゴリズムは、このように確立した技術を使って、多くの人々が情報処理の正当性をチェックしようということですから、むしろ、考え方の転換に着目して、「コロンブスの卵」というほうが実態に即していると考えられます。

コンセンサスアルゴリズムにおいては、取引の情報は、サーバー内に隔離したデータベースに格納するのではなく、P2Pネットワークを用いて、処理履歴を記録したデータの「ブロック」のかたちで開示し、一定の時間、ネットワーク参加者による検証が可能な状態におきます。ブロックの検証の方法としては、その技術基盤ごとに定められた計算問題を解くこととされています。

コンセンサスアルゴリズムの設計にあたっての最大の問題は、誰に検証作業を行ってもらうのかということです。

その類型としては、まず、その能力があって貢献できる人には誰でも参加してもらうとするものがあり、「オープン型ブロックチェーン」といわれています。ビットコインやイーサリアム等の仮想通貨において使われている仕組みです。これに対して、「クローズド型ブロックチェーン」というものがあります。ここでは、ネットワークの主宰者にあらかじめ認定された者のみが検証作業に参加することができます。ブロックチェーンの基盤として、この二つの優劣をどう考えるかということは、大きな分かれ目となります。

なお、情報通信技術に関する文献等においては、オープン型とクローズド型のブロックチェーンを「分散型台帳技術（Distributed Ledger Technology）」と総称し、狭義の「ブロックチェーン」としてはオープン型のもののみを指す用語法も見受けられます。この用語法は、厳密かもしれませんが、やや煩瑣だと考えられますので、この本では、「オープン型のブロックチェーン」と「クローズド型のブロックチェーン」という用語を使うこととします。

このほか、情報処理技術としての実用性の観点からブロックチェーンをみると、コンセンサスアルゴリズムの運用に大きな負荷がかかるため、従来の情報処理の方法に比べ、情報処理の速度やコスト等の面で制約があります。この点については、技術面で処理効率を引き上げるための努力が重ねられていますが、情報セキュリティ上の問題が小さい情報については、ブロックチェーンを用いずに処理するという措置もとられています。

(5) ブロックチェーンとデジタルイノベーション

① 事業からみたブロックチェーンのメリット

ブロックチェーンを用いることには、事業上の大きなメリットがあります。

第一に、取引にかかわる情報処理をインターネット上で完結させることができます。これまでの電子取引では、取引の合意はインターネット上で可能でしたが、対価の支払については、銀行のコンピュータがインターネットに直接接続していないことが制約要因になりました。インターネットを通じて銀行に振込依頼を送ることはできますが、預金振込みの処理自体は銀行のコンピュータシステムで別途行われます。これらがインターネット上で一貫して処理できるようになると、再度ログインしたり、別のところでパスワードを入れたりすることなく、次々にクリックしていくだけで即時に取引を完了できることになります。

第二に、サービス提供者の側からみると、稼働時間の制約がなくなります。取引のなかには、日本の夜中にロンドンやニューヨークで行われるものもありますが、その決済等の情報処理を即時に実行できるようになります。また、クラウドコンピューティングを全面活用できるようになることも重要です。たとえば、特定の日に大量の取引が起きる企業では、その日にはコンピュータの大きな処理能力が要るわけですが、それ以外の日は処理能力が小さくてもいいということがあります。自前のコンピュータでビジネスをするということに縛られている限り、こうした企業では最大処理能力に応じた設備が必要ですが、他の企業が管理してくれるコンピュータを使って自分のサービスを提供するのであれば、より機動的な業務運営が可能になります。クラウドコンピューティングはこの点で有用ですが、その場合も情報セキュリティは自分の責任で確保しなければなりません。サーバーの料金は安くできても、暗号化等のセキュリティ上の措置の負荷が大きいので、結局、元より非効率になったということもありました。ブロックチェーンであれば、もともと外部者が検証するのですから、すべてクラウドコンピューティングで処理してもかまわないと考えることができます。

第三に、利用者の側からみると、セルフサービスで利用することに伴い、コストを安く感じるようになります。たとえば、自分の端末でアプリケーションを動かす際、端末購入や情報通信等に要するコストがかかっているのですが、利用者は、自分の端末による処理の負荷は無コストだと感じますので、サービス提供者が全部の処理を行う場合よりサービスの対価を安く感じることになります。

② 決済サービスにおけるメリット

ブロックチェーンのもたらすこうした事業上のメリットは、とりわけ決済サービスで大きな意味をもちます。ブロックチェーンを用いれば、偽造のリスクを防ぐことができるため、インターネットの利便性を十分に活かしたサービス提供が可能になるからです。これを、既存の銀行券の交付や預金の振込みと比べると、自律分散処理によりセキュリティを確保すること、利用者のセルフサービスでの利用を基本とすること等の優位性があります。

これまでのブロックチェーンの活用を振り返りますと、ビットコイン等の仮想通貨がまず拡大しました。

仮想通貨は、技術面からみれば、ブロックチェーンを活用したアプリケーションの一つですが、決済サービスとして実効性をもつためには、不正処理防止の誘因と決済手段としての信用力を確保するための社会的枠組みが必要となります。

この点に関し、ビットコインをみると、技術面では、オープン型のブロックチェーンの基盤によって情報セキュリティを確保する一方、事業面では、ビットコインの真正性の検証に情報処理能力を投入した者に対し、新たなビットコイン等の報酬を与えることで誘因を提供しています。

仮想通貨では、銀行券や預金と異なり、偽造の有無を検証する中央銀行のような最後の砦がありませんが、技術だけで偽造を完全に不可能にするのではなく、関係者に偽造を検出する誘因を与え、偽造が経済的に不合理となるような枠組みを設けていることは共通しています。

③ ブロックチェーンに対応した情報セキュリティの考え方

ブロックチェーンは情報セキュリティの確保の方法を転換するものです。これは、決済サービスをはじめとして、情報処理を伴う事業の実施にメリットをもたらしますが、同時に、情報セキュリティの考え方の転換につながることにも留意する必要があります。

まず、従来のクライアント&サーバー型システムでは情報セキュリティの事前確保を基本としていたのに対し、ブロックチェーンでは事後確保を基本とするという違いがあります。

また、ブロックチェーンでは、ある情報処理についてコンセンサスアルゴリズムを実施して問題が発見されなかったとしても、その情報処理が正当であったことが証明されたわけではありません。不正な処理である確率が事後的に低下するだけです。現実の運用では、コンセンサスアルゴリズムを繰り返し実施することにより、不正な処理である確率を指数関数的に低下させることとされています。繰り返しの回数は、許容される処理時間と不正の行われる確率に応じ、ブロックチェーンの種類ごとに決められています。ブロックチェーンによる処理対象情報の多くは、インターネット上の取引であり、顧客や事業者の所在地には関係がありませんので、わが国のように情報セキュリティの厳格な確保を求める傾向が強い場合には、安全性が不十分だという印象を与えるおそれがあります。

さらに、ブロックチェーンでは、不正行為を行おうとする者の経済的誘因を取り除くことで、結果として情報セキュリティを確保しやすい環境をつくるという考え方もとられています。つまり、仮にある情報処理について不正が行われたとしても、その情報は広く公開されるので、いわゆる「足がつく」状態とすることが技術的には可能です。こうした措置の徹底により不正な利得を得ることが困難であることが周知されれば、脅威の現実化のおそれは小さくなるはずです。

一方、技術の観点からみると、ブロックチェーンを用いるだけで情報セキュリティの確保に十分というわけではないことに留意する必要があります。たとえば、ブロックチェーンを用いる場合であっても、事後的な情報セキュリティ確保だけに依存するのではなく、情報処理を行うための電子署名の管理等の事前予防は必要だと考えられています。その手段としては、情報処理に複数の電子署名を必要とする「マルチシグニチャ」の設定があげられています。

デジタルイノベーションの事業化という観点からは、コンセンサスアルゴリズムに要するコストや不正行為の行われる確率といった事後的対応の問題点と、電子署名の設定のような事前予防の効果とを比較衡量して対応を決定していくことになります。また、コンセンサスアルゴリズムの運用に要する負荷に鑑み、情報セキュリティの重要性に応じてブロックチェーンによる処理と一般的な処理の使い分けをすることも考えられます。ここでは、ブロックチェーンの使用というコストを投入するメリットがどこまであるかという比較衡量が行われることになります。

以上に関し、従来のわが国の銀行等では、技術面からの予防安全を極度に重視する傾向がある、情報セキュリティの要求水準が非常に高い等の特徴があると見受けられます。安全対策全般に妥当することですが、リスクを削減するためのコストは、要求水準の引上げに応じて加速度的に上昇していきますので、そうした考え方に固執していると、ブロックチェーンを用いたイノベーションの事業化に際し、わが国の銀行等がハンディを負うことにつながりかねません。

一方、わが国の仮想通貨交換業者では、漏えいした電子署名により仮想通貨が不正に移転される事件が起きました。この事件では、ブロックチェーンの基盤の主宰者がその後の移転をトレースしたのに対し、不正行為を行った者が仮想通貨のマネーロンダリングを行い、残念ながら巨額の不正な利得を得させてしまったようです。これでは、不正行為を行う誘因を十分抑制できたとは考えられません。上記のバランスを考える場合も、脅威の事前予防措置に万全を期すことが必要になったと考えられます。

(6) ブロックチェーンの基盤のガバナンス

① コンセンサスアルゴリズムの設計

コンセンサスアルゴリズムの運用は、決済サービスに限らず、ブロックチェーンを活用するデジタルイノベーション全般において、最重要の課題です。

前述のように、経済的に価値のある情報の処理にあたっては、偽造、改ざん、なりすまし等の脅威が不可避であり、これらに対して登録情報の正当性を確保するための検証の負担は、誰がどう担うこととしても、システム全体としてみれば不可避であることに変わりがありません。

こうしたなかで、コンセンサスアルゴリズムの特徴は、情報セキュリティの確保を、システム運用者による集中処理ではなく、P2Pネットワークの参加者による分散処理に依存するところにあります。しかし、ネットワーク参加者は、検証に対応した事業の成否には関心がありません。ブロックチェーンでは、コンセンサスアルゴリズムで情報セキュリティが確保されているから大丈夫といっても、実は誰もみていないということがありうるわけです。

したがって、ブロックチェーンの基盤では、コンセンサスアルゴリズムの設計にあたり、検証の負担を引き受ける誘因を参加者に与えることが不可欠です。従来のクライアント&サーバー型のシステムであれば、事業者自らがデータベース管理の責任を負うため、事業実施による収益と情報セキュリティ確保の費用の帰着先が一致しています。しかし、ブロックチェーンでは、こうした対応関係がないので、事業を行わないネットワーク参加者に対し、検証作業に要する費用をまかなえるようにするための枠組みが必要なのです。

なお、ブロックチェーンが決済システムで用いられるためには、ブロックチェーンの基盤間の相互運用性の確保に留意する必要があります。個別の基盤は、使用する言語の体系やコンセンサスアルゴリズムの枠組み等についてさまざまな工夫を凝らしており、プラットフォームとして相互に競争関係にあります。そのいずれが普及するかは利用者の選択に委ねられるのですが、枠組み間で分断があれば、経済社会のインフラストラクチュアとしての機能の妨げとなります。ブロックチェーンについても、技術面の標準を確立することが必要です。

②　オープン型のブロックチェーン

オープン型のブロックチェーンの基盤におけるコンセンサスアルゴリズムの設計では、取引の対象となるデータごとにハッシュ関数で処理した固有のＩＤをつくり、取引当事者双方の電子署名を付け加えてＩＤを変換していくことで、取引の真正性を検証できるようにすることとされています。検証者はP2Pネットワーク上でIDのついたデータのブロックを検証し、取引の連続性を確認します。ブロックチェーンという呼称は、このようにデータのブロックをチェーンのように連ねていくことに由来しています。

具体的な検証の方法について、ビットコインの「プルーフ・オブ・ワーク」の枠組みをみると、ブロックチェーンに取引のデータを付け加えるためには、ハッシュ関数で処理した値がある一定の条件を満たすような数値を示すことが必要とされます。これは総当りで計算しなければ解けない問題なので、大きな情報処理能力を必要とするのですが、この問題をいちばん早く解けば、その参加者が承認したデータが正しいとされ、ビットコインという報酬が得られることになります。こうした作業はビットコインを得ることに着目して「マイニング（Mining）」と呼ばれ、作業を行う者は「マイナー（Miner）」と呼ばれます。

プルーフ・オブ・ワークでは、検証されたブロックチェーンが複数判明した場合には、検証履歴のより長いブロックチェーンを正当なものとするというルールが定められています。このルールのもとでは、偽造を行おうとする人は、マイニングを行おうとする人に対して情報処理能力で優位に立つ必要がありますが、その場合には、わざわざ偽造をせずとも、マイニングによって新たなビットコインをもらえばよいのです。また、偽造されたビットコインの受取りを回避しようとする人は、検証履歴の長さを検証すればよいのです。プルーフ・オブ・ワークは、このように、ネットワークの参加者により多くの検証作業を積み重ねる誘因を与えることで、二重譲渡による偽造を防止する効果をもたらしています。

一方で、プルーフ・オブ・ワークの枠組みは、結果として、マイナーにより大きな計算量を投入するよう促すことになります。コンピュータのエネルギー効率を所与とすれば計算量は電力消費量に比例するので、過大な電力消費量とともに、マイナーの寡占化や「五一％攻撃」の脅威の増大等の問題点があると指摘されています。たとえば、仮に詐欺師のような人たちがビットコインのマイナーの多数派を占めてしまえば、正当性を検証するかわりに、すべてのビットコインが自らに帰属するように履歴を書き換えるかもしれません。その場合には、ビットコインを支えるブロックチェーンの情報セキュリティは一挙に全部崩壊します。

これに対し、ビットコインよりも後に開発されたイーサリアムでは、「プルーフ・オブ・ステイク」という枠組みがとられています。ここでは、復号化のために探索すべき鍵の範囲が、マイナーの提示する仮想通貨の額や保有期間等に応じて調整されます。この結果、マイナーに対しては、仮想通貨を取得するために計算量を投入するとともに、仮想通貨をより多く長期間保有するよう促す誘因が与えられることになります。こうした誘因の均衡については、計算量の投入を経済合理的な水準にする効果があると評価できます。しかし、同じ計算量を投入するのであれば、情報処理の真正性検証に使うより仮想通貨の詐取等に使うほうが有利となる等の問題点があり、さらなる対策が検討されています。

このように、ネットワークへの参加者を限定しないオープン型のブロックチェーンの基盤では、マイナーに対する誘因について市場メカニズムにのみ依拠せざるをえないので、コンセンサスアルゴリズムの運営が難問となります。こうした困難は、経済社会全体の統治機構を設計することに近いと指摘されることがあります。

③ クローズド型のブロックチェーン

一方、クローズド型のブロックチェーンの基盤においては、特定の企業等がコンソーシアムをつくり、データの真正性を検証する者をあらかじめ認定しておくことになります。たとえばリップルの「プルーフ・オブ・コンセンサス」では、こうしたP2Pネットワークの参加者は「バリデイター（Validator）」と呼ばれ、開示されたデータに不正がないことを一定のルールのもとで検証する責任を負います。そして、大半のバリデイターが承認すれば、そのデータが正しいとされることになります。

この基盤では、ネットワークへの参加者が限定されるので、コンセンサスアルゴリズムの運営にあたり、市場メカニズムのみならず、組織としての指揮命令関係にも依拠することができるというメリットがあります。つまり、こうしたクローズド型のブロックチェーンであれば、オープン型のブロックチェーンの基盤におけるマイナーへの誘因設定等の難問について、コンソーシアム内のガバナンスという日常的な問題として対処することが可能になります。バリデイターは、仮想通貨をもらえるという報酬がなくとも、事業者としての権利義務に基づいて検証作業を行うことになるのです。

しかし、そのことを情報セキュリティ確保の方法という観点からみると、クライアント&サーバー型のシステムにおける管理責任を共同化したことに近くなってしまいます。システム運用上は、ブロックチェーンにより自律分散処理に依拠することの効率化効果が希薄になるという問題につながります。たとえば、検証作業を行うノードが認定されたバリデイターかどうかを確認しなくてはならず、そのための暗号鍵を管理する「認証局（CA：Certificate Authority）」が必要になります。この認証局はネットワークにとってのハブとなりますので、認証局に障害が生ずれば、全体が脅威にさらされることになります。単一の障害点が発生し、ブロックチェーンの利点であるシステムとしての頑健性が低下してしまうのです。

④ ブロックチェーンの基盤のガバナンス

このように、ブロックチェーンの基盤については、中核となるコンセンサスアルゴリズムの実質的担い手の受益と負担の調整が難問になります。コンセンサスアルゴリズムの設計に関しては、オープン型のブロックチェーンの基盤ではマイナーの経済的誘因を厚くしすぎるリスク、クローズド型のブロックチェーンの基盤では非効率な組織運営につながるリスクがあります。すなわち、コンセンサスアルゴリズムでは、マイナーたちが喜んで検証してくれるように、いつも誘因を用意せねばならず、その負担を誰がどう負うのかという問題が発生します。一方、現在のクライアント&サーバー型の情報セキュリティのように、誰かが集中的に情報を守ることとすると、その人たちが独占的地位を占めて、非効率を生み出しかねません。

その際、とりわけオープン型のブロックチェーンについては、技術的要素にかかわる意思決定が関係者の経済的利害に大きな影響を与えてしまうことに留意する必要があります。たとえば、仮想通貨の運営に際しては、ブロックにおけるデータの累積や取引量の増加等に対応し、ブロックチェーンの設計を改訂する必要が定期的に生じます。その際、利用者のシステム設計やマイナーの作業体制との兼ね合いで利害対立が生じてくると、統一した対処方針をつくることができず、ビットコインでみられたように、分裂を繰り返すことになりかねません。現時点の仮想通貨では、規模拡大が続くなかで、分裂により保有者の利得が生ずることが多く、社会的問題として顕在化しにくくなっていますが、規模拡大のブームがいつまでも続くものではないとすれば、今後は紛争が表面化せざるをえないと考えられます。

また、不正な処理により仮想通貨が詐取される見込みとなった場合にどう対応するかという問題もあります。仮想通貨の一つであるイーサリアムにかかわる「ｔｈｅ　ＤＡＯ事件」では、不正に移転されたイーサリアムによる払込みが見込まれる事態に直面しました。ここでは、技術面で不正な移転を消去して払込みを事前に防止すべきか、払込み自体は防止せず、法的措置によって不当利得を事後に返還させるべきかというディレンマに直面し、前者が選択されました。具体的には、ブロックチェーンの運営にあたって、不正が行われる以前の状況を初期値としてデータベースを更新し、不正が行われた仮想通貨とは別の履歴をもつ仮想通貨に枝分かれさせる「ハードフォーク」を行ったのです。

一方、別の仮想通貨であるネムにかかわる「コインチェック事件」への対応では、仮想通貨の移転をトレースすることとしてハードフォークをしなかったところ、結果としては犯罪者がマネーロンダリングに成功してしまいました。ブロックチェーンを用いた仮想通貨は、その後に足がつくかどうかにより、不正行為の誘因がどれだけ抑制されるかが左右されるのですが、トレースが早期に打ち切られたことで、その仮想通貨に対する信認が低下しています。これは、保有者に経済的損失をもたらすことにつながりかねません。

これまでのところ、こうした問題に関しては、コア開発者等のコミュニティが決定を行うこととなっています。これでは、マイナー等のステイクホルダーの経済的利害やコンセンサスアルゴリズムの運営への影響力を十分に反映した決定を行わなければならない場合に、組織的な意思決定を行うメカニズムが整備されていないという問題があります。また、こうした経済的利害に関しては、ブロックチェーンの基盤の訴訟適格が問題となります。たとえば分裂等を想定すると、ブームが終わった後には、これにより損失を被る人が出てきます。その人は、誰かを訴えたいと考えることになりますが、いまのオープン型のブロックチェーンの基盤では誰も被告になりません。このように責任を問えないような体制では、利用者の信頼をつなぎとめられず、そのブロックチェーンが使われなくなるおそれもあります。

これらは、組織における経済的利害の調整という意味において、既存の企業法における機関設計のあり方の延長線上にある問題です。クローズド型のブロックチェーンの基盤であれば、コンソーシアムの機関設計にあたって、長期にわたって検討が重ねられてきたコーポレート・ガバナンスの方法論を援用することができます。一方、オープン型のブロックチェーンでは、そうした蓄積がありません。オープン型のブロックチェーンが経済社会のインフラストラクチュアを目指すのであれば、今後、こうした社会的要請に応じられるよう、組織としてのガバナンスの枠組みを自ら確立する必要があると考えられます。

政府が制定法により規律しようとしても、ガバナンスの正統性の確保とイノベーターとしての創造性のバランスや、オープンソースによるシステム設計では強行法が容易に回避されるという問題があります。オープン型のブロックチェーンが広く用いられていくためには、ブロックチェーンの基盤のコミュニティが、これまでの企業制度を精査したうえで、円滑かつ効率的に利害調整を行うガバナンス構造を自ら構築する必要があると考えられます。

ボックス2　決済の情報セキュリティに関する社会的枠組み

①　銀行券の偽造防止技術

わが国では、銀行券の発行は日本銀行が行いますが、その製造は国立印刷局によって行われています。日本銀行は、銀行券として用いる紙媒体を印刷局から購入し、銀行が日本銀行当座預金を引き出す際に交付することによって、銀行券として流通させることになります。紙媒体としての価格は少額にとどまりますが、銀行券としての価格は券面額となりますので、銀行券の偽造には大きな経済的誘因があります。

そこで、国立印刷局では、銀行券の偽造を防止するためのさまざまな工夫を行っています。銀行券の偽造を人手で検出できるようにするための技術は、以下のとおりです。

- 印刷方式：主な図柄には凹版印刷という印刷方式が使われており、そのうち、一定の文字については特にインキが高く盛り上げられています。
- すき入れ：紙の厚さを変えることによる偽造防止技術で、白と黒のすかしを組み合わせています。券種に応じ、肖像や棒のすき入れが施されています。
- ホログラム：角度を変えてみることにより、数字や画像がみえます。
- 潜像模様：お札を傾けると、数字や文字が浮かび上がって表れます。
- パールおよび光学的変化インキ：お札を傾けると、ピンク色の光沢が浮かび上がったり、文字が青緑色から紫色に変化してみえたりします。

・マイクロ文字：コピー機では再現困難な微小な文字が印刷されています。
・特殊発光インキ：紫外線をあてると、印章や模様の一部が発光します。

国立印刷局は、銀行券の製造にあたり、このほかにも、コピー機やスキャナ等を使った偽造券の作成を困難にする技術、機械読取りをねらった偽造に対し有効な技術等、多くの偽造防止技術を盛り込んでいます。

こうした工夫もあって、わが国における銀行券の偽造は、アメリカ等に比べて桁違いに低くなっています。それでも、偽造の技術は常に向上していくので、いずれは、銀行券のデザインを変更しなくてはならなくなります。その際には、自動販売機における偽造検出装置を含め、経済社会のすみずみで大作業を行わねばなりませんが、偽造銀行券が出回り始めると急速に事態が悪化するので、機を逸すると大災害になります。脅威の兆候をよく見極めたうえで適時に決定し、十分な準備を行ったうえで実施する必要があります。

② 預金による決済の情報セキュリティの基準

預金による決済システムでは、預金振込みの情報の通信を通じて多数の銀行が連結されていますので、個別の銀行に問題が生じた場合には、決済システム全体に影響が及ぶおそれがあります。したがって、決済システム全体として情報セキュリティを確保するためには、銀行間の情報通信について厳格な管理が行われるのみならず、個別銀行内の情報処理についても、共通のミニマムスタンダードが遵守される必要があります。

わが国では、決済システムのインフラストラチュアについては、日銀ネットを運用する日本銀行や全銀システムを運用する全国銀行資金決済ネットワークによって、厳格な情報処理方法が定められるとともに、その運行状況について、常に綿密な監視が行われています。また、個別の銀行における情報セキュリティに関しては、金融情報システムセンターにおいて、銀行共通の安全対策基準等が取りまとめられています。これは関係者の自主的基準ですが、金融庁や日本銀行がこの基準に沿った運用を確認することによって、個別の銀行における遵守を確保していくという枠組みが設けられています

法律論としては、不正な処理が生じた場合に誰が損害を負担するかというルールが論点となってきました。銀行からすれば、決済サービスの提供を一種の公共財の提供ととらえて、大きな危険負担をしたくないという考え方もありうるところです。

わが国では、かつては、預金の不正払戻しにかかる多くの事例において、銀行取引約款の免責条項に基づき、銀行に過失がなければ預金の払戻しが効力を有するとして、損害を預金者の負担とすることが多かったようです。しかし、二〇〇三年頃からキャッシュカードの偽造等の不正使用が多発したことを背景に、二〇〇五年には「偽造カード等および盗難カード等を用いて行われる不正な機械式預貯金払戻し等からの預貯金者の保護等に関する法律」が制定され、銀行は、無過失の場合でも、個人預金者に故意または重過失がない限り、補償に応ずるものとされました。さらに、二〇〇八年に定められた全国銀行協会の申し合わせでは、法律では規定されていなかった盗難通帳やインターネットバンキングによる預金の不正払戻しについても、積極的に補償に応じることとしました。

この点について、私なりに考え方の整理をしますと、「最小費用損害回避者のルール」に沿ったも

のと評価できます。

一般に、法と経済学では、なんらかの活動に伴って損害が生ずるおそれがある場合、その活動によって供給される財・サービスの取引が経済合理性に沿って行われる限り、損害をどちらの当事者の負担と定めても、当事者間の交渉によってその負担を反映した価格設定が行われますので、最終的な損害負担の帰着は同じ結果となるはずだとされています。この考え方は、「コースの定理」と呼ばれています。たとえば、一定の確率で故障するような機械を取引する場合、修繕費用を売主負担とすれば、見込まれる費用を価格に上乗せするでしょうし、買主負担とすれば、そうした上乗せは行われないはずです。特に、そうした故障費用について保険がかけられるような場合は、保険料をどちらが負担するかというだけのことになります。

法と経済学では、これを前提として、ルールの設計上、損害発生を最小の費用で防止しうる者が負担することとすれば、損害の発生確率を小さくする誘因が働くので、社会全体としての効用が高まると論じられています。保険がかけられる場合には、保険会社が契約者に損害防止を働きかけるとされています。

もちろん、現実には、交渉には費用がかかるので、このようなきれいな結論とはなりませんが、経済社会の効用を高める方向での考え方の整理としては、最小費用損害回避者のルールには、実用性があると考えられます。先ほどの機械の例でいえば、売主負担としておけば、仮に保険がかかる場合でも、保険料を低くするために、故障しにくい製品の開発に努めるはずです。これに対し、買主負担とすると、製品の品質改良を行う可能性がなくなってしまいます。

これに沿って預金による決済における損害負担ルールを考えますと、まず、一般の預金者に比べ、銀行は情報セキュリティを高めるための手段を多くもっていますので、事故時の損害を原則として銀行負担とすることには、社会全体としての合理性があると考えられます。

また、サービスを提供する事業者としての銀行の立場からみても、あながちデメリットばかりとは限りません。たとえばアメリカでクレジットカードのサービスが導入された時期に、不正使用による利用者の損害を一定額に限定するルールが設けられた例が参考となります。このケースでは、ルールによって利用者の安心感が高まり、クレジットカードの普及に寄与したとされています。

ただし、預金者やカード利用者も、暗証番号を注意深く秘匿したり、カード紛失時等にすみやかに通知したりすることにより情報セキュリティの確保に寄与すれば、社会全体としての効用が高まることになります。したがって、預金者等に対しても、事故発生に際して、一定限度額での負担や、明確な落度がある場合の損害負担を求めることにより、事故防止に向けた誘因を維持しておくことが必要だと考えられます。

第三章

決済と取引のインフラストラクチュア

(1) 決済システムのインフラストラクチュア

① インフラストラクチュアとネットワーク

イ 経済社会におけるインフラストラクチュアの形成プロセス

これまで説明した取引費用節約の枠組みが有効であるためには、それが取引を行った後で機能するだけでなく、取引を行う前に利用を織り込めるインフラストラクチュアであることが必要です。たとえば決済については、個別の銀行による決済サービスとして提供されるだけではなく、経済社会全体の決済システムとして利用可能であることが必要です。これによってはじめて、当事者は、後顧の憂いなく取引に取り組むことができるようになるからです。今後のデジタルイノベーションに対応した枠組みも、同様のものでなければなりません。

この点について考えるにあたって、既存のインフラストラクチュアがどのように形成されてきたのかを振り返りますと、まず法制度や組織が定められてから個別の取引に利用されるようになってきたのではなく、その時々で最も効率的な取引の方法がプラットフォームとして確立し、それを担う組織が設けられるとともに政府によりオーソライズされてきたということができます。たとえば、手形・小切手の歴史をみれば、中世の十字軍遠征のための決済金融サービスとして普及し、それを提供していたイタリアの事業者等が銀行となり、西欧の政府が勅令等により法制度として確立したものです。また、かつての中国やわが国で政府が紛争処理を行う際には、当事者の提出する証拠が、その時代の取引に一般的に用いられていた木簡や誓紙等の一般的プラットフォームによっていることが重視されていました。

ロ　ネットワークの経済的性質

以上のようなインフラストラクチュアの形成プロセスをふまえて、どのような取引方法がプラットフォームとして確立するかを考えるにあたっては、ネットワークの経済的性質が重要です。

一般に、利用者からみたネットワークの効用は、その提供するサービスの品質や価格とともに、そのネットワークを利用する者のリストによって決まってくるといわれています。個々の利用者からみれば、他の利用者の数が多ければ多いほど便利ですし、他の利用者の質が高ければ高いほど利用価値があります。利用者リストのこの二つの性質は、時に相矛盾しますが、ネットワークの消長は、その組合せが利用目的に適したものかどうかに左右されることになります。こうした利用者からみたネットワークの経済的性質は、ネットワークの外部経済性と呼ばれています。現在では、たとえばソーシャルネットワーク等の普及に顕著な表れをみることができます。

一方、供給者からみたネットワークの有効性は、そのネットワークを構成する事業者等のリストによって決まってきます。サービスが提供されるネットワークの拠点が多ければ多いほど利用者にアクセスしてもらいやすくなりますし、拠点を運営する事業者の質が高ければ高いほど利用者に信頼してもらいやすくなります。構成者リストのこの二つの性質も、時に相矛盾しますが、利用者リストの場合に比べると、大規模な事業者による均一のネットワークが有利となるという点に違いがあります。

これは、まず、大規模な事業者は、多くの拠点をもつと同時に、サービスの品質を高めるための投資余力をもつことが多いからです。また、ネットワークでのサービス供給に用いられるソフトウェアについては、その開発に要する固定費用が高い一方、供給量を増大させることに要する変動費用は低いので、供給の規模が大きくなればなるほど一単位当りの費用が小さくなるという「費用逓減の法則」が働くからでもあります。

② 預金による決済のシステム

イ　決済のネットワーク

以上をふまえて、まず、預金による決済のシステムの性格を考えますと、中央銀行や商業銀行が、情報処理手順や情報セキュリティの基準を共有することにより、継続的な運行が可能となっているネットワークだということができます。預金者は、このネットワークを利用することにより、円滑で効率的な決済を行うことができるのです。

預金による決済のシステムについて、ネットワークとしての経済的性質を考えると、利用者のサイドからは広範囲に利用可能であればあるほど利便性が高くなるので、利用者の数が多いことには大きな意味があります。しかし、他の利用者の質は、支払を行うにあたってはそれほど重要な要素ではありません。

一方、事業者のサイドからは、より大きなネットワークを形成することが有利であることに変わりはありませんが、ネットワークの構成者間の相互依存が強いことが特徴となります。決済システムの的確な運行のためには、情報セキュリティのミニマムスタンダードを共有していることが不可欠であり、他の構成者の質がきわめて重要です。

ここから、預金による決済のシステムは、一定の質を備えた事業者が相互に緊密に結びつくネットワークとなることが経済合理的ということになります。そのうえで、より多くの利用者をカバーするネットワークには、外部経済性や費用逓減の法則が作用します。その結果、当初は小規模のネットワークが並立していたとしても、より大きなネットワークが競争上有利であるために、次第に単一の大規模なネットワークへと「自己組織化」が進んでいくメカニズムが働きます。

こうしたメカニズムが働く範囲は、ネットワークが機能する環境により異なります。これまでは、ネットワークの大規模化には、いくつもの制約がありました。まず、決済の対象となる取引の行われる地理的範囲が限界となりました。決済は取引を完了させる手段ですから、完了させる対象がないところで決済サービスを供給しようとしても、利用してもらえないのです。歴史的にみても、わが国の江戸時代に江戸と大坂の間で為替制度が発展した例にみられるように、決済ネットワークと取引活動は表裏一体で発達してきました。

情報通信技術等の制約が決済サービス供給の限界となることもありました。かつて、決済に関する情報の伝達が紙媒体により行われていた時代には、隔地間の決済には相当の日数が必要でした。そのために、銀行と顧客の間では、クレジットカードのように融資サービスをあわせ提供したり、トラベラーズチェックのように保険サービスを付加したりするような工夫が行われたのです。また、近年まで、貿易金融に関する文書等の郵送のほうが、貿易の対象物を積んだ輸送船の到着よりも遅いことがありました。さらに、グローバルな取引の決済では、時差に対応するためネットワークの稼働時間の延長が必要となるのですが、稼働時間外に行っていたバッチ処理をどうするか等の技術面の制約にぶつかっていました。稼働時間内では、顧客がネットワークを通じて行う決済のリアルタイム処理を行う必要があり、コンピュータの負荷からみて、バッチ処理を並行して行うことには無理があったからです。こうした場合には、情報通信技術が取引に応じた決済サービスを制約していたのです。

このほか、ネットワークを構成する銀行の主要な収益源が金融サービスであるために、銀行が融資先企業を審査するための情報収集能力に地理的な限界があることが影響するという制約や、決済システムは国等を単位として形成されているために、クロスボーダー決済では国内決済と異なるオペレーションが必要になるといった制約もあります。

□ 銀行システムの形成

このように、自己組織化により成立した預金による決済のネットワークを構成する企業が銀行です。銀行は、相互に緊密に結びつくことによって、ネットワークの外部経済性を発揮し、利便性の高い決済サービスを提供しています。預金による決済のシステムは、取引当事者が異なる銀行に口座を有している場合にも銀行間の通信を通じて決済を行えるところに大きな意味があるのです。

こうしたなかで、銀行間決済のオペレーションに用いられるネットワークに支障が生じれば、決済システム全体に直ちに影響します。したがって、ネットワークの参加者には、きわめて厳格な情報セキュリティ確保が求められます。ただし、そのことは同時に、情報処理の単価が高くなることにもつながります。

こうした場合に、全体としての情報処理費用を節約する方法は、ネットワークの構成をハブ&スポーク型とすることです。預金による決済のシステムでは、中央銀行がハブとなり、それ以外の商業銀行とスポークで連結するネットワークが形成されました。そのうえで、ハブである中央銀行は、経済社会全体のインフラストラクチュアとして、情報セキュリティ確保のための費用を集中的に投入しています。これによって、すべての商業銀行が相互に連結するメッシュ型のネットワークよりも、情報処理に要する費用を削減することができるのです。

また、決済システムがきちんと機能するためには、ネットワークを構成する商業銀行が情報セキュリティのミニマムスタンダードを共有することが不可欠です。このため、個別の商業銀行としては、他の構成者のなかにフリーライダーがいないかが懸念されます。商業銀行の収益は決済サービスと統合生産される金融サービスによるところが大きいのですが、金融サービスの中心である融資等のリスクは外部から明らかではありませんので、決済サービスにかかわる体制整備を怠る一方で不健全な融資を行うフリーライダーが発生するおそれがあるからです。

こうした商業銀行の存在が明らかになった場合には、決済システムに対する利用者の信頼が損なわれること等により、ネットワークを構成する他の多くの商業銀行に大きな悪影響が及びます。したがって、決済システムに参加する商業銀行は、相互に厳しく監視しあうことになります。しかし、個別の商業銀行は、他の銀行の経営には介入できないため、監視の効果にはおのずと限界があります。この点、前述したハブ&スポーク型のネットワークのもとで中央銀行が他の銀行に対する監視を行うこととすれば、効率的にミニマムスタンダードの遵守を確保できます。

さらに、中央銀行であれば、金融調節の実施プロセス等を通じ、個別銀行の情報セキュリティや融資スタンス等に影響を与えることができます。この結果、利用者としても、ハブがこうした機能をもつネットワークのほうが、そうでないネットワークよりも信頼できるとみることができるようになります。

このように、中央銀行をハブとする銀行システムは、預金による決済のシステムが選別されていくプロセスのなかから、ネットワークの経済的性質に従っておのずと形成される枠組みだと考えられます。

八　預金による決済のネットワークと自律分散処理

預金による決済のネットワークは、こうしたハブ&スポーク型のネットワークであり、一般の取引の情報について自律分散処理が拡大してきたなかでも、その根幹部分が中央集中処理により運行されています。これは、障害が発生した際に、中央集中処理であれば情報処理の記録を検証することもできるし、部分的に人手でバックアップすることも容易だという理由によります。また、かつて開発されたシステムがレガシーとなっていることもあるかもしれません。さらに、極度に堅実な処理手順としていることが影響していることも考えられます。その結果、預金による決済サービスには、第二章で述べてきたようなさまざまな制約が生じています。

しかし、インターネットをはじめとする情報通信技術の進歩は、こうした制約を克服して進んでいきます。今後、ブロックチェーンの活用によって取引情報の自律分散処理が徹底すれば、ネットワークの自己組織化の進展を妨げる要因はいっそう小さくなり、決済システム間のクロスボーダーでの競争が激化すると考えられます。

(2) 取引のインフラストラクチュア

① 司法制度の機能

以上のように、銀行システムは、預金による決済のネットワークを通じて、経済社会のインフラストラクチュアとして形成されてきたのですが、その前提となる取引の円滑な執行にとって欠かせない社会的枠組みとしては、契約の履行を強制する司法制度があります。これは、第一章で説明したように、強制の費用を節約するためのインフラストラクチュアです。歴史を振り返れば、このような司法制度の機能は、国家の成立と同じく古くから存在します。

契約の履行に関して紛争が生じた場合に司法制度が果たす機能を考えますと、まず、事実関係の確定があります。これには、契約で合意された内容の確認とその履行状況に関する検証が含まれます。この作業を効率的に行うために、契約等における条項や履行状況に関する領収書等の記載方法について、標準化が行われます。しかし、当事者間で紛争が生じた場合には、記載された内容自体の真偽が争われますので、裁判所としては、事実を解明しなくてはなりません。このため、裁判所の証拠調べにおいては、証言等の真実性確保のために、裁判所侮辱罪のような特別の刑事制裁が設けられることがあります。

次いで、確定された事実関係に基づいて、法律と契約の適用を吟味し、紛争処理の内容を決定します。そのための方法としては、裁判所が判決等のかたちで当事者に命令することのほか、それに至るまでの段階で当事者が和解するよう、調停やあっせんを行うこともしばしばです。いずれにせよ、紛争が生じた場合にこうしたインフラストラクチュアを利用できるということが取引を行う前提となっています。

こうして紛争処理の内容が確定しますと、それを強制的に実行することになります。紛争の対象となった資産等の強制的移転や賠償額の取立て等が行われます。取引当事者からみて訴訟が有効であるためには、裁判所が強制執行を行う枠組みが必要であり、そのために、執行官には特別の公権力が付与されています。また、前述のように、こうした強制が有効であるためには、決済システムが的確に機能していることが必要になります。

②　わが国における司法制度

わが国においても、江戸時代には、こうした司法制度の機能が整備されていました。当時の紛争解決の状況を振り返りますと、取引の履行に関して紛争が生じた場合には、まず、各々の地域の顔役の間で話合いが行われ、それが不調の場合には、一同が奉行所に申し出ることになります。奉行所の証拠調べに対して、当事者は真実を回答する特別の義務が課され、偽りを述べた場合には、直ちに処罰されることによって、効率的な事実解明が担保されています。そのうえで、奉行の判断が言い渡されます。これは、解明された事実関係に当時の法制度や契約を適用したものであり、強制力をもちます。当事者は、そのとおり実行することが強制され、違反した場合には刑罰を課されることになります。このように、江戸時代には、民事の紛争解決における司法制度の機能を確保するために、刑事制裁が効果的に用いられていました。

ところが、明治維新においては、欧米から法制度を直輸入することとされ、民事法と刑事法、実体法と手続法が、縦割りで別々に導入されました。その際、江戸時代に確立していたような紛争処理のインフラストラクチュアは、前近代的であるとして廃棄されたようです。

この変革の効果に関しては、とりわけ民事法と刑事法の峻別により、事実関係を検証したり、紛争処理の内容を強制したりする司法制度の機能が著しく低下したという指摘があります。この結果、前者については、「漂流型訴訟指揮」といわれるような長期間を要する非効率な審議につながり、後者については、強制執行や倒産手続において不法勢力がはびこるような異常な状況につながったという指摘があります。裁判官や法律学者は、実体法に関する高尚な議論は行っても、事実解明や強制執行の実務にはあまり熱心に取り組まなかったことが実情のようです。

わが国の事業再生の実務では、こうした司法制度の機能不全がつい最近まで続いてきたと考えられます。かつては、メインバンク制のもとで弊害があまり顕在化しませんでしたが、経済成長が鈍化した後は、バブル期における不法勢力の台頭や、バブル崩壊後の不良債権処理の遅れ等、深刻な弊害をもたらしました。

現在でも、わが国の法制度に関する議論では、まず実体法上の概念を整理し、その次に執行のあり方を検討するという演繹的な考え方が強いように見受けられます。デジタルイノベーションとは取引の内容ではなく取引の方法の革新を出発点とするものですので、司法制度がこうした考え方のままで運営されるのでは、新たなインフラストラクチュアの形成が遅くなり、クロスボーダーの競争に伍していくうえで制約要因となる懸念があります。

(3) ブロックチェーンと決済システム

① 決済システムにおけるブロックチェーンの活用

これまで論じてきたように、ブロックチェーンのメリットを発揮できる可能性が最も高い分野は決済サービスです。そして、決済サービスは、ネットワークとして提供されることで、経済社会のインフラストラクチュアとして機能します。そこで、以下では、決済システムにおけるブロックチェーンの当面の活用方法について、ネットワークの構造に沿った検討を行います。

まず、第一の論点は、決済ネットワークのどの分野にブロックチェーンを用いるのかという選択です。決済ネットワークは、利用者が銀行預金の振込み等を指図する部分と、その結果を銀行間で清算する部分に分かれています。決済サービスを提供する立場からみれば、前者は対顧客決済の情報処理、後者は銀行間決済の情報処理ということになります。一方、利用者の立場からこれをみれば、前者は支払サービス、後者は事業者間の清算ということになります。

この論点について、利用者の立場から考えると、一般の財・サービスの取引の延長線上で、インターネット上で決済を行えることが重要です。その際、ブロックチェーンは、情報処理に対する脅威のうち、とりわけ偽造のリスクに対して有効な対処方法なので、利用者間の決済サービスの手段として活用することには大きな意味があります。

一方、事業者の立場から考えると、ブロックチェーン採用の費用対効果が重要です。情報セキュリティ確保の費用は情報処理一件当りでかかりますが、一件当りの取扱金額は、対顧客決済では小さい一方、事業者間決済では大きいため、事故時の損失見込み額との兼ね合いでみた効率化効果は前者の方が大きいことになります。

以上から、ブロックチェーンの当面の活用対象は支払サービスとすべきだということになります。

決済サービスにおけるブロックチェーンの活用のメリットは、とりわけ電子データの偽造防止にあります。ブロックチェーンを活用すれば、利用者からみて、預金のように電子媒体で利用可能であるうえに、銀行券のように利用できる時間や範囲に制約のない決済サービスの手段を構築できます。事業者からこれをみると、銀行券との対比では、真正性検証の方法について、紙という物理的な媒体に依存せず、ブロックチェーンに記録された情報を検証する情報処理能力に依存することが異なります。また、預金との対比では、情報セキュリティ確保の方法について、立て籠り型ではなく、開放型となるところが異なります。こうした特性を活かせれば、既存のオペレーションとは異なる方法により決済サービスを提供することができます。

そこで、この本では、こうした機能をもつ電子データを、特に「電子現金」と呼ぶこととします。決済サービスにおけるブロックチェーンの活用の鍵は、こうした電子現金を決済サービスの手段として用いるところにあると考えられます。

② 電子現金

電子現金としての性格をもつ電子データの作成形態については、仮想通貨としての生成以外にも、既存の決済サービス提供者による発行が考えられます。具体的には、銀行券を発行している中央銀行、預金を提供している商業銀行、電子マネーを提供している流通業や通信業等といった事業者です。仮想通貨では、オープン型のブロックチェーンが用いられますが、既存の事業者が電子現金を発行する際には、事業実施による収益と情報セキュリティ確保の費用の帰着が一致しているので、クローズド型のブロックチェーンを用いることが整合的になります。こうした事業者が決済サービスのネットワークを形成する場合には、参加する事業者にとって、他の参加者がミニマムスタンダードを共有していることがきわめて重要であり、それを確保するためにはサービス提供に伴う損益の帰着する組織としてのガバナンスによることが実効的だからです。

③ 負債と資産

支払サービスへのブロックチェーン活用の検討にあたっては、決済サービスの手段の法律構成について、発行者の負債とするか独立の資産とするかという選択が論点になります。この両者は、通常時は同様のサービスのようにみえても、事業者の事故や経営破綻等の異常事態が生じたときには異なる扱いとなります。既存の支払サービスの例をみると、負債としては預金や電子マネーの預り金、資産としてはマネーマーケットファンドや貨幣があげられます。

一般の預金は商業銀行の負債ですが、中央銀行預金は中央銀行の負債であるとともに商業銀行の資産です。また、銀行券も中央銀行の負債であるとともに商業銀行の資産です。預金による決済のネットワークは、こうした構成によって、法律構成上も中央銀行を中心とする階層的なシステムとされています。電子マネーの預り金は、発行者の負債です。預金で購入するという構成になっているので、事業者間決済の独自のネットワークはありません。

一方、マネーマーケットファンドは、利用者からみれば資産ですが、サービス提供者である証券会社の負債ではありません。国債等の第三者の負債に対する投資信託の持分です。このため、持分の売買市場の決済システムが、利用者による支払いの結果を清算するネットワークとして機能することになります。また、貨幣も、政府の負債ではなく、政府が金属等を材料として製造した資産です。硬貨による支払サービスについては、独自の清算ネットワークはなく、わが国では日本銀行が供給と回収の窓口業務を行っています。

この点をふまえてブロックチェーンを利用した決済サービスの手段の法律構成を考えると、預金や電子マネーによる支払サービスの延長線とする場合には、銀行等の負債となります。一方、仮想通貨は代表的な例であるビットコインの名称が示すように、資産として構成されています。

④ 事業者間決済のネットワーク

支払サービスにブロックチェーンを用いる際には、処理情報がすべてのネットワーク参加者に共有されるので、対顧客決済と事業者間決済の区分なく情報処理を行うことが技術的には可能となります。しかし、コンセンサスアルゴリズム運用の負荷等に鑑みると、金額が相対的に小さい対顧客決済と金額が相対的に大きい事業者間決済を別のネットワークとすることも考えられます。その場合のネットワークの構成について、既存の決済システムの延長線で考えると、預金のように銀行等の負債と構成する場合は、引き続き対顧客決済と銀行間決済に分かれたネットワークを想定することが自然ですが、仮想通貨等のように資産と構成する場合は、マネーマーケットファンドや硬貨と同様のネットワークの構成を考えることが現実的です。

ただし、わが国における預金の決済ネットワークでは、従来、対顧客決済と銀行間決済はいわば「直列」の取扱いとされてきたことに留意する必要があります。具体的には、まず仕向銀行が支払者の預金残高を減額し、それによって得られた資金を確保したうえで、被仕向銀行にある受取人の預金口座を増額するというオペレーションが行われていることです。銀行の対顧客決済のオペレーションにブロックチェーンを導入し、銀行のサーバーへの個別アクセスに対する事前チェックから事後検証に転換しても、銀行間決済のオペレーションでは個別の段階ごとに逐次確認するという取扱いを維持するのであれば、情報処理の効率性や自由度がかえって低下するおそれがあります。そうした場合には、預金による決済のネットワークでは従来と同様のオペレーションが行われる一方で、顧客が個別の銀行の決済サービスを利用するためにコンセンサスアルゴリズムが追加的に必要となるだけになるおそれがあります。

一方、仮想通貨についても、わが国の既存の仮想通貨交換業者では、顧客により購入された仮想通貨の情報が事業者のサーバーでのみ管理されるというオペレーションが多いようです。これでは、顧客から仮想通貨交換業者へのアクセスが攻撃の対象となってしまいます。

(4) 支払サービスのファイナリティ

① ファイナリティとコンセンサスアルゴリズム

これまで説明したように、決済の目的は取引を完了させることにありますので、電子現金による支払サービスも、その目的を達成できるものでなくてはなりません。これは、決済サービス全般の検討にあたって前提となる事項ですが、とりわけブロックチェーンを用いた決済サービスの検討にあたって取り上げられる理由は、コンセンサスアルゴリズムの考え方にあります。つまり、ブロックチェーンでは、従来のような事前確認による情報セキュリティ確保と異なり、事後的検証を積み重ねることによって情報処理が真正である確率を引き上げていくという考え方がとられています。このため、自動販売機で商品を買うような取引についてコンセンサスアルゴリズムの稼働に時間をかけることが現実的かという論点や、決済に関する情報処理が正当でないと判明した場合に取引の効果をどう整理するかという論点等が生じてきます。

こうした論点は、ブロックチェーンを用いた決済におけるファイナリティの確保として論じられています。その解決策としては、情報処理のオペレーションが完了するという技術上の対応、当事者が決済の対象とする取引を管理しなくてもすむようになるという事業上の対応、決済によって債権債務関係が解消するという法律上の対応等があります。

これらの対応策の相互関係については、既存の組織がこうした問題に取り組む際、技術面での対応を主とすることになりがちだと見受けられます。ただ、支払サービスにブロックチェーンを活用しようとする場合には、従来よりも利用者の満足度やサービス供給の効率が向上すればよいのであって、既存の問題まで技術によって根治しようすれば大幅な非効率につながってしまうことに留意する必要があります。この問題についても、技術の側面だけではなく、事業や法律の面からも対応することが必要です。

そこで、まず事業面の対応を考えますと、取引が完了したか否かという二者択一の問題ではなく、当事者が取引の完了をどれだけ納得できるかという程度の問題として考えることが重要です。そのうえで、サービス提供者の事業上の判断としては、事後的対応と事前予防のどちらにどれだけ費用をかけるかという比較や、支障が生じた場合の事後的対応について、支払による決済の完了を前提に反対方向の受渡しを行うこととするか、決済が完了していないとして受渡しを中止するかという比較を行うことになります。こうした比較は、経済合理性のもとで整理がつくものであり、内容によっては、保険により対応することも考えられます。

一方、法律面の対応は、銀行券による決済では紛争になることが少ないので、現状では、主として預金による決済について考えることになります。これについては、後ほど説明しますが、ブロックチェーンを用いた場合にも、現状の延長線上での処理は可能と考えられます。

② 既存の支払サービスにおけるファイナリティ

イ　現金による支払

電子現金による支払のファイナリティを考える前に、まず、既存の支払サービスにおけるファイナリティを振り返ってみましょう。

自動販売機で商品を買う場合を考えると、商店が自動販売機を使用して販売の申出を行っているのに対し、消費者が現金を投入したうえで希望の商品のスウィッチを押すことで取引が成立し、その履行として、現金の格納と商品の搬出が同時に行われています。こうした取引では、取引に伴う債権債務関係は発生と同時に解消されます。これは、現金による支払では、媒体の物的交付によって権利が直ちに移転することに対応したものです。これによって、匿名の取引でも支払のファイナリティが確保されます。ただし、このことは、現金の運送や保管に大きな費用がかかることと見合っていることに留意が必要です。

現金のこうした特性は、法律によって与えられたものではありません。銀行券と貨幣の表章する権利の法律構成を考えますと、前者は中央銀行の債務証書に由来するのに対し、後者は政府の製造した資産であり、性格を異にしています。したがって、現金による支払のファイナリティと法律構成の間には関係がありません。また、これらが強制通用力をもつ法定通貨であることの意味も、すでに行われた取引の弁済に際し、受け手が現金の交付を原則として拒否できないというものにすぎません。高額紙幣を受け付けない自動販売機の存在からも明らかなように、現金による支払を前提とした取引を行うかどうかは別の問題です。現金の交付によりファイナリティが確保される理由は、偽造や二重使用ができないという銀行券や補助貨の物理的性格にあります。

このため、銀行券については、いたるところで日常的に真贋鑑査が行われています。自動販売機の銀行券の取入れ口には、真贋を鑑査するメカニズムが組み込まれ、真正性を確認できない場合には受け付けないことになっています。これは、取引の当事者にとって大きな負担となる作業ですので、社会的枠組みによる誘因づけが必要です。刑事上は、銀行券の偽造が犯罪とされていますが、具体的な捜査の開始には、当事者からの届出という端緒が必要です。警察の取締りが機能するためにも、取引の当事者による鑑査の誘因を確保する枠組みが必要です。

こうした社会的枠組みの要石は中央銀行による銀行券鑑査です。中央銀行による鑑査の結果、偽造券が発見された場合には、持ち込んだ商業銀行に返戻されるとともに、警察に届け出ることとされています。商業銀行としては、そうならないよう、商店等から還流してくる銀行券を厳しく鑑査しており、その結果、偽造券を発見した場合には、持ち込んだ商店等に返戻するとともに、警察に届け出ることになります。こうした取扱いに伴い、商店等も顧客から交付される銀行券の真贋を厳しく鑑査します。このように、銀行券の偽造防止については、中央銀行の窓口における真贋鑑査を最後の関門とした社会的枠組みが確立しています。この枠組みは経済的誘因に基づくものですので、当事者が銀行券の真贋鑑査にかける費用は、取引の金額や支払の頻度等に応じて異なります。たとえば、自動販売機に組み込まれている鑑査機能は、中央銀行の窓口よりも性能が低いものとなっています。

ロ　預金による支払

次に預金について考えると、ある程度高額の取引の支払は預金振込み等によることが通例です。たとえば、機器の組立て業者に部品等を納入する企業は、受注に応じた納入を継続的に行い、代金は一定の期間ごとにまとめて振り込んでもらうという方法をとっています。また、消費者が買い物をする場合も、高額のものについてはクレジットカードを用いることが多く、消費者とクレジットカード会社の間では、一定期間の取引の対価をまとめて引き落すという支払方法がとられています。これは、当事者からみて、預金による支払サービスを利用すれば、銀行券を用いるよりも媒体の運送や保管の費用が小さいうえ、不正から保護されるという利点があるからです。銀行では、顧客を不正から守るため、情報セキュリティの確保に注力してきましたが、そのことがコンピュータに負荷をかけ、支払サービスの提供に制約をもたらしてきたことは、これまで説明してきたとおりです。

預金振込み等による支払のファイナリティについては、現金よりもやや複雑な検討が必要です。第一の点は、取引の当事者がお互いに相手が誰かを識別できることが前提となっていることです。つまり、取引は顕名で行われているのです。また、預金による支払のタイミングを現金による支払と比較すると、取引の成立によって発生した債権債務関係を解消させる時点が一定期間後であることが異なります。支払の対象となる取引が顕名で行われているので、その期間内に問題が生じた場合には、取引自体を巻き戻すことも可能です。ただし、巻戻しにあたっては、取引対象の資産について、使用の対価や価格変動の差額等を清算しなければなりません。

第二に、預金による支払の情報処理と取引の完了の時点は必ずしも一致していません。つまり、振込みを行う立場から考えますと、取引先銀行に支払指図を出しただけでは支払が完了していません。たとえば、振込み先に関する記載が誤っていた場合には、往復分の手数料を徴収したうえで銀行間の決済が繰り戻されることになります。他方、振込みを受ける立場から考えますと、コンビニエンスストアにおける公共料金等の収納代行でわかるように、入金を認識するに足る情報を受け取っていれば、銀行間の清算が完了していなくても財・サービスの提供を行うことは可能です。

一方、預金による決済にかかわる法律上の問題についても、当事者間のファイナリティと第三者に対するファイナリティという二つの論点があります。このうち当事者間のファイナリティが問題となるケースとしては、債務者が破綻した場合と銀行が破綻した場合とが考えられます。前者における具体的論点としては、受領した手形・小切手が不渡りとなった場合も債権者の権利が消滅しないことがあげられていますが、実務上は、割引を行った銀行が裏書を行った債権者に対して買取請求権を有することとして対応しています。また、後者に関しては、銀行の破綻処理は金融システム上の大きな課題であり、わが国では決済性預金が預金保険で全額保護されるという制度が設けられていますので、事実上対応が可能です。

また、第三者に対するファイナリティの問題点としては、決済の途中で当事者が倒産した場合が考えられます。その場合には、管財人等による弁済の取戻権や遡及効が及ぶ範囲についてはファイナリティがないことになりますが、その限界事例については、既存の倒産実務で多くの事例が蓄積され、決済サービスの提供に対する支障とならないよう対応されています。

③ 銀行の発行する電子現金による支払サービス

イ　考えられるスキーム

銀行の発行する電子現金のファイナリティについて考えるにあたって、まず、その具体的なスキームを提示してみます。

この点に関しては、対応すべきニーズは取引の当事者がインターネット上で自ら支払を行うことであることからすると、銀行が預金に交換できるトークンを利用者に発行し、利用者は取引に際してこのトークンを相手に交付することで支払を行い、受け取った利用者はトークンを取引先銀行に交付して預金を得るというスキームが考えられます。

既存の銀行のサービスでこのスキームに類似したものをあげると、線引小切手に近いといえますが、当初からクロスボーダー取引での利用が想定されていることが異なります。当事者間の支払にあたって各国ごとの決済ネットワークを経由しないことに着目すれば、旅行小切手に近いとみることもできます。トークンを受け取った利用者が各国の銀行に持ち込んだ際の処理に関しては、スキームに参加する銀行間でネットワークを構築する必要があり、当面は、クレジットカード等における既存のネットワークと同様の枠組みが想定されます。

また、現状の決済システムと対比すると、商業銀行が自ら銀行券を発行することに似ていますが、真贋鑑査の社会的枠組みとして、コンセンサスアルゴリズムを用いることが異なります。コンセンサスアルゴリズムの設計に関しては、電子データの真贋鑑査に要する費用、メンバーの誘因、技術基盤の維持管理等に鑑みると、支払サービスを提供する銀行のコンソーシアムによるクローズド型のブロックチェーンが現実的ではないかと想定されます。

さらに、仮想通貨についてはブロックチェーンの基盤のガバナンス面で脆弱性が指摘されますが、このスキームでは、メンバー銀行がブロックチェーンの運営に責任をもつことで、検証活動の誘因を確保することが容易になると考えられます。

なお、このスキームを仮想通貨と対比すると、媒体の価値について、引き続き政府信用に基づいていることが異なります。

ロ　顕名の取引における支払のファイナリティ

以上をふまえて、銀行の発行する電子現金による支払について考えてみましょう。これは銀行券と預金の双方のメリットを実現しようとするものであり、そのファイナリティの考え方は、取引と支払を行う当事者が誰かを当事者自らが明らかにする顕名の取引であるか、そうした当事者を秘匿する匿名の取引であるかによって異なってきます。

まず、顕名の取引におけるファイナリティを考えると、事業面では、仮に正当性が事後的に確認されなかったとした場合、取引の巻戻しや支払のやり直しが可能であることを前提に、支払に用いた媒体の真正性の事前確認の程度と支払サービスの利便性とを比較衡量することになります。その際には、上記のスキームによる支払サービスを利用することにより既存の支払サービスの利便性を改善できるので、事後的な巻戻しの確率が多少増大したとしても、こうした利便性の向上を考慮すれば採算がとれると判断できる可能性があると考えられます。

次に、法律面の問題を考えますと、当事者間のファイナリティに関しては、債務者の破綻と銀行の破綻に分けて考えることになります。前者については、このスキームでは銀行が預金との交換を約してトークンを発行しているので、手形・小切手のような債務者の残高不足による不渡りの問題は生じません。後者については、トークンを受け取った利用者が自らの取引銀行に持ち込む前にトークンを発行した銀行が破綻した場合、その利用者は、一般の預金と同様、発行銀行の倒産手続のなかで配当を受けることになりますが、決済性預金の全額保護制度により、全額配当が可能になります。またトークンを受け取った利用者が自らの取引銀行に持ち込んだ後で銀行間の清算が行われる前にトークン発行銀行が破綻した場合については、利用者がトークンに見合う入金を得るためには、持ち込み銀行が当該額の与信を行うことが必要になりますが、銀行間決済には担保が供されているので、そうしたサービス提供は可能です。一方、第三者に対するファイナリティの論点についても、トークンを受け取った利用者が自らの取引銀行に持ち込んだ後における倒産債務者の管財人等の取戻権については、従来と同様となることが想定されます。

こうしてみますと、上記のスキームのファイナリティに固有の論点は、コンセンサスアルゴリズムによる検証の結果、情報処理の正当性が確認されなかった場合や、検証作業中に電子現金発行銀行が破綻した場合の法律関係に限られます。こうした問題をどの程度重視するかということに関する判断は、対象とする取引の金額や価格変動の早さの差異に応じて異なってきます。この点に関し、既存の支払サービスにおける手続をみると、クレジットカードでは、使用時に商店等がカード持参者の資格審査を行う一方で、個別の支払の真正性については、クレジットカード会社が審査したうえで、預金の引落し前に利用者が確認することとされています。その結果、不正が判明すれば、取引の巻戻しや決済のやり直しが行われることになります。一方、金融商品の取引の決済では、決済後における取引の巻戻しや決済のやり直しがないようにスキームが構築されています。具体的には、限定された参加者の間で約定内容をまず照合したうえで、参加者と投資家の間で預金の振替えと証券の移転を同時に行うこととされています。これらに鑑みると、電子現金による支払サービスにおいても、少額で価格変動があまりないものであれば、取引の巻戻しや決済のやり直しを行うものとし、高額で価格変動が激しいものであれば、約定内容をまず照合したうえで決済を行うことになると考えられます。

八　匿名の取引における支払のファイナリティ

以上の顕名の取引に対し、匿名の取引については、事情が異なります。現状では、現金が用いられ、事前に真贋鑑査を行ったうえで支払を行うことが通例です。電子現金による支払でこれをそのまま踏襲するのであれば、ファイナリティを確保するためには、事前にコンセンサスアルゴリズムを実行することになり、自動販売機における取引に用いることにはハードルが高いという結論になります。

しかし、ブロックチェーンを用いて匿名の取引の支払サービスを提供する場合、事業面では、現状の方法を画一的になぞるのではなく、偽造された場合の損害額と、偽造の確率を引き下げるためにコンセンサスアルゴリズムを実施するコストの比較衡量を行うべきものと考えられます。現状の銀行券鑑査についても、自動販売機では中央銀行の自動監査機よりも性能の低いものが使われていることにみられるように、こうした比較衡量が行われています。電子現金による支払にあたっても、当事者間でのコンセンサスアルゴリズムの実施は簡易なものとすることが現実的だと考えられます。

一方、法律面では銀行券による支払のファイナリティにかかわる論点は、弁済の受取りを拒否した債権者が受領遅滞の責任を問われることにほぼ限られるように見受けられます。この点に関しては、電子現金は銀行が預金との交換を約したトークンにすぎないので、法定通貨である銀行券と異なり、債務の本旨に沿った弁済とみなされず、拒否されても受領遅滞の責任を問えないことになりますが、匿名の取引は一般に少額であることも勘案すれば、あまり実益のない議論だと考えられます。上記のスキームは銀行発行のプリペイドカードに相当しており、既存のプリペイドカードでは発行者ごとに約款を定めて円滑に利用されていることに鑑みますと、同様の対応としておけば、問題が生ずることはあまりないと考えられます。

なお、外国では現在でも少額の取引にクレジットカードが用いられていること等に鑑みれば、電子現金による支払サービスの普及に伴い、わが国でも、現在は匿名で行われている少額の取引が顕名へシフトすることも考えられます。

④　仮想通貨を用いた支払サービス

イ　仮想通貨による決済のネットワーク

仮想通貨による支払のファイナリティを考える際には、銀行の発行する電子現金と異なり、オープン型ブロックチェーンによっていることがポイントとなります。個別の仮想通貨ごとに決済のネットワークが存在することになるからです。その構成としては、すべての利用者が自らブロックチェーンのネットワークに参加することも考えられますが、支払サービスの提供者が仮想通貨を預かり、支払のオペレーションを代行することとして、利用者と事業者の間の仮想通貨の授受と、事業者間の仮想通貨の授受を別途のネットワークとすることも考えられます。

銀行の発行する電子現金と、仮想通貨として発行される電子現金を比較するにあたって、まず、社会的側面の対比を行いましょう。預金については、価格変動に伴う清算が不要なことで決済ネットワークの効率的な運行が可能である一方で、政府は、預金を自らの負債とする銀行の経営を監督したり、預金の保有者にセーフティネットを提供したりしています。これに対し、仮想通貨は、独立の資産であり発行者が存在していないので、政府としては、発行体に対する監督やセーフティネットの提供を行うことができません。また、仮想通貨は、外貨預金や有価証券等と同様、価格が変動することになります。

次に、電子データの処理という技術的側面から対比すると、仮想通貨の事業者間決済のシステムとしては、コンセンサスアルゴリズムに要するシステムの負荷が大きいこと等から、メッシュ型ではなく、ハブ&スポーク型のネットワークとなることが経済合理的だと考えられます。つまり、利用者は、手持ちの仮想通貨の管理を事業者に委託し、事業者間の決済は別途のネットワークで行うという枠組みです。これは、既存の金融商品の取引の決済システムに類似したネットワークです。こうした仮想通貨による決済のネットワークと預金による決済のネットワークを対比しますと、自律分散処理と中央集中処理という基礎的な技術の差異があることに加え、社会的な枠組みの面で、仮想通貨では清算にかかる費用、預金では政府の関与に伴う費用がかかってくるという違いがあります。

この違いの経済的意義を考えますと、事業者間の清算では、件数が相対的に少ない一方、一件当りの金額が高額なので、利用者による支払に比べ、自律分散処理の経済性があまり重要ではありません。したがって、仮想通貨による決済ネットワークと預金による決済ネットワークの優劣は、もっぱら支払サービスの側面において、仮想通貨の価格変動と銀行に対する政府の関与を利用者がどう評価するかによると考えられます。

ロ　ハードフォークとファイナリティ

預金による支払サービスは、政府から免許を受けた銀行が、自らの負債である預金を用いて支払サービスを提供することで、偽造防止のインセンティブと政府による管理に基づく信用力を確保するという枠組みでした。

一方、仮想通貨による支払サービスは、利用者が仮想通貨を購入し、セルフサービスで支払を行うことが想定されていました。そうであれば、仮想通貨にかかわる偽造防止と信用力は、ブロックチェーンによって担保されることになります。しかし現実には、仮想通貨交換業者は、外国為替取引事業者と同様、現預金との両替業務とあわせ、利用者の購入した仮想通貨の保護預り等の業務を行っています。この場合、仮想通貨の売買は、利用者と交換事業者の間の電子データの授受等によって行われるので、仮想通貨交換業者のシステムに不正な侵入が行われれば、犯罪者が仮想通貨を不正に売買することが可能となります。その場合、詐取された仮想通貨の売買については検証の対象になるので、真正性を否認したり、犯罪捜査の端緒として提供したりすることが可能である一方、犯罪者は追跡が及びにくいネットワークで処分する等の隠ぺい工作を行うことになります。この追跡者と犯罪者の競争は、事前には勝敗が予想しがたい競争です。

そこで、状況に応じ、不正使用を無効とするための技術的な選択肢として、ハードフォークも考えられます。しかし、ハードフォークが予測されるのであれば、支払サービスの実務上最も重要なファイナリティの要件に抵触することになります。決済の目的は取引の完了にありますので、ハードフォークによる巻戻しは、不正に対処するための技術的措置としてみれば有効であっても、支払サービスとしてみれば二律背反に直面することになります。

(5) 電子現金と企業経営

① バナー広告モデル

電子現金の導入は、企業の行う取引の内容に対しても、大きな影響を与える可能性がありま す。とりわけ、デジタルイノベーションの中核である情報サービスの対価の回収方法を変革する可能性があることは重要です。

この点について、過去を振り返ってみますと、紙を媒体とした既存の情報サービスにとっても、サービスの対価をどのように回収するかということはやはり大きな課題でした。結果的に、対価回収の主たる方法としては、新聞等では広告収入と会費の組合せ、雑誌等では会費と個別代金の組合せ、書籍では個別代金という方法がとられるようになりました。この選択は、情報サービスの賞味期限と媒体の単価との兼ね合いによって決まってきたのではないかと推測されます。たとえば、書籍においては、情報サービスの賞味期限が長い一方、媒体の単価は高いので、一件当りの支払サービスの費用が相対的に小さく、購入者が個別に代金を支払うことが合理的であったと考えられます。これに対し、新聞等では、情報サービスの賞味期限が短い一方、媒体の単価は相対的に低いので、取引一件当りでみた支払サービスの費用が相対的に大きく、支払の頻度が少ない広告収入と会費に依存することが経済合理的であったと考えられます。こうしたなかで、雑誌等をみると、広告収入料に依存している面もありますが、情報サービスの内容の個別性が高いこと等により、媒体の代金に依存する側面もあると考えられます。

その後、放送等の電磁媒体による情報サービスが拡大するなかで、対価回収の主たる方法も変化してきました。情報を伝達する媒体としてみると、紙は物理的なデリバリーにコストがかかるというデメリットがある一方、決済手段を取引対象との引き換えで引き渡す「DVP（Delivery versus Payment）処理」が容易だというメリットもあります。これに対し、電磁媒体は、デリバリーの効率が高いというメリットがある一方、情報だけを受け取って対価を支払わないフリーライダーが生じやすいというデメリットもあります。こうした差異に対応し、民間放送会社がとった対価回収の方法は、情報サービスの利用中の画面等に広告を出すことで、顧客による他の財・サービスの購買を促し、それによる利益の一部を広告収入として獲得するという方法でした。

さらに、インターネットの商業利用の拡大にあたって、ネット上の情報サービスが拡大していくなかでも、対価の回収方法が重要な課題となりました。当初は、通信事業者経由での課金やネットワーク上の電子マネー等、さまざまな取組みが行われましたが、時間がたつにつれ、クレジットカード決済とバナー広告収入に収斂していきました。しかし、クレジットカード決済については、銀行口座へのアクセスにつながる情報をネット上で送るため、情報セキュリティを確保するためのコストや利用上の制約につながってきました。この点、バナー広告収入なら、情報サービス自体は無料なので、そうした問題はありません。また、これに準じた方法としては、顧客に会員になってもらう等により、プライバシー情報を入力してもらい、マーケティング等に用いるものもあります。現在では、バナー広告等により対価を回収するという事業形態は、情報サービスの内容を提供する企業のみならず、情報の授受を仲介するサービスを提供する企業でも広範に採用されています。こうした企業は、既存の民間放送会社との間で、広告収入をめぐる競争を激化させています。

しかし、これらの方法については、広告収入やマーケティングを行いたい企業のニーズと、情報サービスを利用したい消費者のニーズが一致するとは限らないという本質的問題があります。たとえば、民間放送会社では、スポンサー企業の意向が番組制作の方針に反映されることもあるようですが、その結果、提供される情報が視聴者のほしいものと一致しなくなるおそれがあります。また、広告収入は視聴率に応じて決まってくるようですが、高視聴率がスポンサー企業による財・サービスの販売促進に直結するとは限りません。これは、サービスの提供と対価の支払が一対一で対応していないことに伴う不可避の問題だと考えられます。

② 電子現金による対価の回収と企業組織

こうした状況は、電子現金による対価の回収が普及すれば大きく変わる可能性があります。その場合には、情報サービスの内容を提供する企業と、情報の授受を仲介するサービスを提供する企業が分化していくのではないかと考えられます。これは、後者ではネットワークの外部経済性や費用逓減の法則という経済的性質があるのに対し、前者ではそうした性質がないからです。

まず、情報サービスの内容を提供する企業について考えると、個別代金の支払により単価の低い情報サービスを提供することが経済合理的になってきます。すなわち、消費者が電子現金で情報サービスを個別に購入することが一般的になれば、その内容は情報サービスを利用したい消費者のニーズに沿ったものとならざるをえないので、広告等を行いたい企業のニーズに沿った番組等は提供が困難になります。また、情報サービスの需要と供給が価格メカニズムによりきめ細かく調整されることになりますので、出版社による特集等にみられるようなパッケージ型の情報サービスの経済合理性がなくなります。サービス生産のあり方は、利用者の個別ニーズに応じた多品種少量生産に分解していくことが考えられます。そうしたなかで、既存のマスメディア企業では、企業特殊的な人的資本の必要性が低下していく可能性があると考えられます。

一方、情報の授受を仲介するサービスを提供する企業においては、サービス提供にネットワークの経済的性質が効いてくるので、同様の性格をもつ決済サービスや流通サービスとの結合生産の合理性が高まるものと考えられます。ブロックチェーンは、この分野でも、抜本的な変革をもたらす可能性があります。その利用拡大の結果、プラットフォーマーの事業形態は、バナー広告収入に依存した現状から、電子現金の対価を得るような情報仲介サービスへと変化していくかもしれません。

(6) スマートコントラクト

① ブロックチェーンとスマートコントラクト

これまで述べてきた変化は、ブロックチェーンの利用拡大により、経済社会が自律分散処理型にシフトしていく流れの一環です。

ブロックチェーンは、ネットワーク上でデータベースを共有することによって不正な情報処理を検出する技術ですので、その利用範囲は、決済サービスに限らず、情報セキュリティが重要な取引全般に及びます。また、従来人手で処理されていた取引であっても、人工知能の活用等によりコンピュータのみで処理が可能となったような場合に、ブロックチェーンでの情報供給はシームレスな処理を行ううえで重要な機能を果たすことになります。こうしたことから、デジタルイノベーションにおけるブロックチェーン活用の焦点となっているものが「スマートコントラクト」です。その普及のプロセスでは、スマートコントラクトの束としての企業が形成される一方で既存の企業組織がスマートコントラクトに分解されていくという動きが交錯していくものと考えられます。

ただし、スマートコントラクトが取引当事者からみて有効であるためには、単に技術面で利用可能であるだけでなく、経済社会のインフラストラクチュアとしての利用を事前に織り込めることが必要です。そのためには、事業面で、スマートコントラクトがネットワークとしての経済的性質を発揮するようになり、法律面でも、裁判所によって受け入れられることが重要です。以下では、まずスマートコントラクトの機能について説明したうえで、経済社会における普及の可能性について考えます。

② スマートコントラクトの機能

イ 自動執行

スマートコントラクトの機能を簡潔に述べると、「コード化された権利義務情報をブロックチェーンにより共有し、事前に定めたルールに従って自動執行する」ということになります。スマートコントラクトは、この二つの要素を組み合わせることに加えて、ブロックチェーンで多くの人々が情報を共有するという機能がありますので、非常に広い範囲で活用が検討されています。

以上の説明におけるスマートコントラクトの第一の要素は、事前のルールに従って自動執行するということです。

このことの重要性は、シェアリングエコノミーを考えるとわかりやすいと考えられます。機器を貸すというサービスの提供には、返してくれないのではないか、壊すのではないか、代金を払ってくれないのではないか、というリスクがあります。このリスクに対処するためには、司法制度により強制の費用を節約できることが不可欠の前提です。しかし、その利用の際には、訴訟に関する費用が問題になります。従来のように、大企業がサービスを提供する場合には、そうした違反行為に対し、事後的に訴訟を起こせる体制を整備していることが、利用者をして契約を守らざるをえなくする規律づけになっていました。ところが、シェアリングエコノミーで個人がサービスを提供する場合は、訴訟に要する費用を負担できない点では利用者と変わりがないので、訴訟による規律づけが効きません。そこで、これまでは、リスク回避のために個人はサービス提供を行わないことになっていました。この点、スマートコントラクトにより、契約条件が守られる限りで機器が動くように制御できるようになる等の自動執行機能が発揮されれば、シェアリングエコノミーの経済合理性が高まります。

□ デジタル資産

スマートコントラクトのもう一つの要素は、権利義務のコード化です。電子データにより取引を自動執行するためには、取引の対象である権利義務もデジタルである必要があります。これは、物理的な財を運送する場合には、電子データにより取引を行う効率化効果は限られてしまうからです。現状では、電子取引にとって最大の制約要因は財の運送・配達です。デジタル資産を取引するのであれば、この制約をなくすことができます。

具体的なデジタル資産としては、まず、金融商品があげられます。これまで述べてきた電子現金はその典型です。

また、知的財産権もデジタル資産になります。たとえば、サイトでコンテンツをみた人から自動的に著作権の利用代金を徴収できるようにすれば、スマートコントラクトの構成要素とすることができます。

さらに、財に関するサービスを提供することもデジタル資産となりえます。たとえば、自動車等のシェアリングサービスを考えると、そのコストを安くし、利用者の自由度を高めるためには、コンピュータ経由で注文を受け付け、サービスを提供することが有効です。ＩｏＴ（Internet of Things）を進めれば、こうしたサービスを提供することができます。自動車等自体はデジタル資産ではなくとも、それを利用するという権利は一種のデジタル資産になるからです。

③　スマートコントラクトと契約の対比

イ　既存の自動的処理の契約

スマートコントラクトと既存の契約を対比する前提として、契約の機能について振り返ってみると、契約が守られなかったときにどう強制するか、どう制裁を課すか、というところに意味があります。

しかし、なかには当事者が契約の存在を意識せず、自動的に執行される契約もあります。その例として、自動販売機で商品を買うときを考えてみましょう。自動販売機で一〇〇円玉を入れて商品を買うときに契約書をつくる人はいません。一〇〇円玉を入れてボタンを押せば、商品とお釣りが出てくると思っています。電車の切符を買うときも、お金を入れて切符が出てきて、切符を自動改札機に入れると駅に入れるわけで、電鉄会社と契約をしていると考えている人はいません。ただし、こうした取引でも、実は背後に契約があり、流通業者や電鉄会社が用意した約款に利用者が合意したことになっています。たとえば、仮に電鉄事故が起きると、約款に従って賠償することになります。

また、電子取引の場合、お互いに電子情報を送りあっているだけですが、サイトの入り口に詳細な約款がアップされていて、これに同意しないと次に進まないという方法がとられています。

さらに、高額の取引としては、金融商品の売買があります。金融商品は価格変動がとても速いので、素早く売買して素早く執行しないと、取引の当事者に含み損が生じたり、当事者がリスクを負ったりします。このため、取引を素早く処理するためのシステムが非常に発達しており、契約の類型としても、コンピュータで処理可能な条項や条件が合意内容として規定されている「Data oriented契約」や、条件に該当しているかどうかをコンピュータが判定する「Computable契約」があります。たとえば株が一〇〇〇円以上下がったら売ることができるという契約はData oriented契約ですし、その基準価格をたとえば日経平均と定義して、システムで条件への該当性を判定するようにしておけばComputable契約になります。

このように、自動的に進められる契約はたくさんあるのですが、これまでは、こうした契約であっても、契約の成立自体を争ったり、契約の履行の有無を争ったりすることは妨げられないとされています。既存契約のコンピュータ化とは、争いになったときの証拠が電子データということなのです。

ロ　スマートコントラクトの特性

スマートコントラクトは、以上のような契約の自動的処理と異なり、紛争の解決を含む取引関係全体をハードウェアとソフトウェアだけで処理するということを目指しています。

この点に関しては、Szaboという人が、一九九七年に書いた論文において、「多くの契約条項をハードウェア、ソフトウェアに化体させることで、契約違反をより高くつくものにする」ということを主張しました。この議論は、法律学的ではなく経済学的で、当事者の誘因を動かすことを主張するものです。ただし、残念ながら、当時は技術的制約が強く、スマートコントラクトをつくるためにはどのような技術が必要かということを列挙するにとどまっていました。

その後、スマートコントラクトに必要な技術がブロックチェーンで実現できるようになったので、そのためのプロジェクトが進められるようになりました。その一つであるイーサリアムのリーダーであるButerin氏は、プロジェクトのホワイトペーパーにおいて、「事前に定められた任意のルールに従ってデジタルな資産を自動的に移転するシステム」と定義しています。前述のSzabo氏による定義と見比べると、ソフトウェアの性格や機能が書かれていることが違います。スマートコントラクトは、ブロックチェーンによって、考え方のレベルから実用的なソフトウェアのレベルに移行したのです。

④ スマートコントラクトにおけるソフトウェアと契約の側面

以上のように、スマートコントラクトは、ブロックチェーンによって実用性をもつようになってきましたが、技術として可能となったからといって事業として成り立つようになるとは限らないことに留意が必要です。

スマートコントラクトがどの程度普及するかという論点については、経済学的であったり、法律学的であったり、技術的であったり、いろいろな考え方が混ぜこぜに論じられることになりがちです。この点については、ソフトウェアとしてのスマートコントラクトと契約としてのスマートコントラクトを区分すれば整理がつくのではないかと考えられます。つまり、ソフトウェアとしてのスマートコントラクトとは、コード化された権利義務情報をブロックチェーンにより共有し、事前のルールに従って自動執行するアプリケーションです。このアプリケーションの採否は当事者の採算判断によることになります。その結果、スマートコントラクトが普及して、取引の一般的手段になれば、アプリケーションに書き込まれた内容をそのまま当事者間の合意内容とみなすことが可能になります。そうなった後には、法律的にみても契約としてのスマートコントラクトが認知されるようになると考えるのです。その段階では、法制度や組織もスマートコントラクトを前提としたものに変わっていかなければならなくなります。

⑤ ソフトウェアとしてのスマートコントラクト

ソフトウェアとしてのスマートコントラクトがどれだけ普及するかに関しては、以下の三つの要件に照らして考えることができます。

第一に、プラットフォームに関する要件です。まず、自律分散処理により、利用者が時間や場所等の制約なく利用でき、提供者が無制限にクラウドコンピューティングを使えるということが基本です。また、コードと自然言語の対応関係も確保しなければなりません。すなわち、プログラム用言語で書いてあるソフトウェアの内容が自然言語で書いてある契約の内容と一致しているということです。さらに、相互運用性も重要です。たとえば、昔流行ったビデオテープでは、磁性の配置方法が異なる規格が複数存在したので、ヨーロッパで買ったビデオを日本に送っても、みてもらうことができませんでした。スマートコントラクトの基盤となるブロックチェーンでは、クロスボーダーのやりとりが普通になるので、こうした問題を防ぐことが不可欠です。

第二に、アプリケーションに関する要件です。どんなに素晴らしいソフトウェアをつくっても、利用者からみて採算がとれなければ利用されません。この採算判断に関しては、スマートコントラクトで既存のシステムを代替する場合と、新たな財・サービスの事業化に利用する場合でかなり違いがあります。前者の場合は、契約締結に要する費用がすでに支出ずみですので、スマートコントラクトによる自動執行の効率化効果が移行費用を上回る必要があります。当面は、全面的な代替ではなく、オペレーショナルな条項についてスマートコントラクトを利用する一方で、それ以外の条項については既存の契約でカバーする等、相対的に優位性のある分野での部分的利用が考えられます。一方、新たな財・サービスが事業化される場合には、既存契約からの移行費用の問題はなく、個別のスマートコントラクトを有効に運用できるかどうかが焦点となります。この点については、他の分野におけるデジタルイノベーションの進展の度合いが影響します。すなわち、自動執行に関しては、人工知能やビッグデータ等の活用が進めば、事前の条件設定や執行のトリガーとなる情報の入手等がより容易になってきます。また、デジタル資産としては、知的財産権のデジタル化や一般の財におけるＩｏＴの普及が進めば、より広範なものが対象となってきます。そうなれば、スマートコントラクトの有用性も高まります。

第三に、エコシステムの要件があります。スマートコントラクトの社会的機能に関しては、争いになった際の裁判所の取扱いが重要な問題です。また、スマートコントラクトの活用対象に関しては、たとえばシェアリングエコノミーに関する規制が重要な影響を与えます。

⑥ 契約としてのスマートコントラクト

イ 取引の執行

スマートコントラクトは契約書の代替を目指すものですので、その採否については、当事者の立場から取引をみた際に有利となるかどうかによることになります。具体的には、執行段階における自動執行、履行段階におけるモニタリング、取引の合意形成段階におけるコードの利用の三つの局面に分けて考えることになります。

まず、スマートコントラクトによる自動執行の採算については、既存の契約の執行が司法制度に基づく強制執行や担保権実行によって確保されていることと比べることになります。現時点で、契約書の作成、証憑の蓄積、司法制度の利用等に高額の費用をかけているのであれば、スマートコントラクトの導入に伴う節約効果は相対的に大きいことになります。

ただしその際には、三つの留意点があります。

第一に、スマートコントラクトを利用したとしても、原状復帰や損害賠償を求める訴えが提起される可能性があることです。したがって、スマートコントラクトの導入の評価にあたっては、債権者からみたソフトウェアによる自動執行と法的措置による強制執行・担保権実行の対比だけではなく、自動執行に対応して債務者が求める事後救済と履行強制の差止めの対比の双方について、立証責任の所在や立証の難易度を含め、総合的に評価することが必要です。

第二に、現実の取引においては、契約上の紛争を解決する手段は裁判所における手続に限られず、調停・あっせんや私的和解によることが多いことや、担保・保証の徴求によって契約上の紛争の発生自体を抑制することが多いことにも留意する必要があります。こうした場合には、スマートコントラクトを導入することによる強制の費用の節約効果は相対的に小さくなります。

第三に、法制度上、債権者による強制執行や担保権実行は、債務者による倒産申立てとの権衡のもとで規定されていることに留意する必要があります。この点に関しては、スマートコントラクトに基づく自動執行は、売買等における所有権留保や貿易取引における信用状等に近い機能を有しているという指摘もあります。また、法律論としては、スマートコントラクトによる自動執行が倒産手続における停止命令の対象となるか等のさまざまな論点が考えられます。

ロ　取引のモニタリング

取引のモニタリングに関しては、スマートコントラクトの自動執行のトリガーとなる情報をどう入手するかという論点と、その変動にどう対応するかという論点があります。

このうち、トリガーとなる情報の入手については、人手を介さずに行われることが前提であり、そのためのシステムは「Oracles」と呼ばれています。具体的には、株価のように市場で形成される情報の入手は比較的容易ですが、市場以外で形成される情報については、その情報を客観的なかたちで入手するためのシステムが必要になります。たとえば、事業者間の機器のリースのような取引を想定すると、トリガーとして、品質の評価等を含むより複雑な情報が必要です。このことは、スマートコントラクト導入にあたっての障壁になります。

一方、自動執行のトリガーに抵触する情報を入手した場合の対応に関しては、信用力の承認や機器の貸与のような機械的な取引は自動執行になじむものの、売上実績の確認と代理店契約の更新のような総合判断を伴う取引は自動執行になじみにくいので、スマートコントラクトを簡単には使用しづらいと考えられます。つまり、後者において、取引の相手をスウィッチすることとすれば、新たな取引相手を探索し、取引の条件を交渉し、安定した取引関係を構築するために相当の費用を要します。この費用とスマートコントラクトによる自動執行に伴う効率化効果とのバランスは、事業環境等により異なります。

八　取引の合意形成

取引の合意形成に際してスマートコントラクトを利用するかどうかに関しては、コード化できるほど厳密な内容を事前に合意することができるかどうかが問題になります。その後に生ずるかもしれない事態を予測するためには、情報処理費用がかさみますし、仮に予測できたとしても、その場合の取扱いすべてを契約書に盛り込むことは困難だからです。

また、債務不履行を行った者に対する社会的制裁の強弱も、スマートコントラクトによって得べかりし効率化効果に影響します。これは、債務者に対する負債による規律づけが強ければ、いずれにせよ債務不履行は回避されるので、スマートコントラクトで自動執行を確保しても、強制の費用を節約できる度合いは大きくないからです。

⑦ スマートコントラクトと決済システム

スマートコントラクトによりデジタル資産を自動的に移転する際、取引を完了させるためには、ブロックチェーン上で実行できる決済サービスが必要です。たとえば、イーサリアムプロジェクトにおけるスマートコントラクトでは、イーサという仮想通貨のソフトウェアが用意されています。

この点について、スマートコントラクトの事業化という観点からすれば、取引を完了させる手段としての電子現金があれば一貫したサービスが可能ということになります。ただし、決済のインフラストラクチュアという観点からすれば、スマートコントラクトであっても、決済手段の価値の均一性や安定性がもつ重要性に変わりはありません。当事者からみれば、決済のオペレーションの途中で決済手段の価値が変動するようなことがあれば、決済手段の引渡しによって取引が完了したと認識することができなくなるからです。

スマートコントラクトに対する決済サービスの手段としての電子現金については、価値の安定という面では、銀行の発行するものに利点がありますが、共通のソフトウェアによるという面では、仮想通貨によることにも利点があります。どちらがスマートコントラクトのための決済システムとなっていくかについては、仮想通貨の価値の安定がとりわけ重要だと考えられます。この点については、次の章の後半で詳しく説明します。

ボックス3　決済システムに対する政府の関与

① 決済システムのためのルール

預金による決済サービスを提供する銀行のシステムは、経済合理性のもとで、おのずと形成されるものですが、その自己組織化のプロセスでは、政府による決済ネットワーク形成への寄与や決済サービス利用との共進化が進んできました。このため、現在の経済社会では、決済システムと政府は切っても切れない関係にあります。

決済システムの形成に向けた政府の関与は、第一に、決済手段である銀行券と預金の機能の整備にあります。この点について、かつてのわが国を振り返ってみますと、政府は、銀行券に対し、法定通貨としての強制通用力を与えました。ただし、その意味は、銀行券による支払を売り手が拒絶できないとしたにとどまり、買い手が銀行券による支払を義務づけられるものではありません。一方で、預金を受け入れて貸出等を行う企業に対しては、銀行という商号を用いることを義務づけるとともに、検査監督の対象としました。

そのうえで、銀行券の発行を商業銀行一般に認めるか、中央銀行に限定するかが論点となりました。わが国では、この点について試行錯誤が行われた結果、後者に落ち着きました。明治の初期には、各地の商業銀行が各々銀行券を発行できるという国立銀行制度が導入されましたが、銀行券の濫発につながってしまいました。そこで、当時の政府は、銀行券を発行できる唯一の機関として日本銀行を設立する一方で、乱立していた商業銀行に対し、最低資本金規制を課す等により、整理を行ったのです。ただし、外国の歴史をみれば、最近まで商業銀行にも銀行券の発行が認められていたことがあります。また現在でも、経済的な関係がきわめて密接な国の間では、他国の中央銀行の銀行券が決済に用いられることは珍しくありません。

決済システムの形成に向けた政府の第二の関与としては、取引ルールの整備をあげることができます。この分野では、当事者間で形成されるルールと政府の定める法律とが相補って発達してきました。たとえば、手形・小切手法は、わが国では明治期に外国から輸入した制度ですが、その原型はヨーロッパにあり、十字軍への送金のデファクトスタンダードとして確立し、政府によってオーソライズされたものです。また、わが国政府による取引ルールの整備に関する最近の例としては、不正払戻し等に関する銀行と預金者の損害分担ルールがあります。法と経済学からみますと、このルールは、銀行に安全性確保の誘因を与えるとともに、預金者に決済サービスの利用を促す効果をもつことになります。

こうしたルールは、最終的には裁判所において強制執行されることにより、取引と決済にかかわる情報処理の効率化を支えています。

② 取引当事者としての政府

政府は、自らの行う金融活動を通じて決済システムに影響を及ぼしています。とりわけ年金支払や税金徴収等の歳出入は、金額が大きいうえに時期的な変動が激しく、経済社会の資金需給全体に大きな影響を与えています。

銀行の立場からみますと、こうした歳出入の決済業務をどの銀行が担うかが重要な関心事です。

現在では、中央銀行がこうした歳出入にかかわるサービスを提供することが通例ですが、その経緯は国によりさまざまです。わが国の日本銀行は、前述したような通貨制度の設計に基づき設立された機関ですが、外国では、政府の歳出入に関する業務を行う商業銀行が、結果として中央銀行になった例もみられます。現在でも、中央銀行が政府のために行う業務の範囲は国により異なります。わが国では、日本銀行が政府の銀行として、政府の歳出入の受払いのみならず、その会計区分の経理等の業務も併せ行っています。また、国債の発行やその保管振替の業務も実施しています。日本銀行においては、銀行間決済を処理するシステムとともに、国庫や国債に関する業務処理を行うシステムが稼働しており、二つのシステムの間では、日本銀行からの信用供与とそれに伴う担保としての国債の受渡しとの連動処理等が行われています。

次に、決済システムは国単位で運営されているので、国際取引の決済のためには外貨管理が必要となりますが、この業務を政府が行うか、中央銀行が行うかは国により異なります。わが国では、外貨管理の経理は政府の外国為替資金特別会計で行いますが、外貨資産の取引の実務等は日本銀行が行うこととされています。これは、かつてのわが国では、経常収支が赤字基調でしたので、輸入に対する支払準備を確保するため、政府が外貨を統一的に管理する必要があったという経緯によるものです。現在のわが国では、輸入代金の外貨繰りに困難はありませんが、政府は、外国為替レートの乱高下に対する介入が必要となることもありうる等の理由から、なお多額の外貨準備を保有しています。

こうした政府と中央銀行の役割分担に応じて、外国為替相場の変動によって外貨準備に生じる損益の帰着も異なります。わが国では、当該損益は財政上の会計基準に沿って外国為替管理特別会計に計上されますので、中央銀行にとって相場変動の評価損益は大きな意味をもちません。しかし、中央銀行が自らの勘定で外貨管理を行い、総資産に占める外貨の比重が大きい場合には、かつてのスイス国民銀行のように、自国通貨高に伴って大幅な赤字に陥ることもあります。

第四章

銀行と通貨のデジタルイノベーション

(1) 商業銀行の機能

① 決済と時間

イ 取引と時間

商業銀行の機能について説明するにあたっては、決済サービスと金融サービスの関係を整理しておく必要があります。以下では、まず、そうした基礎的説明を行います。

これまでの説明は、一瞬のうちに交渉が行われ、実行されるような取引を念頭に置いたものでした。しかし、現実には、取引自体に時間がかかる場合もありますし、いつ取引を行うかを含めて交渉が行われる場合もあります。たとえば、電気製品を買うような取引を考えると、取引を先送りしている間は、その製品を使って楽しむことはできません。また、時間がたつにつれ、技術進歩等によって取引されるものの性質や価格が変化しますが、その変化の時期や度合いは、事前には不確実です。

こうした待機期間や不確実性をどう評価するかは人によって異なりますので、仮に何を取引するか自体について合意が成立する場合であっても、引渡しの時点と価格をめぐって思惑が食い違い、契約が成立しないおそれがあります。こうした食い違いを埋め合わせる手段としては、財・サービスを早く引き渡して対価を得たい人が在庫を用意しておくことや、財・サービスを早く受け取りたい人が対価を渡して予約しておくことがあります。多くの人々が取引の対象とするような一般的な商品であれば、これで対応が可能ですが、そうでない商品については、在庫を用意したり予約等に応じたりしてくれる取引相手の探索や、在庫や予約の準備に要する費用の分担に関する交渉が必要になり、取引費用が高くついてしまいます。

□ 金利と潜在成長率

金融サービスを利用すれば、こうした場合でも、探索や交渉の費用を節約することができます。現時点で引渡しを実行する場合と将来のある時点で引渡しを実行する場合の価格をどうするかという問題に答えを出せるからです。

この問題について、将来引き渡される個々の財・サービスの価格は、財・サービスの価格そのものに関する交渉に加えて、在庫や予約の準備にかかる費用を節約したい売り手と引渡しを待ちたくない買い手との間の交渉によって決まってくることになります。一方、この問題について、対価の側面に着目して考えると、ある財・サービスの取引に際し、その対価を現在引き渡す場合と将来引き渡す場合でどのような交換比率とするかという交渉によって決まってくることになります。

こうした時点間の対価の交換比率は、財・サービスの取引一般と同様、市場における取引によって決まってきます。つまり、将来のある時点で対価を支払うかわりに現時点でいくらを支払えばよいかという取引です。このようにして異時点間の支払額の交換割合が決まる市場が金融市場です。また、そこで決まってくる交換割合が金利ということになります。金融市場での取引に参加する人は、自らを有利にするために、可能な限り多くの情報を集めて交渉しますので、結果として市場で決まってくる価格は、その社会で可能な限り多くの情報を集約した結果ということができます。金融市場での取引の判断の基礎となる情報は、決済の機能そのものに対応し、現時点でさまざまな財・サービスを買う際の共通の価値と、将来さまざまな財・サービスを買う際の共通の価値にかかわるすべての情報となります。

この情報について、財・サービスの取引の側から考えますと、経済の供給力の変化が基本になります。つまり、今後、より多くの財・サービスが供給されるのであれば、将来において財・サービスを消費することは供給力の増加に見合うだけ、現時点で消費するよりも値打ちが低いとみられるのです。経済社会全体の供給力の変化率は「潜在成長率」と呼ばれます。潜在成長率を変動させる要素としては、生産に従事できる人口、生産のために用意された設備等の資本、技術進歩や比較優位の活かし方に基づく生産性があげられます。

金融市場での取引によって決まってくる金利と財・サービスの供給力によって決まってくる潜在成長率は基本的には等しくなるはずです。なぜなら、取引の基本は等価交換ですので、現時点で財・サービスと対価を交換する取引と、将来のある時点で同じ財・サービスと対価を交換する取引について、両者を交換する取引を行えば、やはり等価となるはずだからです。言い換えれば、将来の消費を割り引いて現在の消費に置き換えるための比率は、財・サービスで量れば潜在成長率であり、対価で量れば金利であるということになります。

ただし、潜在成長率と金利が異なってくる要因が四つあります。

第一に、財・サービスの消費にかかわる要因があります。つまり、人の寿命は有限ですので、生きている間に消費できなければ、死んだ後にいくら素晴らしい財・サービスが供給されても意味はないということです。もっとも、この考え方には、人々の効用は、自らの子孫が消費することによっても、等しくもたらされるという考え方からの修正もありえます。また、逆方向の修正として、人々の心理はそんなに合理的ではないので、仮に客観的にみて等価であったとしても、現在の消費は将来の消費よりも好まれるという考え方もあります。

第二に、財・サービスの供給にかかわる要因もあります。これは、どんなに現在の情報を集めても、将来の供給力の変化は、厳密には予測できないということによります。たとえば、将来、思わぬ災害で設備が破壊されるかもしれないということです。こうした不確実性がある場合、保険という事業が成立していることからも明らかなように、人々は、現時点での消費を小さくして将来に備えようとします。取引における不確実性は、一般に、「リスク」と呼ばれ、それに備えるための保険料は「リスクプレミアム」と呼ばれます。同じ潜在成長率の経済でも、不確実性が大きい場合には、金利は高くなります。

第三に、インフレーションやデフレーションによる影響があります。これまで述べてきた価格は、個々の財・サービスを通貨と交換する際の比率ですが、インフレーションやデフレーションは、人々が共通に認める通貨の価値自体が時間の経過につれて変化していくことを意味します。また、金利は、将来のある時点で通貨を引き渡してもらうために現在いくらの通貨を引き渡せばよいかという価格ですが、その期間に通貨価値の変動が見込まれていれば、その分だけ、将来引き渡してもらえる通貨の現時点でみた価値は低下します。そこで、金融商品の取引では、その分を金利に上乗せして採算を考えることになります。このような将来の通貨価値の変動の見込みが「予想物価上昇率」であり、現実の金融市場で成立する名目金利から、予想物価上昇率を差し引いたものが実質金利です。これまで潜在成長率と等しくなるはずと説明している金利とは、実質金利のことなのです。

第四に、実質金利と潜在成長率は、以上のような長期的要因以外にも、景気循環等の中期的要因によっても乖離します。財・サービスに対する経済社会全体の需要と経済全体の潜在供給力の乖離は、「需給ギャップ」と呼ばれ、物価変動圧力を評価するための基本的な指標の一つとされています。金融政策の運営にあたっては、需要不足であれば金融緩和、需要過剰であれば金融引締めにより、中期的な需要水準を調整することが基本です。各国の中央銀行では、そうした政策運営を行うための目安として、「自然利子率」という指標を用いています。これは、経済理論において「完全雇用のもとで貯蓄と投資をバランスさせる実質金利の水準」として定義されています。

八　決済と金融商品

次に、決済と金融商品の関係を考えることとしましょう。

まず、取引の合意と実行の間に時間がかかるような場合の決済方法としては、論理的には、実行の時点まで決済の時点をずらすことと、その時間に応じた通貨の貸し借りを表象する金融商品をつくり、これと財・サービスの交換を行って現時点で決済することの二つが考えられます。前者では、取引を行った両者について、決済までの期間、財・サービスの引渡し義務と通貨の引渡し義務の双方が残りますが、後者では、対価を受け取る権利を表象する金融商品だけが残ることになります。逆にいえば、金融商品とは、決済のタイミングを操作するための手段なのです。

この二つの方法は、一見すると同じようにみえますが、金融商品を受け取る側からみると、大きな違いがあります。特定の財・サービスを引き渡してもらう権利と異なり、金融商品は第三者に容易に転売することができるのです。たとえば、特定の商品を引き渡してもらう権利を第三者に転売しようとする場合を考えてみますと、その商品を取り扱う他の事業者等の取引相手を探索しなくてはなりませんし、相手を見つけても、品質の相対的な劣化等のリスクのために不利な交渉を強いられます。これに対し、金融商品を転売するのであれば、決済システムがきちんと機能している限り、探索や交渉の費用を節約することができるのです。

取引にかかる時間を金融商品でカバーするという仕組みは、多くの取引を束としてみた場合にも、有効に機能します。つまり、現在の経済の主役である企業を機能面からみると、取引を束として行うための枠組みと考えることができます。金融商品は、企業活動が成果をあげるために時間がかかることに対応する枠組みとしても機能しています。たとえば、小売商が卸売商からさまざまな商品を仕入れ、消費者に販売するような場合を考えますと、仕入れの時点と販売の時点には、商品ごとに差はあるにしても、全体としてかなりラグがあります。その間、小売商は、商品の面では、在庫を抱えているのですが、通貨の面では、卸売商への支払を行った一方で消費者にはまだ販売できていませんので、全体として不足が生じています。企業活動を続けていくためには、この期間の通貨の不足をなんらかの方法でまかなわなければなりません。かつての金融実務では、こうした場合、小売商は、卸売商に対し、消費者への販売が見込まれる時期に支払を行う約束を記載した手形を引き渡して決済することが一般的でした。手形が表象する権利は、小売商に引き渡した商品の対価を得る権利とは別の独立した債権ですので、卸売商は、手形を第三者に売ることで容易に通貨を得ることができます。

こうした枠組みの具体的な形態は、情報通信技術の進歩に応じ、変わってきます。手形・小切手についてみれば、かつては紙媒体への記載を前提としたものでしたが、現在では、それでは印紙税がかかること等もあって、電子記録債権等の枠組みが用いられるようになりました。

二　預金による決済と銀行システム

預金による決済サービスと金融サービスの組合せについて、振込みを受ける立場から考えますと、預金と一般事業会社の買掛金の法的性格は、企業の負債である点で変わりがありません。商業銀行は破綻のおそれが小さいという点に関しても、事実上そうした社会通念があるにすぎませんし、現実に、商業銀行より格付の高い事業会社は珍しくありません。そうした会社と取引した場合には、決済して銀行預金を得るよりも、売掛金を留保するほうが信用リスクを小さくすることになります。

それにもかかわらず預金振込みが標準的な慣行となっている理由は、商業銀行が中央銀行を中心とするネットワークを形成し、決済システムの一環としてサービスを提供していることにあります。預金振込みは商業銀行の共通サービスなので、取引の当事者としては、この方法を採用しておけば取引が完了するはずだと見込むことができますし、格付の高い事業会社に対する売掛金にかえて預金を取得しておけば他の者との取引の支払にも利用できるという利点があるのです。

② 商業銀行の業務基盤

イ 決済サービスと金融サービスの結合生産

預金による決済システムを構成する商業銀行は、民間企業ですので、収益をあげねばなりません。そのために行っている事業は、決済サービスと金融サービスの結合生産です。

この点について、まず、決済サービスを併せ行うことで金融サービスを有効に生産している例を考えてみましょう。

その最も重要なものとしては、資金繰りの情報に基づき取引先企業の業況を判断することがあげられます。企業は、取引の決済のために預金口座を常に保有していますし、取引を行うたびに、その口座を通じて入出金が生じます。商業銀行は、決済サービスの提供を通じて、こうした入出金の情報を入手することができますので、他の債権者と比べ、取引先企業の業況判断において優位に立つことができます。これを含め、商業銀行が融資等の審査能力を高めるために私的な情報を蓄積することは、「情報生産活動」と呼ばれています。

また、商業銀行は、決済サービスの顧客が取引の決済のタイミングを遅らせようとした場合、その期間に見合う融資を行う機会を得ることができます。このように決済サービスに連動して金融サービスを提供する例としては、前述の手形のほかにも、貿易取引の決済に際してのユーザンス、クレジットカードでのリボルビング払い等の多くの業務があげられます。

さらに、直接的に決済サービスと金融サービスが結びつかない場合でも、給与振込みや公共料金引落し等、決済サービスを介して日常的な接触がある顧客には、住宅ローン等の金融サービスの申込みをしてもらいやすい等の例もあります。

他方、金融サービスを併せ行うことで決済サービスを有効に提供している例もあります。ここでは、預金口座の残高の更新には情報セキュリティの確保に伴う費用がかかるので、情報処理の回数を節約することが鍵となります。

消費者向け決済の例としては、クレジットカードでの支払について、ひと月分の使用額をまとめて特定の日に引き落とす等の処理が行われることがあげられます。これは、個別の支払ごとに預金残高を更新する情報処理費用を節約するものです。決済にかかわるリスクを限定するため、プリペイドの仕組みが用いられることもあります。利用者からみると、クレジットカードや銀行振込みでは、自分の口座番号等が明らかになりますので、なりすまし等にあった場合には、預金口座の全額が危険にさらされます。これに対し、プリペイドであれば、事故があっても、事前に払い込んでおいた金額に危険が限定されます。

銀行間決済の例としては、他の銀行にまたがる支払指図については、ある程度とりまとめておいたうえで一括して処理することがあげられます。これは「プーリング」と呼ばれています。また、多くの支払指図を銀行間で清算する際には、受払いの発生する商業銀行のペアごとに、金額の相殺計算を行い、差額のみを中央銀行での当座勘定の振替えで決済することが行われます。これは「ネッティング」と呼ばれています。こうした手順では、清算を保留している部分について、銀行間で金融サービスの授受をしていることになります。

□　商業銀行の収益構造

商業銀行は、こうして決済サービスと金融サービスを結合生産して顧客に提供して対価を得る企業です。具体的な収益獲得の方法としては、決済サービスにおいては手数料、金融サービスについては利鞘が基本ですが、そうした二分法になじみにくいものもあります。

たとえば、前述した銀行間決済のプーリングを、商業銀行と顧客の関係からみますと、仕向銀行は、指図に応じて顧客の預金残高を減額しているものの、銀行間ではまだ送金処理していないという状態にある場合には、商業銀行が無利子資金を調達していることになります。これに伴う収益は、「フロート益」と呼ばれています。

また、プリペイドによる決済サービスでも、情報セキュリティの面で顧客の利便性の高い決済サービスを提供することによって、プリペイドされた無利子の資金の運用という金融サービス面の収益につながっています。

八　銀行経営と情報セキュリティ

商業銀行は、このように決済サービスと金融サービスの結合生産を行うにあたり、決済システムの構成員として、情報セキュリティに関する基準を遵守することが事業活動の前提条件となります。

しかし、情報通信技術が飛躍的に進歩しているなかでも、ハードウェアの購入やソフトウェアの開発には多額の費用がかかり、情報セキュリティに関する基準の遵守は大きな負担となっています。たとえば、容量不足による障害が絶対に生じないように、サービス提供に必要な範囲を超えて、能力に余裕のあるハードウェアを設置しておくことは、経営上なかなかむずかしいことが実情でしょう。そうしたなかでは、処理する情報も、決済サービスの提供に不可欠なものに限るようにならざるをえません。

商業銀行のコンピュータシステムは、情報セキュリティの確保と決済サービスにおける利便性のトレードオフのもとで、限られた財源により運用されています。これを前提としますと、情報セキュリティを確保するためのさまざまな仕組みは、同時に、預金による決済システムを利用するうえでの利便性に制約をもたらす要因になってきます。

また、商業銀行の経営において、決済サービスが収益源として考えられているかという論点もあります。商業銀行の基幹業務は、決済サービスと金融サービスの結合生産ですが、前者については義務的なものとして、後者における利鞘によって収益を確保するという考え方もとりうるからです。わが国では、こうした傾向がとりわけ強かったように見受けられます。

現在では、決済サービスの市場はきわめて競争的ですので、こうした銀行経営の考え方に固執すれば、商業銀行以外の事業者による決済サービスへの需要のシフトにつながるおそれがあると考えられます。

(2) 中央銀行の機能

① 決済システムの運行

中央銀行は、銀行券の発行と管理を行う「発券銀行」としての業務や、歳出入や国庫の取扱いを行う「政府の銀行」としての業務のほか、銀行間の決済を行う「銀行の銀行」としての業務を行っています。具体的には、顧客の支払指図に基づいて商業銀行が行う振込み等の結果、商業銀行が相互に負った債権債務を清算するため、各商業銀行が中央銀行に有する当座勘定間の振替えを行うことです。

このためのネットワークとして、わが国では、日銀ネットが運営されており、商業銀行等からの指図に基づき、日本銀行当座預金残高の変更を行っています。銀行間決済では、高額の振替えがきわめて頻繁に行われているため、日本銀行と商業銀行等の間では、精密なルールに基づいて通信が行われるとともに、正確で迅速な情報処理を行うための万全の備えがなされています。

また、わが国では、日本銀行が国債の保管振替業務をあわせ運営しています。国債は、商業銀行間の決済差額等に対する担保として用いられるほか、金融政策のオペレーションの主要な対象ですから、日本銀行当座預金の振替えと国債の引渡しを連動させること等を通じて、銀行間決済の業務と国債の保管振替業務の間でシナジー効果が発揮されています。

② 金融調節

中央銀行は、こうした決済サービスを提供することにより、政府と商業銀行の資金繰りを集中的に把握できる立場にあります。

政府の財政収支においては、入金と出金の時期に偏りがあります。これは、商業銀行の資金繰りに対し、歳入が大きい時期の資金不足と、歳出が大きい時期の資金余剰とをもたらす外生的要因となります。たとえば、顧客から税金の支払指図を受けた商業銀行は、自らの中央銀行当座預金から、その額を政府の中央銀行口座に振り替えねばなりません。これは、商業銀行の資金不足要因となります。わが国では、所得税や法人税の納税等による歳入と公的年金等による歳出が大きな変動要因です。

商業銀行の資金繰りに影響するもうひとつの外生的要因としては、銀行券の受払いがあげられます。銀行券の受払いの時期的な偏りとしては、休日の支出に備えて消費者が行う払出しと、休日明けに商店を通じて還流してくる預入れが主なものです。消費者が銀行券を多く払い出せば、商業銀行は手元の銀行券を補充するため、自らの中央銀行当座預金から銀行券を引きおろすことになります。わが国の商業銀行では、お年玉等による年末年始の銀行券の払出しが最も大きな資金不足要因です。

こうした資金需給の変動は、地域によっても違ってきます。たとえば銀行券については、商店の多い地域では還流超になりますし、そうでない地域では払出し超となります。

商業銀行は、それぞれの状況をふまえて、商業銀行間で貸借を行うことにより資金繰りをつけるのですが、財政収支や銀行券の受払いによる変動は、銀行システム全体にとって外生的ですから、これを放置すれば、銀行間の貸借金利の乱高下等が生じることになりかねません。そこで、中央銀行は、こうした変動を均すような業務運営を行います。

まず銀行券の需給については、地域ごとの流通状況を予測し、各地で不足が生じないようにします。わが国では、商業銀行を通じた払出しの準備として、日本銀行の本支店の金庫に銀行券が備蓄されています。過度に大きな金庫を備え付けることは無駄である一方、準備が枯渇すれば致命的ですので、日本銀行では、需給予測に基づいて金庫の備蓄水準を調節するための工夫を凝らしています。

そのうえで、中央銀行は、中央銀行当座勘定の需給の偏りを均すように、商業銀行を相手にして融資や国債等の売買を行います。かつてのわが国では、地方では補助金等が散布される一方、都市では納税等で吸い上げられるという財政資金の偏りがあり、日本銀行にとっては、その結果として発生する商業銀行間の資金需給を均すことが重要な課題でした。こうした中央銀行当座勘定で発生する需給の調整が「金融調節」です。これは、商業銀行の業務に倣って整理すれば、決済サービスの提供に伴う金融サービスに当たるものです。ここからは、中央銀行による金融調節は基本的に短期的であり、売買する金融商品も短期のものとすることが自然だということになります。

③ 金融政策

中央銀行が金融調節を行う際に、中立的な需給調節よりも多目に金融商品を購入すれば、短期金利は下落しますし、少な目に購入すれば短期金利は上昇します。この需給操作が金融政策の伝統的な手段です。

以上で説明した金融調節と金融政策について図示すれば、図表4のとおりです。

金融政策を運営する際の中間目標としては、中央銀行の銀行券や当座預金の残高である「マネタリーベース」や、銀行預金等の残高の合計である「マネーサプライ」が考えられてきました。しかし近年、各国の中央銀行や金融学者の間では、これらの量的指標と実体経済活動や物価の関係が希薄になっているとされています。したがって、金融政策を運営する際の中間目標としても、金利が最も重要な目安とされるようになっています。

図表4　金融調節と金融政策

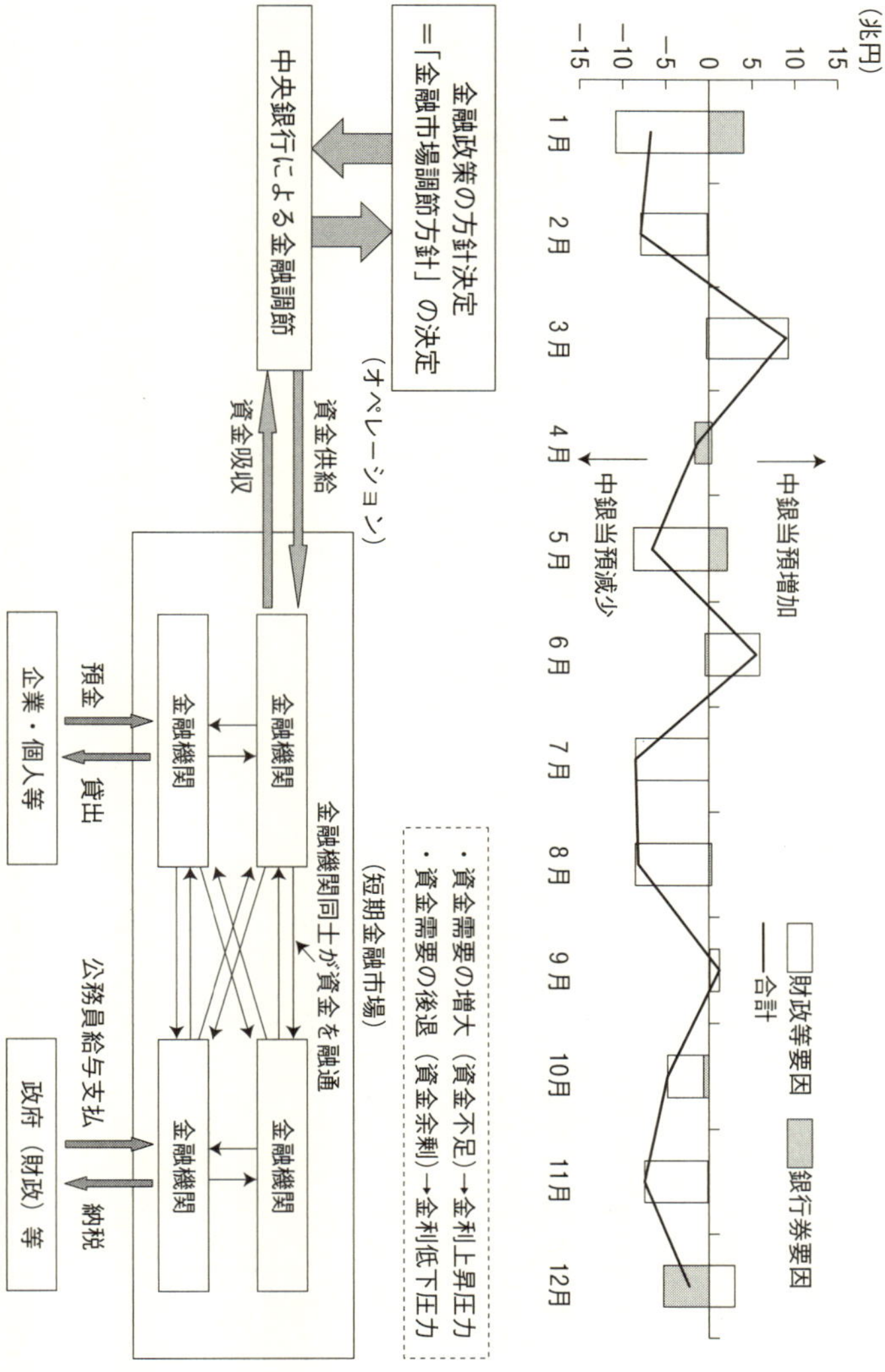

組織面では、中央銀行には金融政策の方針を決める責任を負う機関が置かれています。わが国では、日本銀行の金融政策決定会合がこれに当たります。

金融政策の目標は物価の安定です。短期金利の誘導が物価上昇率に影響する基本的な経路は、実体経済における供給力と総需要の関係を通ずるものです。経済の供給力は、労働力、資本、生産性という要素から決まってきますが、総需要は、人々の所得と、人々がそれをいつ支出に回せば効用が大きいと考えるかに応じて決まってきます。この両者の間では時期により、需給ギャップと呼ばれる乖離が生じます。そして、需給ギャップと物価上昇率の間には「フィリップスカーブ」と呼ばれる安定的な関係があるとされています。

金利が低下すれば、人々は決済を先送りできるので、将来行おうとしていた取引を前倒しする誘因をもちますし、金利が上昇すれば、反対の現象が生じます。そこで、中央銀行が市場金利の変動に影響を及ぼすことができれば、総需要の発生タイミングに影響を与えることができます。つまり、金融政策は、短期金利の操作によって、現在の需給ギャップを変化させ、それによって物価上昇率に影響を与えようとするものです。

ただし、そうした議論を行う際に注意すべきことは、人々の行動に影響を与える金利は物価上昇率を差し引いた実質金利であるのに対し、中央銀行が誘導できる金利は名目金利だということです。そして、物価上昇率は、実体経済の需給ギャップだけでなく、一般の人々がどの程度物価が上昇していくと考えるかという予想物価上昇率にも左右されます。

長期的にみれば、実質金利と潜在成長率が等しくなることが自然の帰結です。これに反した実質金利を続けようとすると、長期的に大きな需給ギャップを生み、資産バブルの発生や国際収支の変調等、大きな副作用をもたらすおそれがあることに留意する必要があります。こうした点に鑑み、金融政策の目安とされるものが前述の自然利子率です。現在の日本銀行は、操作対象金利と自然利子率の乖離幅によって金融政策の効果を測るという考え方をとっています。

なお、中央銀行は、物価の安定を目標とする金融政策の運営のほかにも、金融システムが著しく不安定になった場合には、商業銀行の資金繰りを支援したり、金融市場が機能するための流動性を供給したりすることがあります。これは、人々が取引を行ううえで、金融システムの安定が重要な前提条件となるからです。そして、金融システムの中核である商業銀行が重要である理由は、預金による決済システムを構成していることにあります。

これらをふまえると、長期的な経済成長に向けた中央銀行の役割として、取引を行う当事者のニーズに沿って、安全かつ利便性の高い決済システムを運行していくことがきわめて重要であることを理解していただけると思います。

④　中央銀行の収益構造

中央銀行は、買い入れた資産から金利等の収入を得る一方、これに見合う負債については、原則として金利を払いません。こうしたことが可能となる理由は、銀行券の発行・管理や商業銀行の当座預金口座の振替え等の決済サービスを提供していることにあります。

中央銀行の収益は、しばしば「通貨発行益」と呼ばれ、政府によって賦与された特権的なものであるかのような記述を見受けることもあります。しかし、こうしてみると、決済サービスと金融サービスの結合生産によって収益を得ているという点では、商業銀行と変わりがないことがわかります。中央銀行は、こうして得られた余剰金の大半を国庫に納付しています。

中央銀行の損益の側面から金融政策をみると、金融緩和は、自国通貨建ての預金による決済システムの運行によって得られる収益を国庫に納付するかわりに、取引先の商業銀行や金融市場を通じて経済社会に還元しているものと考えることができます。中央銀行は、決済システムの運行によって得られる収益を上回る金融緩和を行えば、赤字に転落するおそれがあります。

そのうえ、現在の日本銀行では、商業銀行による当座預金のうち、法定準備額超過部分に対して金利を支払っています。これは、国債等を買い入れても、売り手の商業銀行等がその代金を引き出してしまうと、日本銀行の資産負債を拡大させる量的緩和が実現できないので、国債等の買入れ代金を留保してもらうための誘因を提供しているものです。

こうした損益について、金融サービスという面からみますと、いずれ同等の規模の金融引締めを行うのであれば、長期的にはまかなうことが可能です。しかし、金融政策が長期的に緩和に偏った場合には、銀行システムにさまざまな弊害をもたらすおそれがあります。

まず、国内における影響を考えると、過度に長期の金融緩和は、企業と取引する際の金利等を通じて、商業銀行の利鞘を縮小させます。また、中央銀行と商業銀行は、共通のハブ＆スポーク型ネットワークとしてサービスを提供していますので、中央銀行が損失を被る場合には、商業銀行との取引条件の変更を通じて、商業銀行にも損失が及ぶことが考えられます。こうした損失は、金融サービスの面では、商業銀行の経営環境の悪化を通じて、金融仲介機能を脆弱化させることにつながりますし、決済サービスの面では、技術革新への対応の遅れ等を通じて、預金による決済システムの競争力の低下という弊害につながります。こうした場合には、金融政策を行う余地が不可逆的に低下することになります。

また、国際的な影響を考えると、国内の取引でも外貨が決済に用いられるようになります。これは、「ダラライゼーション」と呼ばれ、決済システムや金融政策の運営に関する規律が確立していない国でみられた現象です。こうなれば、決済システムを通じて実現された国内産業の分業の利益が、外国の銀行システムの収益源となってしまいますし、自らの国の経済状況に応じた金融政策の運営を期待することもできなくなります。

(3) 政府の関与

① 預金の価値の安定

決済システムに関する政府の役割は、決済手段である預金の価値の安定、預金取引の規制、決済サービスを提供する事業者間の競争の促進、国際的な決済の管理等に区分されます。

まず、決済を行うプロセスの間に預金の価値が変動すると、オペレーションにとって大きな支障となるので、価値を変動させないことが重要です。

預金の価値変動の最も顕著な例としては、銀行の経営破綻があげられます。銀行も民間企業である以上、経営が破綻して倒産手続に移行する可能性は常に存在しますが、その場合でも、決済のオペレーションに混乱が生じないようにすることが必要となります。負債の弁済が困難になった場合、一般の企業では裁判所に倒産手続を申し立て、当面の取立て停止や、手続終了時の債務超過幅に応じた債権カットを命令してもらいます。しかし、銀行の場合、預金の払戻しによる決済サービスが業務の根幹ですので、同様の倒産手続を行うことができません。銀行の預金は、要求払いであることによって均一の価値を保ち、決済サービスの手段として使われているのですが、払戻しができなくなると、その前提が崩れてしまうからです。

そこで、預金者への払戻しは維持しながら、預金による決済のネットワークから破綻銀行を切り離すための枠組みが必要になります。これは、預金の価値を毀損させる場合には、実行がきわめてむずかしい作業となります。このため、銀行については、一般企業と異なる制度を設け、政府が能動的に破綻処理を行うこととしています。そのうえで、預金保険制度を設け、一定額までの預金に対し、倒産手続において払戻しを行うための財源を確保することとしています。こうしたセーフティネットが設けられていることは、取付けの発生を抑制する効果もあります。なお、中央銀行は、この枠組みを前提に、決済システムにおけるシステミックリスクを防ぐための資金提供を行うこととなっています。

この点に関し、わが国におけるこれまでの銀行破綻をみますと、ほとんどの場合、債務超過部分をすべて預金保険で肩代わりすることで、預金の価値を毀損せずに処理してきました。前述の一九兆円は、このためにかかった費用です。預金の価値が削減された唯一の例が日本振興銀行ですが、これは、預金による決済のネットワークに参加していなかったので、機能的には銀行ではありませんでした。

このように、銀行の破綻処理は難問ですので、政府としては、銀行の経営破綻を可能な限り予防することを目指すことになります。その手段としては、情報開示による規律づけが最も重要です。ただし銀行では、市場性のない貸出が資産のなかで大きな比重を占めており、その価値の評価には主観性が伴いますので、一般企業よりも、開示情報の信頼性を確保することが困難です。そこで、政府は、資産の自己査定や会計監査について厳格なルールを定めるとともに、検査監督によりその適正な運用を監視しています。

このほか、政府は、日常的に銀行の監督を行っています。ただし、銀行は民間企業ですので、過度なリスクを回避しながらも収益を得なくてはならず、その経営判断は、政府が個別に介入して改善することができるようなものではありません。そこで、政府としては、まず、銀行が過度のリスクをとらないように、業務範囲を限定しています。そのうえで、自己資本比率等の財務指標を定め、銀行に開示させるとともに、その指標が悪化した際に処分を行う旨を公表することで、銀行の経営努力への誘因を強化するという枠組みを設けています。

しかし、こうした政府による監督やセーフティネットは、銀行経営に副作用をもたらします。とりわけ、金融サービスで過度に大口の取引を行ってリスクをとる誘因をもたらすことが重要です。政府による信用補完のメリットは、金融サービスで取り扱う金額に応じて及んでくるからです。銀行は、決済サービスと金融サービスの統合生産を行っているのですが、決済サービスの充実に資源を追加的に投入するよりも、金融サービスを提供する金額をより大きくするほうが経済合理的なのです。

銀行が一般企業よりも安定した経営を確保している理由は、預金による決済システムを構成する事業者として、政府信用に支えられていることにあります。銀行は、主として要求払いの負債を負っているにもかかわらず、取付け発生のリスクが抑制されているのです。とりわけ、わが国の銀行システムは、政府信用に依存する度合いが強いとみられます。銀行券については、発券銀行である日本銀行の資産のほとんどが、政府信用に基づいて発行される国債です。また、預金に対するセーフティネットの最終的な拠り所は、金融危機に際して、多額の財政資金が預金保険機構に投入されたことに示されるように、政府信用にありました。

銀行が政府信用に依存していることは、逆に、政府の信用が失墜すると、銀行の経営が不安定となり、預金を通ずる決済システムも機能不全になることを意味しています。たとえば、ヨーロッパ信用危機の時期のギリシャではそうした事態が生じました。ギリシャ国債の価値が暴落すると同時に、ギリシャの銀行システムも不安定になりました。この結果、ギリシャ企業と外国企業の取引の決済は、銀行を通らなくなり、ギリシャ中央銀行がＥＣＢにもつ当座勘定によって行われるようになっていったのです。

② 預金取引の規制

政府は、預金による決済のシステムが経済社会のインフラストラクチュアであることに着目し、預金取引にさまざまな規制を課しています。

その例としては、まず、預金取引への規制を犯罪抑制の手段とすることがあげられます。マネーロンダリングやテロ資金供与等の規制がこれに該当します。ドラマ等をみると、犯罪収益の移転には銀行券が用いられるように描かれていますが、現実には、取引金額が高額になれば物理的に隠ぺいが不可能ですし、クロスボーダー等の輸送には困難が伴いますので、あまり有効な方法とは考えられません。組織的な犯罪を念頭に置いた場合、預金による決済システムを規制対象とすることには、かなりの抑制効果があると考えられます。

また、クロスボーダーの決済については、国内決済にはない規制が課されています。その例としては、かつての外貨管理のほか、現在でも、国際的制裁の一環として特定の者との決済を禁止すること等があります。

さらに、税務当局等による銀行調査も行われています。取引の決済は、基本的に預金の入出金として記録されていますので、調査対象者の預金の動きをみれば、税務申告書に記載されていない収入を把握することができるはずです。そこで、政府は、銀行に対し、税務署員による預金の取引記録の閲覧請求に応ずる義務を課しています。

こうした規制は、政府がその役割を果たしていくためには必要なものです。しかし、取引を行う人の立場からすれば、効率性を阻害する要因となります。たとえば、外国為替取引の報告義務等は、クロスボーダーの決済をネッティングにより効率化することには障害となるので、国際的企業は、報告義務等の課された国での預金による決済を回避することになります。規制と効率のバランスをとることは、きわめてむずかしい課題です。

③ 決済サービスにおける公正な競争の促進

預金の価値の安定のためには、銀行が、金融サービスで過度にリスクをとって収益を追求する結果、決済サービスを後回しにしないようにする必要があります。銀行システムの役割としては、決済システムが有効に機能することが本質的に重要だからです。

こうした目的を達成するための基本的な方策は公正な競争の促進です。しかし、銀行の預金と他の決済サービス事業者の提供する手段を対比すると、銀行の預金にだけ預金保険等のセーフティネットが設けられる一方、銀行の経営に対しては政府による監督が行われています。したがって、決済サービスをめぐる銀行と他の事業者の間の競争は、純粋に市場メカニズムに沿ったものとはなりがたいと考えられます。

そこで、政府は、銀行以外の事業者による決済サービスの提供を広く容認していくとともに、銀行に対しては決済サービスの改善を促すこととしています。わが国では、インターネットの普及等の情報通信技術の進歩に対応して、決済サービスに着目した横断的な制度である資金決済法が制定され、多様な決済サービス事業者と銀行との競争環境が整備されています。

しかし、決済システムを構成する銀行については、これまでのところ、預金の価値を毀損させるような破綻処理をしていませんので、「暗黙の政府保証」によって銀行経営のゆがみが生ずるおそれがあることは否めません。銀行の業務において決済サービスの比重が高くなるような働きかけが重要だと考えられます。

④ 国際的な決済の管理等

中央銀行を中心とする銀行システムが提供している決済サービスは、基本的に国内における自国通貨建ての決済に関するものです。そうでない決済としては、外国の当事者との間の決済と外貨建ての決済があります。この両者は、多くの場合重なりますが、国内における外貨建て決済や外国における自国通貨建て決済も行われます。

異なる通貨建ての預金の間での決済では、多くの場合クロスボーダーという要因も加わるため、決済ネットワークの運行上、とりわけ長い時間がかかったり、手数料が高くなったりします。

また、外国為替相場の変動は、既存取引の決済や決済の対象となる取引を行うタイミングに影響を与えます。前者の例としては、かつて、外国為替相場の変動の予測に応じて、決済のタイミングが調整される「リーズアンドラグズ」が話題となりました。また後者の例としては、敗戦直後のわが国のように、急激なインフレーションによって取引自体が行われなくなることがあります。

こうしたことから、国際的な決済については、政府が、取扱いルールを定めたり、自ら取引を行ったりしています。

この点について、わが国の状況をみると、かつては経常収支が赤字基調でしたので、政府が統一的に外貨を管理していましたが、経常収支の黒字定着に伴って、国内での外貨建て決済が自由化されました。しかし、現在でもなお、外国の当事者との間の決済については、一般的に報告義務を課しているほか、経済制裁等のために禁止することもありうるとされています。また、海外預金については個別に報告が求められているので、外国の当事者との取引について、ネッティングによる決済を行うことは、事実上困難です。こうしたなかで、外国における円建ての決済については、「円の国際化」が長期的な目標とされてはいますが、これまでのところ、実効があがっていません。

また、わが国政府は、現在も、外国為替資金特別会計に膨大な額の外貨準備を保有しています。これは、特別会計が円建て短期国債を発行し、その資金で外貨建ての金融商品を購入するという金融活動によるものです。この短期国債は財政赤字として計上されませんが、年度を超えて発行することができ、その残高は累増を重ね、近年では約一二〇兆円にのぼっています。その損益については、スイス等のように中央銀行が経理する場合と異なり、保有資産の評価損益を反映しない現金ベースの会計処理ですので、内外の金利差を反映した剰余を計上し、一般会計に繰り入れています。これは、政府の資金繰りが短期国債に依存するようになっていることを意味します。

なお、決済にかかわる政府の役割としては、国際的に活動する銀行の破綻処理に関する交渉もあります。そうした倒産手続において、未決済金額をどう扱うかについては、倒産手続を管轄する裁判所や、セーフティネットとなる預金保険機構が、基本的に各国内を管轄領域としていることに伴う問題があります。たとえば銀行が経営破綻に直面した場合、本店のある国の監督当局や裁判所が資産保全命令を出してしまうと、外国での決済にも支障を生ずるおそれがあります。また、倒産手続において、他国の預金者等の負担において自国の預金者への倒産配当を大きくするという扱いが行われる懸念もあります。こうした問題への対応については、各国政府の間の議論を経て、国際的に活動する銀行に対する規制に反映されています。

(4) 電子現金の発行

① 電子現金の発行類型

金融産業において情報通信技術の進歩を活用していくうえで、今後の鍵となる技術がブロックチェーンです。

その具体的な利用形態の一つである電子現金の設計について、決済サービスを提供する事業者の立場からみると、コンセンサスアルゴリズムの運営に関し、オープン型のブロックチェーンとするか、クローズド型のブロックチェーンとするかという技術的な選択肢と、決済手段の価格変動のリスクの帰着に関し、事業者自らの負債とするか、事業者が売買を媒介する独立の資産とするかという法律的な選択肢があります。

まず、オープン型のブロックチェーンと独立の資産としての法律構成の組合せには、仮想通貨があります。ビットコインをはじめとする仮想通貨では、政府や企業のような既存の組織に頼らない枠組みを目指していることから、負債による規律づけや資本によるコーポレート・ガバナンスにかわる誘因設定が構築されています。

電子現金の発行類型としては、このほかにも、三種類がありえます。

第一に、クローズド型ブのロックチェーンと負債としての法律構成の組合せとしては、商業銀行が共同で発行するものが考えられます。コンセンサスアルゴリズムの運用における誘因設定については、商業銀行間におけるコンソーシアム契約の延長線上で構築することが考えられます。

第二に、オープン型のブロックチェーンと商業銀行の資産としての法律構成の組合せとしては、中央銀行が発行する電子通貨（CBDC：Central Bank Digital Currency）が考えられます。しかし、このスキームは、中央銀行を中心とするハブ＆スポーク型のネットワークとの親和性が小さく、コンセンサスアルゴリズムの運用における誘因設定が困難だと考えられます。つまり現在の銀行券では、歴史的な背景もあって、商店等、商業銀行、中央銀行によるハブ＆スポーク型の真偽監査のネットワークが形成されているのですが、中央銀行が新たに発行する電子現金の検証については、商業銀行からすれば、それにより自らの仲介する資金がふえるわけではなく収益機会につながりにくいと考えられますし、商店等にとっても、自らの事業運営上の情報を得ることにはつながらないので、やはり検証の誘因に乏しいと考えられます。なお、中央銀行による電子通貨の発行に関して、ＢＩＳ（Bank for International Settlements, 国際決済銀行）で検討が行われた結果、金融システムの安定等に対する潜在的リスクが大きいとされました。こうしてみると、この類型は、当面、少なくともわが国では実現性に乏しいと考えられます。

第三に、オープン型のブロックチェーンと負債としての法律構成の組合せとしては、流通業者や通信業者の発行するものが考えられます。これは、紙や電磁媒体による商品券等や電子マネーの情報セキュリティ強化とみることができます。コンセンサスアルゴリズムの運用における誘因設定については、たとえば、商店等が受け入れた電子現金の額に応じて、マイナーに手数料を支払うような形態が考えられます。

これらの類型のいずれが決済ネットワークとして優勢になるかはクロスインダストリーでの競争となり、ネットワークの経済的性質と政府の寄与との兼ね合いによって決まってきます。また、ブロックチェーンを用いた情報処理のネットワークには地理的制約がありませんので、この競争はクロスボーダーでも行われることになります。

② 商業銀行による発行

以上をふまえて、第一の類型について考えると、既存の商業銀行のサービスが非効率とされる分野での活用が効果的です。

具体的には、まず、顧客間で少額の受払いを行ったり、商業銀行に持ち込んで預金残高を増減させたりするための媒体を提供することが考えられます。こうした分野では、データの偽造防止のために集中処理が行われていたため、効率的なサービス提供が困難でした。

また、現在の企業向け決済サービスの問題点としては、決済と商取引の突合が困難であることがあげられます。これは、「売掛金の消込み」という事務の問題としてとらえられがちですが、決済が商取引によって生じた債権債務関係の解消のための手段であることに鑑みると、本質的な欠陥だと考えられます。

さらに、預金による決済がクロスボーダーの取引に十分対応できていないことも問題です。これは、銀行の決済システムは、各国ごとに中央銀行を中心として形成されており、クロスボーダーの決済に関しては、国内の決済ネットワークにおける情報処理に加えて、為替相場の変動に関する処理や、相手国の決済ネットワークにおける情報処理等が必要となるため、決済サービスの提供に伴うリスクや費用が著しく高くなることによるものです。

これに加えて、稼働時間の問題もありました。現行の情報セキュリティ確保の方法のもとでは、商業銀行によるサーバーの管理が決済サービス提供の前提となります。その結果、外国での取引等では決済サービスを利用できる時間と取引が行われる時間の間にズレが生じ、決済が完了するまでの間に発生するリスクは利用者が負うことになっています。

こうした現行の決済サービスの制約は、一般の取引がインターネットを基本としているなかで、商業銀行のシステムがクローズドであることに起因するものですが、現行の決済システムを全体として変革することには困難があります。銀行による決済サービスが支配的である理由は、多数の銀行により構成される決済システムのもとで提供されていることにあるのですが、まさにそのことが、構成メンバーである銀行の意思決定におけるすくみにつながっているのです。

この点、電子現金の発行は個別銀行によって行われることになり、その真正性をチェックするコンセンサスアルゴリズムにすべての銀行が参加する必要はありません。現行の決済システムの変革のような意思決定プロセスのすくみの問題は軽減されますので、利用者ニーズに沿った機動的な対応が可能だと考えられます。

なお、情報通信技術の進歩に伴って、経済社会が必要とする決済サービスの具体的な内容が変わってきていることにも留意する必要があります。ブロックチェーンを用いる場合には、既存のサービスを効率化するだけでなく、利用者ニーズに沿った新たなサービスの組合せを構築することも考えられます。

③ 商業銀行以外の事業者による発行

商業銀行による決済システムには、これまで述べてきたような制約がありますので、消費者向けの分野を中心として、決済サービスを提供する商業銀行以外の事業者が参入してきています。商業銀行は、高額の銀行間決済について情報セキュリティの確保に万全を期さなくてはならないのに対し、消費者向け決済に特化した事業者では、そこまでの措置を行わなくてもよいところに優位性があります。これらの事業者は、ＩＣカード等を活用し、利用者のセルフサービスを徹底しています。こうした決済サービスは「電子マネー」と呼ばれ、わが国では、交通機関や小売業の提供するものが拡大してきました。これは、顧客情報の収集等で、交通サービスや流通サービスと決済サービスの結合生産が事業上有効であることによるものです。

しかし、電子マネーによる決済のオペレーションは、データの偽造を防止するため、なお、中央で管理されたデータベースを個別の取引ごとに更新するという方法をとっており、利用者間の受払いを認めていませんでした。このため、利用者の利便性やオペレーションの効率性の面で、銀行券や預金による決済システムに対する優位性がありませんでした。

これに対し、主として中国で拡大してきたＱＲコード決済は、利用者間での受払いの手段としても用いることができることが特徴です。これは、ＱＲコードを用いることで、専用のＰＯＳ端末等がなくとも、スマートフォンで当事者の認証を可能としたもので、利用者や商店等の利便性を非常に高めました。しかし、預金による決済のネットワークに接続する側面では、なおデビットカードと同様のシステムを用いています。このため、オペレーションの効率性の面では、利用者間の受払いでも中央で管理されたデータベースの更新を行うことになるほか、情報セキュリティの面でも、ＱＲコードのコピーを不正使用する等の問題が指摘されています。

これに対し、ブロックチェーンを利用することとすれば、ネットワーク上で電子データの偽造を防止できるので、オペレーションの効率性を高めることができます。現状、ブロックチェーンは、情報処理の速度等に問題があるのですが、将来、それが技術的に克服されれば、こうした支払サービスは、流通事業者や通信事業者等にとっては、自らのサービスとの結合生産の手段として有効である一方、利用者にとっては、支払に要するコストや制約がいっそう削減されるので、十分な競争力をもつことが想定されます。

④　仮想通貨としての発行

これまで考えてきた電子現金は、既存の組織がブロックチェーンを活用した支払サービスを導入するものであり、商業銀行や流通事業者等では、発行者になることに伴う事業面のメリットと情報セキュリティ面のリスクとのバランスを検討することになります。これに対し、仮想通貨では、その発行に責任をもつ主体が存在しません。不特定のネットワーク参加者が個々に、経済合理性に従って仮想通貨を利用することになります。

具体的には、マイニングの枠組みを通じ、情報セキュリティの確保に貢献した者に仮想通貨を原始取得させることにより、一方では不特定のネットワーク参加者が情報セキュリティの確保に貢献する誘因をもたらすとともに、他方ではセキュリティの確保に要する情報処理能力を仮想通貨の資産価値の基準としています。最初の仮想通貨であるビットコインでは、こうした枠組みと、金融緩和によるインフレーションのおそれがないよう発行上限を設定すること等を組み合わせ、既存の銀行を構成員とする決済システムに対するアンチテーゼを提示しました。

こうした枠組みは、かつてのデジキャッシュ等においてみられたように、情報通信分野のイノベーターにおけるアナーキズムの傾向に対応したものと感じられます。ビットコインは、二〇〇九年に運用が開始され、二〇一二年のキプロス危機等の金融危機に際して、政府や中央銀行による個人資産の管理からの逃避手段として拡大してきました。

しかし、この枠組みは、考え方としては魅力的としても、現実の決済サービスとしての事業化には困難があります。第一に、ブロックチェーン全般について、情報処理速度等の問題があります。第二に、すべての利用者が自ら仮想通貨の情報処理を行うことは困難だという問題があります。第三に、仮想通貨の基礎となるオープン型のブロックチェーンの基盤には、一定のルールを持続的に維持できるようなガバナンス構造がないという問題があります。第四に、仮想通貨の資産価値を持続的に安定させることは困難です。現実に、仮想通貨全般に極端な価格上昇が起こってしまい、決済サービスの手段として用いることは困難になってしまいました。

(5) 決済手段の価値の安定

① 決済手段の価値の考え方

イ 情報処理費用からみた決済手段と通貨

仮想通貨を決済サービスの手段として用いようとする際、最も大きな問題は価値の安定です。この問題について考えるにあたり、まず、この本における決済手段の価値の考え方について説明しておきましょう。この本では、序章で述べたように、「取引から企業を考え、決済から金融を考える」というやや特異な議論の進め方をしています。これは、そうすることがデジタルイノベーションの全体像を把握するうえで最も有効な枠組みだと考えたからです。決済手段の価値を考える際も、同様の議論の進め方が有効だと考えられます。通貨が決済手段として用いられるという既存のドグマを前提とし、通貨を手段とする決済サービスを考えるという演繹的なアプローチでは、循環論法に陥ってしまい、仮想通貨という新たな手段について考えることが困難になるからです。そうではなく、情報処理費用の節約という目的に向けた機能から決済サービスを考え、決済サービスが有効に利用されるための手段として決済手段をとらえるという帰納的なアプローチをとれば、新たな手段についても経済合理性に沿って考えることが可能となります。

こうした議論の進め方からすると、第一章で説明したように、通貨とは、多くの財・サービスの交換を行う際の情報処理費用を節約するツールだということになります。通貨として用いる媒体は、石、金属、紙、データ等、何でもよいのですが、目的とする機能を発揮するためには、他の多くの財・サービスとの相対価格の変動が小さいことが必要条件となります。さもないと、そうした通貨をハブとして用いた際に、情報処理の件数を節約する効果が大きくならないからです。

また、決済サービスという観点からみると、その手段として用いられるものが通貨だという整理をすることになります。法定通貨等と定められているから決済手段として使われるのではなく、決済をきちんと行いやすいものが通貨となる一方、通貨として使いやすいものを用いることで決済をきちんと行うことができるという循環的な関係にあることが本質です。こうした決済手段と通貨の関係は、インフラストラクチュアとネットワークの関係について前述したように、経済社会の現実から形成されてくるものであり、通貨かどうかというドグマが先決となるものではありません。そして、決済をきちんと行ううえで最も重要な要素が決済手段の価値の安定です。

なお、この本では、金融政策による物価の安定という別の議論と混同されるおそれがあるので、通貨の価値の安定という用語は用いないことにしています。金融政策の役割は、一般的にはなじみ深く、かつきわめて重要なテーマですが、この本で論ずる経済構造の変革の観点からは、循環的な需給ギャップの調整手段だと整理しておけば足ります。むしろ、決済手段の価値の安定と金融政策の役割を短絡させることは、後ほどビットコインについて説明するように、有害だと考えられます。また、物価の安定と決済手段の価値の安定は異なる論点です。たとえば、インフレ期待が偏っているために持続的なインフレーションやデフレーションが生じている場合、物価の安定の観点からみると、是正の必要があるかもしれませんが、決済手段の価値の安定の観点からみると、後ほど説明するように、財・サービスの取引の変動と決済手段の変動が均整のとれたものであれば問題はないことになります。

ロ　決済手段の価値の安定

以上の議論の進め方を前提として、決済手段の価値の安定について整理しますと、以下のように論ずることができます。

まず、決済手段の価値は、他の財・サービスと同様、需要と供給で決まると考えられます。これは、たとえば貨幣数量説でも前提とされているように、オーソドックスな経済理論に沿ったものです。

次に、決済手段の長期的な価値については、経済学における「長期」の定義により、循環的な需要の変動は捨象され、供給能力から決まると考えることになります。決済手段の供給能力を決定する要因は、どのような通貨体制に対応しているかにより異なります。金本位制の金貨では金地金の採掘量、政府信用本位制の銀行券や預金では税収ですが、仮想通貨ではマイニングに向けられる情報処理能力となります。

長期的にみた決済手段の価値の安定については、決済の本来の役割は、人口、資本、技術という生産要素の均整成長を達成し、本来の潜在成長率を実現するための基盤となることにあることに留意する必要があります。そのためには、知的ノウハウや資本ストックへの投資等の長期的意思決定を攪乱することのないよう、財・サービスの供給能力と決済手段の供給能力の成長が均整のとれたものであることが必要です。デジタルイノベーションの流れは、今後、人々の生活すべてを覆うものとみられますので、その基盤である情報通信技術の進歩に応じて供給される決済手段であれば、均整成長を支える通貨体制の形成につながることを期待できます。

一方、短期的にみた決済手段の価値については、取引を完了させる手段としての需要から決まると考えることになります。決済手段に対する需要の決定要素としては、財・サービスの取引に伴う決済の件数と決済のオペレーションの単価があり、この本における議論では、後者が重要です。つまり、取引費用が小さくなればなるほどより精密に分業が行われて経済社会の効用を向上させるので、その一部である決済のオペレーションの単価は、節約することが常に求められます。そして、決済のオペレーションの単価を小さくする手段としては、決済システムのような社会的枠組みとブロックチェーンのような技術的枠組みの二つがあります。預金による決済のシステムをみると、預金の価値が銀行間で均一であり、時間的にも安定していることが本質的に重要です。銀行システムはそのための社会的枠組みであり、中央銀行の金融調節は、これを基盤として、財政要因や銀行券要因から生ずる攪乱を打ち消して決済手段の価値を平準化する機能を発揮しています。

ブロックチェーンという技術進歩を活用して決済のオペレーションの単価を引き下げようとする場合も、こうした社会的枠組みの機能を確保しておかなければなりません。当事者が決済によって取引が完了したと認識できるためには、決済のオペレーションの途中で決済手段の価格が変動しないことが不可欠であり、そのためには、決済手段としての電子現金の短期的な価値の安定が前提となります。逆に、そうした前提が満たされれば、現在の預金と同様、電子現金が多様な財・サービスの取引に幅広く利用されるようになります。そうした場合、財・サービスの取引に伴う需要は、金融上の投機的取引に伴う需要に比し、振れが小さいので、決済手段の価値の変動もより安定的になると見込まれます。このように、電子現金についても、決済手段として使いやすいことと短期的な価値が安定していることは相互に循環的な関係にあります。

なお、上記の二つのタイムスパンの間で、財・サービスに対する需要に循環的な変動が生ずることが議論の対象となります。ここでは、大きな需給ギャップが継続すると人々の消費等の意思決定に攪乱をもたらすので、財・サービスに対する需要を供給能力と一致させるための政策が必要になります。金融政策は、預金による決済システムを基礎として実施される需要管理政策であり、現在の各国の中央銀行は、自然利子率を目安とした政策運営により、需給ギャップの調整による経済の最適化を目指した政策運営を行っています。

② 仮想通貨の価値の安定

イ 金貨との比較

以上をふまえて、新たな決済手段としての仮想通貨を考える際には、同様に独立した資産を決済手段としていた金貨と対比することが適切です。たとえば、仮想通貨のマイニングのルールでは、コンセンサスアルゴリズムの運用に貢献した者に対して、投入した情報処理能力に応じて仮想通貨が与えられるということになっています。これは、かつて金鉱を採掘した者が金貨の材料である金地金を得ることができたことに相当するものです。こうした点からは、金貨を用いるかつての通貨体制が金本位制であったのに対し、仮想通貨を用いる通貨体制は情報処理能力本位制と呼ぶことができます。

歴史を振り返ってみれば、金貨も、昔から唯一の決済手段であったわけではなく、石や銀等の財と代替的な存在でしたが、長期的な使用に適した材質であること等から、次第に主要な決済手段としての地位を獲得してきたものです。

こうしたなかで、決済手段としての金貨の長期的価値は、金貨の素材である金地金を供給する金鉱の採掘費用によって下限が決まっていました。金貨の価値が金の採掘費用より低くなれば、金地金が供給されないようになり、金貨の発行が困難になるからです。一方、決済手段としての金貨の短期的価値は、財・サービスの取引の決済に用いる需要に応じて決まっていました。かつては、財・サービスの取引の規模は小さく、地理的にも限定されていたので、金貨に対する需要も大きくありませんでした。したがって、各国の政府が金貨の価値を保つことはむずかしくなく、異なる国の金貨の間でも、金地金との交換を通じて価値の単一性が保たれていました。

しかし、金貨の需給に関しては、供給面で、金鉱の発見等と経済活動との間に均整がとれていないという問題がありました。このことは、アメリカ大陸における金鉱の開発が当時の欧州の激しいインフレーションにつながった例にみられるように、金貨の供給費用に大きな変動をもたらしました。一方、需要面では、財・サービスの取引が拡大し広域化したため、金貨という金属媒体の受渡しだけでは決済手段としての需要に応えることが困難になりました。そこで、十字軍遠征に際して送金為替が用いられたように、より効率的に決済を行うための手段が導入されるようになりました。

金本位制のもとでの商業銀行の活動は、こうした取引形態の変化に対応するものと考えられます。当初の銀行は、保有する金地金の額に応じて銀行券を発行し、銀行券を預かった額に応じて預金を提供していました。こうしてみれば、銀行券は金地金の資産担保証券、預金は金地金を原資産とするデリバティブだったわけです。こうした商業銀行の活動は、名前の示すとおり商業と表裏一体で行われましたので、その決済サービスの対象となる財・サービスの取引はきわめて広範なものでした。このため、決済手段としての実需の比重は大きく、短期的な価値の安定につながりました。その結果、商業銀行が銀行券を発行する場合、価格の安定した原資産に基づく資産担保証券を構築する場合と同様、比較的小さい自己資本によるバッファーで、安定した価値での提供が可能となったのです。また、預金の価値についても、銀行間で均一であり、時間的にも安定したものとなりました。こうした決済のネットワークは、銀行システムの形成について前述したように、自己組織化により拡大していきました。

金本位制と銀行システムの組合せは、一九世紀後半に中央銀行制度が確立した後も、金貨の保有が基軸通貨国であるアメリカの中央銀行に集中してきたほかは、大きな変化がありませんでした。

しかし、金本位制と決済手段に対する政府の関与との間には、もともと矛盾がありました。そうした矛盾は、決済手段や財政に関する規律が失われたり、取引形態が大きく変革したりした場合に顕在化しました。その例としては、幕末期のわが国があげられます。江戸幕府は、鎖国の期間中、決済手段である貨幣を独占的に提供する立場にあったことから、表記額で価値が示される補助的貨幣として用いられていた銀貨について、金地金で測った価値を低下させる改鋳をしばしば行い、その差益によって財政赤字をまかなってきました。このため、開国によって対外取引が拡大すると、わが国は、金の急激な流出に苦しめられることになりました。度重なる改鋳によりわが国の銀貨の表示が金地金からみて割高となっており、内外の金銀比価に大きな差異が生じていたため、対外取引に際し、膨大な裁定取引が行われたのです。具体的には、外国の銀貨でわが国の銀貨を購入し、わが国でそれを金貨に替えて外国に持ち出せば、外国の銀貨で直接金貨を買うよりも数倍の利益を得ることができました。この結果、幕末のわが国では金貨が急激に乏しくなり、激しいインフレーションが生ずるとともに、幕府の財政基盤が崩壊したとされています。

また、金本位制と経済活動の間でも、矛盾が徐々に拡大しました。第二次大戦後には、商業銀行の活動の基盤である財・サービスの取引が拡大を続けてきたこと、預金による決済のネットワークが整備されてきたこと等から、財・サービスの取引の決済手段としては、金貨の比重が低下し、預金による決済が大宗を占めるようになりました。そうすると、決済手段の供給の面でも、経済活動と整合性なく供給される金地金によるよりも、経済活動に対応した徴税権をもつ政府の信用によるほうが通貨体制として合理的だと考えられるようになります。こうした背景のもとで、一九七一年には基軸通貨国であるアメリカがドルと金地金の交換を停止せざるをえなくなり、金本位制は崩壊しました。

その後の通貨体制は、政府信用本位制に移行したとみることができます。政府信用本位制は徴税権に基づくものなので、金本位制よりも経済活動と均整のとれた決済手段を供給することができます。たとえば、日本銀行による「成長通貨供給のための国債購入」というかつての枠組みは、こうした関係に対応したものと考えられます。ただ、政府の財政規律が失われた場合には、経済活動との均整がとれなくなるので、決済のネットワークも機能しなくなることに留意が必要です。

□ 仮想通貨の価値の安定

以上の金貨との対比をふまえて、仮想通貨の価値の安定について考えてみましょう。

まず、現在の仮想通貨の性格を考えますと、かつての預金が金地金を原資産とするデリバティブであったのに対し、情報処理能力を原資産とするデリバティブとみることができます。

その決済手段としての長期的な価値は、金貨における金鉱の採掘費用と同様、マイニングに投入される情報処理費用によって下限が決まってくることになります。マイニングの費用よりも仮想通貨の価値が低ければ、真正性の検証が行われなくなり、仮想通貨が供給されなくなるからです。一方、決済手段としての短期的な価値は、金本位制のもとでの銀行券や預金と同様、財・サービスの取引の決済手段としての需要によって決まってくることになります。仮想通貨により決済される財・サービスの取引が少なければ、仮想通貨の需要は主として金融上の投機的取引によることとなり、仮想通貨の価値は不安定になります。

以上をふまえて現状の仮想通貨をみますと、価格が極度に上昇しているうえ不安定であり、決済手段としては機能していないと見受けられます。貨幣数量説の応用によって、決済手段としての仮想通貨の価値を試算した結果をみますと、現在つけられている価格よりもはるかに低くなっています。現在の仮想通貨は、投機の対象としての側面が大きくなっているため、極度の金融緩和のもとでバブルが形成されており、それに伴う大きな価値変動によってさらに決済手段として用いられなくなるという悪循環に陥っているとみられます。

仮想通貨の価値がこのように不安定である理由としては、ファインチューニングにより価値の安定化を図ろうとしても、そのための手段がないということがあげられます。つまり、仮想通貨の価値を安定させる方法について、金融政策に準じて考えれば、仮想通貨建ての金融商品の短期金利を操作することが想定されますが、仮想通貨はマイニングによってつくりだされる資産ですので、負債である預金と異なり、中央銀行が金融調節を行うことはできません。したがって、その延長線上で金融商品の需給を調整することもできないのです。また、価値を安定させる方法として、マイニングの設定等を調節することを考えても、オープン型のブロックチェーンの基盤のガバナンス構造では、ファインチューニングに必要な機動的意思決定を行うことが困難だとみられます。

また、仮想通貨の価値が不安定である他の理由は、発行の枠組みの設計にあると考えられます。その典型的な例がビットコインにおける発行限度の設定です。ビットコインのマイニングの考え方は、情報セキュリティの確保のために大きな情報処理能力を投入する人にビットコインを与えるというものです。長期的に考えると、マイニングに必要となる情報処理能力は、情報通信技術の進歩に伴って向上していくので、そのままであれば、既存の通貨建てでみたビットコインの価値は低下していくはずでした。ところが、ビットコインには、人為的に一定の発行上限が設けられており、どんなに情報処理通信技術が向上しても、発行されるビットコインの量は頭打ちになります。この結果、ビットコインには、長期的な供給費用とは関係なく価値が上昇していくメカニズムが盛り込まれたことになります。

さらに、現状の仮想通貨に対する需要は、財・サービスの取引に伴うものが少ないので、金融上の思惑による振れが大きくなるという問題もあります。

以上から、仮想通貨は、預金と異なり、価値の安定性を保つことが困難です。現状の仮想通貨をみる際には、決済手段としてではなく、有価証券等に準ずる金融商品として扱うかどうかという論点を検討すべきことになります。

なお、ビットコインの創始者によれば、こうした発行制限は、過剰発行に伴うインフレーションを防止するためだとされています。しかし、政府や中央銀行の管理に対するアンチテーゼを提示しようとするあまり、決済手段の価値の安定と金融政策の役割を短絡させたうえ、金融政策の運営に関する誤った考え方をとってしまったのではないかと考えられます。すなわち、仮に銀行券の発行を制限しても、商店等における現金取引が不便になるだけで、クレジットカード等を通じて、預金による決済に代替されてしまいます。また、預金の残高についても、現在の金融理論では、経済活動との間に安定的な関係はなくなったと考えられています。これは、さまざまな金融商品と預金の間のシフトや企業の財務政策等の変化等によるものです。経済活動と物価水準の間にはフィリップスカーブのような安定的関係がありますが、預金の残高の変動は、経済活動に影響しないので、物価水準にも影響を及ぼさなくなったのです。したがって、各国の中央銀行では、かつてのようなマネーサプライを金融政策の中間目標とする考え方はとられなくなりました。これと同様に、仮に現在の銀行券や預金がすべてビットコインに置き換わったとしても、ビットコインの発行制限がビットコイン建てでみた物価上昇の抑制につながる可能性はありません。

八　仮想通貨を用いた決済サービス

当初のビットコインの構想においては、政府や中央銀行に管理されない決済手段となることが目標とされていたのですが、現在の仮想通貨では、残念ながら、財・サービスの取引の決済手段としての需要はあまりありません。このことと短期的な価値が安定していないことは、相互に循環的な関係にあります。仮想通貨は、金融上の投機的取引の需要によって価格が大きく左右され、投機の対象としての性格が濃厚になっています。

また、決済サービスの手段としての効率性からみても、マイニングに応じて給付される仮想通貨の価格が上昇することにより、決済コストが上昇してしまっています。

さらに、仮想通貨交換業者による仲介業務は、在庫として保有する仮想通貨の価格変動リスクにさらされています。このリスクをカバーするためのプレミアムは、仮想通貨を売買する際の大きなスプレッド等に反映されることになります。

このように、現在の仮想通貨の価値の変動については、それが決済サービスの提供に悪影響を及ぼし、財・サービスの取引による需要の低迷がさらに価値の不安定につながるという悪循環に陥っているように見受けられます。こうしたことでは、決済手段としての長期的な価値の安定を論ずるには至りません。仮想通貨の短期的な価値の安定のためには、多様な財・サービスの取引の決済に幅広く用いられることが必要であり、長期的な価値の安定のためには、機械的な発行制限ではなく、情報通信技術の進歩に応じて供給される枠組みとする必要があると考えられます。

(6) 銀行規制とフィンテック

① デジタルイノベーションとフィンテック

今後のデジタルイノベーションを考える際には、情報通信技術の進歩は突然変異のようなものではなく、ハードウェアの性能の継続的な向上のもとで技術の組合せが進んできた結果であること、技術革新を反映した事業革新も最近始まったものではなく、インターネットの商業利用の拡大を中心として中長期的に加速を続けてきたことに留意する必要があります。こうした積重ねの結果、現在の取引の形態は十数年前とは様変わりになっており、今後もこうした変革が加速していくことが見込まれます。

こうしたなかで特に重要性を増してきたことは、斬新なアイデアの創出です。現在のデジタルイノベーションは、インターネットやオープンソースがベースとなっているので、新たな財・

サービスの開発にかつてほど大きな設備を必要としない一方、顧客ニーズの変化が速いので、アイデアの斬新さと事業化のスピードが重要になっているのです。

これに対応して、企業の機能もかつてとは様変わりになっています。既存の大企業では、既存事業への侵食を懸念して新たなアイデアが出ないというディレンマがあるほか、アイデアを実行に移すためには社内の煩雑な調整を要するといった問題点が指摘されています。

これに対し、スタートアップ企業等の新興企業では、多様な人材が協働しており、異なる考え方が活発に交わるため、斬新なアイデアが創出されやすいといわれています。しかも近年では、こうした企業の設立に要する資金の額は著しく小さくなっているようです。その結果、たとえば'Venture Scanner'のようなベンチャー投資家向けのサイトをみますと、世界中から膨大な数のスタートアップ企業が掲示されるようになっています。その業務内容に関しては、'3D Printing'や'Artificial Intelligence'のように、既存の財・サービスの区分と関係のないカテゴリー分けが行われています。これは、既存の財・サービスの改善ではなく、技術革新を活用して何ができるかをゼロから考えているからです。このように、デジタルイノベーションの分野では、多種多様なアイデアに基づき、玉石混交の財・サービスが日々開発されています。こうした企業は多産多死であり、ほとんどは挫折しますが、ごく一部は急激な成長を示すことになります。

フィンテックは、こうしたデジタルイノベーションの金融サービス分野における表れです。上記のサイトにおいても、'Financial Technology' というカテゴリーが掲げられています。このカテゴリーに属するスタートアップ企業の地理的分布をみますと、そうした企業の最も多い地域は、アメリカのシリコンバレーであり、中国、インド、ドイツがこれに次いでいます。わが国は、かなり低い水準となっています。また、こうした企業は、概して小規模です。ペイパルやレンディングクラブのような大企業を含むジャンルでも、平均の従業員数は四〇〇人前後であり、それ以外のジャンルの企業は、平均一〇〇人程度の小企業です。

② フィンテックの事業環境

デジタルイノベーションとフィンテックの関係は、国ごとに異なっています。

たとえば、アメリカにおけるフィンテックの拡大は、リーマンショック以後、伝統的な金融サービスで収益を出しづらくなった銀行が新たな収益源を模索してきたことによるところが大きいといわれています。その際、自前主義では斬新なアイデアが生まれないため、外部のスタートアップとの競争や連携が進展してきたとされています。

一方、中国では、そうした側面はあまり大きくなく、高い経済成長が続いてきたなかで、インターネットを通じた消費活動の拡大を支える金融サービスの開発が中心だといわれています。その典型であるアリババやテンセントといった企業は、新興企業であるとともに、巨大なプラットフォーマーでもあり、目覚ましい発展を遂げています。フィンテックに対するベンチャー投資に関する調査レポートをみると、二〇一五年まではアメリカが世界の五六%を占めていたのですが、二〇一六年の最初の九カ月間では中国が四六%を占め、アメリカの四一%を上回るようになっています。

こうした状況に比べ、わが国ではフィンテックの立ち遅れがしばしば指摘されています。基礎となるハードウェアの性能や情報通信技術はアメリカや中国と共通しているので、立ち遅れはもっぱら社会的枠組みによるものと考えられます。すなわち、わが国では、デジタルイノベーションの迅速な事業化が行われず、企業の再編や連携も不活発なままでした。これに加えて、フィンテックについては、既存の銀行システムの安定や経済成長の停滞によって、アメリカや中国のような環境にはなかったことも影響していたと考えられます。

③ 銀行グループに対する業務規制

イ 銀行に対する業務規制の枠組み

デジタルイノベーションの事業化についてはさまざまな要因が影響すると考えられますが、フィンテックに関しては、規制の内容も大きな影響を与えてきたと考えられます。わが国におけるフィンテックの立ち遅れの要因として、銀行の業務規制が指摘されることがあります。

わが国における銀行規制をみますと、預金の受入れ、貸付、為替取引という「固有業務」を業として営むことを一般的には禁止したうえで、当該業務の免許を得た企業には各種の規制を課すという枠組みです。こうした枠組みは、わが国の規制法では一般的であり、「業法」と呼ばれています。銀行業の規制については、業法である銀行法だけではなく、出資法をはじめとするさまざまな法令がかかわっています。こうした枠組みのもとで免許を得た企業である銀行には、情報開示や財務比率の維持等のさまざまな規制や検査監督の受忍義務等が課されます。フィンテックに関しては、とりわけ、銀行サービスのデリバリー・チャネルと銀行グループの業務範囲に関する規制が重要です。

こうした規制の枠組みに関しては、制度が設けられた当時における業務や組織の考え方が引き継がれてきていることに留意する必要があります。かつての銀行においては、物理的な店舗において、紙媒体である伝票や通帳を用いて、「預金の受入れ、貸付、為替取引」に関するサービスを提供していたので、銀行法の枠組みもそれに応じたものでした。その後、情報通信技術の進歩に伴って、銀行のサービス提供の方法や組織のあり方も変革する必要が生じてきましたが、法制度の変更には、対象分野で現実の変化が生じた範囲内で行うという「立法事実論」による制約があります。これ自体は恣意的な法改正を防ぐうえで有用な原則なのですが、実務と規制の間ですくみが生じる結果、双方の変革が遅れるという弊害につながった面も否定できません。

すなわち、情報通信技術の進歩は、銀行サービスのデリバリー・チャネルの抜本的な変革を可能とし、それに伴って銀行という企業の組織も様変わりとなる可能性があります。しかし、法制度面では、現実の変化が生じたときに、それに応じて、既存の銀行規制を電磁媒体によるサービス提供や銀行を含む企業グループに及ぼしていくという対応にならざるをえませんでした。ボックス5で説明するように、規制の弾力化に向けて、それなりの工夫は講じられたものの、全体としての規制の枠組みが変わらないなかでは、おのずと限界がありました。

ロ　フィンテック関連の銀行法改正

最近では、急速な状況変化をふまえ、銀行法は頻繁に改正されるようになりました。

まず、銀行グループの業務範囲に関しては、二〇一六年五月に成立した「情報通信技術の進展などの環境変化に対応するための銀行法などの一部を改正する法律」で、金融関連ＩＴ企業等への出資の容易化等が盛り込まれています。すなわち、「銀行又は銀行持株会社は、情報通信技術その他の技術を活用した銀行業の高度化若しくは利用者の利便の向上に資する業務又はこれに資すると見込まれる業務を営む会社の議決権について、あらかじめ、内閣総理大臣の認可を得て、上限を超える議決権を取得・保有することができる」とされました。

また、二〇一七年三月に成立した「電子決済等代行業に対する制度整備を含む銀行法その他の関係法律を改正する法律」では、オープンＡＰＩによるデリバリー・チャネルの拡大等に向けた改正が盛り込まれています。すなわち、電子決済等代行業者に対する登録制や規制等を導入する一方で、銀行に対し、電子決済等代行業者との連携・協働に係る方針や接続に係る基準の作成・公表、オープンＡＰＩ導入に係る努力義務等を課すこととされました。

これらは、かつては考えにくかった機動的な対応ですが、外国における動きを追いかけているという面もあります。今後、デジタルイノベーションがいっそう加速することを展望すれば、銀行法のみならず、金融関連法制全般についてより根本的な見直しが必要になると考えられます。

ボックス4　決済リスクの管理

①　決済リスク

イ　銀行の決済サービスにおけるリスク

銀行と中央銀行は、決済サービスと金融サービスの結合生産によって収益を得ていますが、収益が得られるということは、当然、リスクがあるということでもあります。以下では、図表5を参照しながら、決済リスクとその管理について述べていくこととします。

まず、決済リスクの内訳としては、コンピュータシステムに対する脅威にかかわるオペレーショナルリスク、決済を行っても取引の履行が完了しない法的リスク、決済の相手方が破綻する等により決済途上の資金が毀損するカウンターパーティリスク、決済システムを運行する金融市場インフラの機能が障害を起こす金融市場インフラのリスクがあります。

ロ　オペレーショナルリスク

このうち、オペレーショナルリスクの管理が最優先であることはいうまでもありません。しかし、コンピュータシステムの障害の発生確率を下げることについては、厳密を期せば期すほど、加速度的に費用がかさんでいくことに注意する必要があります。

わが国銀行による決済システムの運行については、外国に比して桁違いに低い障害確率となるまで堅確性が求められることや、ATMで銀行券のストックが切れていることが決してあってはならないと考えられていること等、要求水準が極度に高いことが指摘されています。こうしたことが、

図表5　銀行の決済サービスにおけるリスク管理

〈決済リスクの要素〉

カウンターパーティリスク	取引相手の信用リスク・流動性リスク
オペレーショナルリスク	情報の伝達・処理の円滑性・確実性に関するリスク
法的リスク	債権債務関係の解消に関するリスク
金融市場インフラのリスク	金融市場インフラの経営と業務に関するリスク

〈対顧客取引におけるサービス提供とリスク管理のバランス〉

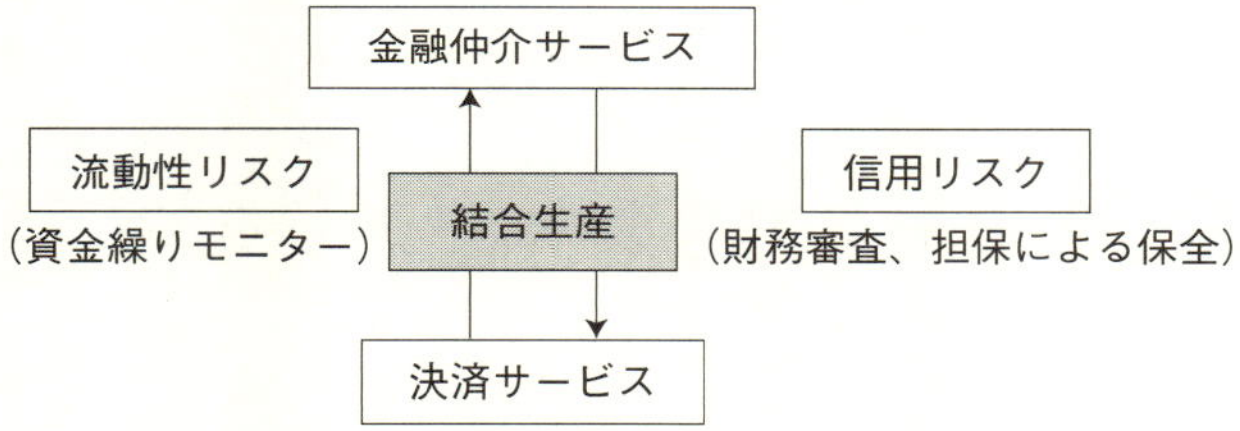

〈銀行間取引におけるカウンターパーティリスクの削減〉

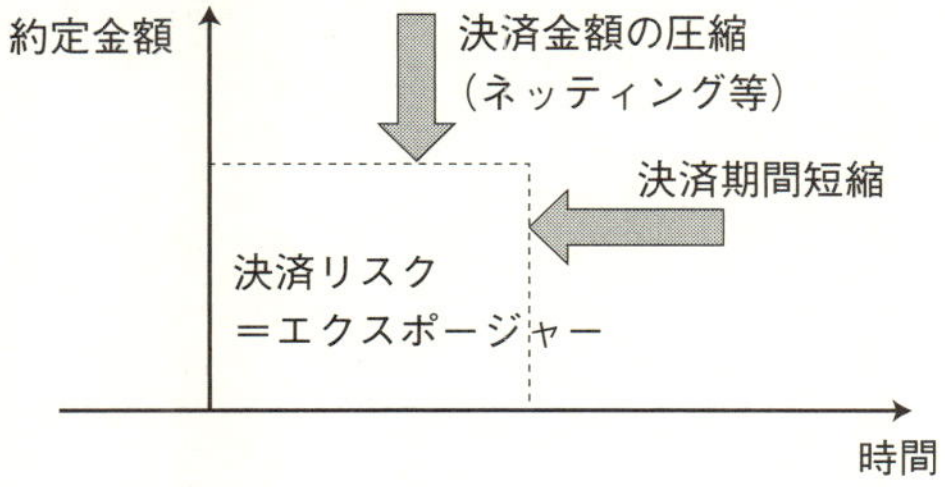

かえって利用者の利便性等の抑制につながっている面も否定できません。

ハ　法的リスク

次に、法的リスクについては、銀行の法務担当者としては、かつては可能な限り責任を限定しようという考えに陥りがちでした。

たとえば、わが国の銀行取引約款には、顧客が一方的に負担を負うような片務的な規定が盛り込まれている例も見受けられました。これに対しては、約款制定当時から、法律学者等による強い批判がありました。経済的に考えても、障害が生じたときの損害負担のルールについては、障害を回避するための措置を講じることが可能な側に責任を負わせるほうが、社会全体としての効用が高まります。顧客に過度に負担を負わせると、リスク回避のために利用が縮小していくおそれがあることにも留意が必要です。

また、銀行間決済のファイナリティを強調する立場から、「電子的資金移動（EFT：Electronic Fund Transfer）」において、仮に誤振込みがあっても原則として巻戻しを行わない等、銀行の負担を極度に否定する考え方が示されたこともありました。これに対しても、法律学者等による強い批判がありました。経済的に考えても、決済サービスは取引を完了するための手段なのですから、銀行間決済におけるオペレーションについてのみ不可逆性を強調することは本末転倒となるおそれがあります。むしろ、顧客が取引と入金を突合できてはじめて、決済本来のファイナリティが満たされるものと考えられます。

ニ　カウンターパーティリスク

決済におけるカウンターパーティリスクは、決済の処理プロセスの途中で、当事者の片方が破綻したような場合に、それに伴う損失を他方が被るというものです。このリスクの大きさは、その時点で未決済となっている金額である「エクスポージャー」の大きさに対応して決まります。したがって、リスクを削減するためには、決済金額の圧縮や決済期間の短縮が方策となってきます。

一方、決済リスクが生ずる局面としては、銀行が顧客に対して提供する決済サービスにかかわるものと、銀行間の決済にかかわるものとがあります。これを対比すると、銀行間決済では、決済対象となる取引の約定金額がきわめて大きく、カウンターパーティリスクの管理が決定的に重要です。とりわけ、ある銀行が支払不能となった場合、その銀行から渡される資金を計算に入れていた他の銀行も支払不能に陥り、さらにそれが他の銀行に波及するというシステミックリスクにつながるおそれがあることは重要です。

このため、わが国の銀行間決済については、日本銀行を中心に、「リアルタイムグロス決済(RTGS：Real Time Gross Settlement)」の拡張が進められてきました。従来、銀行をまたがる支払指図については、個々に日本銀行当座預金の振替えにつなげるのではなく、一定期間は未処理のまま銀行ごとにプールしておき、その合計額について銀行間のネット計算を行ったうえで、日中の一定時刻にその差額について日本銀行当座預金を振り替えるという「時点ネット決済(DTNS：Designated-Time Net Settlement)」が行われてきました。これは、銀行間決済の情報処理に伴う費用を削減する効果をもちますが、エクスポージャーが積み上がるので、個別行に突発的な事故が生ずれば、多くの銀行に影響が波及することにもなります。

そこで、リアルタイムグロス決済を拡張し、顧客の支払指図を可能な限り即時に日本銀行当座預金の振替えにつなげることになりました。ただし、個別の支払指図のすべてについて、日本銀行当座預金口座間でリアルタイムの振替処理を行うときわめて費用が高くなります。そこで、最初は銀行間、次いで銀行の顧客からの一定額以上の大口の振込みに限り、リアルタイムグロス決済の対象とされました。

他方、銀行と消費者等の間の決済は、そもそも個別の約定金額が小さいのですが、これまでのわが国の銀行実務では、ここでも、一律にカウンターパーティリスクをとらないこととしてきました。これは、預金の決済と電子現金の対比について前述したように、対顧客決済と銀行間決済が直列で取り扱われてきたというオペレーションと対をなすものです。

ホ　金融市場インフラのリスク

現在の決済システムはハブ＆スポーク型のネットワークとなっており、「金融市場インフラ」と呼ばれる機関がハブに当たるシステムを運用しています。わが国においては、預金による決済や国債売買の決済については日本銀行がこうした機能を果たしているほか、その他の金融商品の取引の決済については別途の取引所等が担っています。ハブ＆スポーク型のネットワークにおいては、ハブである金融市場インフラに支障が生じた場合、システム全体に悪影響が及びます。金融市場インフラは、こうしたシステミックリスクとともに、個別の企業として、オペレーショナルリスク、法的リスク、カウンターパーティリスクを抱えています。

②　わが国における決済リスクの管理のあり方

イ　銀行における統合管理

わが国の預金による決済システムに関しては、これまで、リスクの削減と管理のための努力が積み重ねられてきました。ただし、これらは、オペレーショナルリスク、法的リスク、カウンターパーティリスクという分野ごとの努力という色彩が強かったように見受けられます。今後は、各リスクの抑制手段を組み合わせて柔軟に取り組んでいく必要があると考えられます。

第一に、オペレーショナルリスクと法的リスクについては、その対処手段の代替性に留意することが重要だと考えられます。たとえば、障害が発生した際に顧客に生じた損害を銀行が賠償する旨の契約としておけば、システムの運行管理で過度に完璧を目指さずとも、顧客からの信頼はある程度維持することができます。オペレーショナルリスクの削減をあまりに厳密に追求すると、それに要する費用はリスク削減の程度に比して加速度的に増加しますので、銀行としては、むしろ障害時に責任を負うこととしてでも、システム的な備えを一定限度にとどめておくほうが経済合理性に合致するのではないかという考え方です。

第二に、決済サービスにおけるカウンターパーティリスクについても、それへの対処と、金融サービスに伴う信用リスクの引受けとの間では、いろいろな組合せが考えられることに留意する必要があると考えられます。

この点について、まず、顧客と銀行の間の決済をみると、個別の取引金額が小さいうえ、銀行単位では、多数の取引間で受払いが相殺され、ある時点での未決済残高がふくらまないという面もあると考えられます。そうであれば、個別の約定ごとの決済リスクの削減に大きな費用をかけるよりも、信用リスクを伴う金融サービスを提供するほうが合理的な場合があると考えられます。たとえば、欧米の銀行では、個人小切手を認めてきました。これは、支払時には残高確認をしていないのでカウンターパーティリスクが発生していますが、小切手の発行にかかる手数料等により、総合的に採算を確保しているのです。現在のわが国に導入すべきだと考えているわけではありませんが、決済サービスの提供にあたって信用リスクを引き受け、顧客へのサービス提供につなげているという点では、参考になると考えられます。

一方、銀行間決済については、銀行全体としての決済に支障が生ずる場合は、決済金額が大きく、他の銀行の資金繰りに直ちに影響するので、たしかにシステミックリスクにつながるおそれがあります。この点については、決済システムへの参加銀行が仕向超過額に見合う担保を提供することで備えがなされています。そのうえで、日常的に銀行の資金繰りを監視している中央銀行による貸出がセーフティネットとなっています。したがって、決済を円滑化するために信用リスクを積極的に引き受けて管理する余地は小さいとみられます。

第三に、オペレーショナルリスクに関しても、金融サービスに伴う信用リスクと組み合わせたリスク管理がありうることに留意する必要があると考えられます。たとえば、顧客向け決済に関し、コンピュータシステムに障害が生じたとしても、受払い自体が不可能となるのではなく、遅延するだけであるような場合があります。このような場合には、遅延期間に見合う融資を提供することで、顧客には影響を与えないようにすることも考えられます。

銀行間決済についても、障害の種類に応じて考えていく必要があります。たとえば、銀行全体として問題が生じたのではなく、顧客による個別の支払指図の伝達に支障が生じた場合、その支払指図について、顧客利便を重視して繰り戻すか、ファイナリティを重視してそのまま決済を完了するかという論点があります。この場合、そうした決済サービスの二者択一だけではなく、被仕向銀行が入金先に当座の融資を行っておくという選択肢も考えられます。

このように、決済サービスにおけるリスクを、個々の決済処理ごとに極限まで削減しようとするよりも、リスクを伴う金融サービスを提供することとの組合せ等によって、より効率的なリスク管理を行うことが可能となる場合があります。こうした処理を柔軟に行うことは、決済サービスと金融サービスの統合生産という銀行本来の業務の一環だと考えられます。

ロ　決済ネットワークにおける情報処理の手順

わが国では、決済ネットワークの運用にあたっても、以上のような決済リスクの統合的管理に対応して手順を見直していく余地があると考えられます。

まず、オペレーショナルリスクの管理に関し、預金による決済の運行手順を振り返ってみますと、コンピュータシステムの面では、わが国では、預金に関する情報更新の段階ごとに必ず対象口座をロックして行うものとされています。また、個別の振込みに関する情報処理にあたっても、振込人の預金残高の確認、送金元の銀行の自己勘定への振替え、送金先の銀行への通知、振込先の預金残高の増額という手順を厳格に守る「本残主義」と呼ばれる考え方がとられています。こうした手順がとられている理由に関しては、わが国では、コンピュータによる情報処理について、かつての総勘定元帳方式の手作業をそのままシステム化しているのではないかと考えられます。

また、被仕向銀行の預金残高が増額されても、振込先の口座保有者への入金通知は行われないことが普通です。これは、わが国では、もともと預金通帳方式であったため、銀行は入金処理を行うだけであり、入金確認のために顧客が記帳しなければならなかったことが、そのままシステム化されているのではないかと考えられます。欧米の銀行では、もともとステートメント送付方式であったため、顧客に入金通知を行うことは当然だったことと対照的です。

オペレーショナルリスクの管理の観点からは、こういったシステムは、障害時のバックアップ体制への移行の迅速性等のメリットがありますが、開発当初のコンピュータの能力に応じて開発されたプログラムがレガシーとなっていること、通信手順等が銀行界独自のものとなっていること等のデメリットを抱えています。

一方、カウンターパーティリスクの管理に関しては、銀行間決済ではシステミックリスクの抑制が最重要であるのに対し、対顧客決済はリスクをとったビジネスであることにも留意する必要があります。金額の大きな銀行間決済では、カウンターパーティリスクは決定的に重要です。このため、リアルタイムグロス決済化が進められてきました。しかし、わが国の銀行では、対顧客決済でも、金額を問わず信用リスクを回避し、すべての決済のオペレーションで一貫して本残主義をとっています。また、わが国では振込みが中心で、引落しの役割が個人口座からの公共料金引落し等に限定されていることも特徴です。

こうした手順を厳守していると、顧客による支払指図を大量に処理するような決済サービスについては、コンピュータへの負荷が大きくなります。その結果、コンピュータの負荷を克服するためのシステム開発の負担が、顧客への決済サービス提供や信用リスクの抑制による利益を上回ることになりかねません。これは、銀行にとって、デジタルイノベーションの事業化の阻害要因となるおそれがあります。

ボックス5　銀行法による業務規制

①　デリバリー・チャネル規制

イ　銀行サービスのデリバリー・チャネルの拡大

銀行サービスのデリバリー・チャネルに対する規制を振り返ってみますと、かつては店舗の窓口で預金等の取扱いをしていたことに対応し、店舗の設置に認可を要することとされていました。当時は、預金金利が低位に規制されていたので、預金集めの拠点となる店舗の設置認可が銀行に余剰利得をもたらしていました。店舗外のＡＴＭ等も銀行ごとに設置されることが多かったのです。

しかし、一九八〇年代以降は、情報通信技術の進歩につれて、電話や通信回線を通じた銀行サービスの提供が拡大するようになりました。その際に問題となったことが情報セキュリティの確保方法でした。これに対応し、銀行規制の面では、店舗規制の延長線上で、利用者からのアクセスをチェックする方法を特定する「機械化通達」が発出されました。これは、銀行サービスのデリバリー・チャネル拡大にお墨付きを与える効果もありましたが、暗号技術等の技術革新を活用する際の阻害要因ともなっていました。とりわけ、銀行の担当者にとっては、一九九〇年代後半のインターネットの商業利用の拡大やＩＣカードの普及に対応したアイデア提示を抑制するものとなっていました。

そこで、当時講じられた措置が、官民共同の組織である金融情報システムセンターや電子商取引推進協議会におけるプロジェクトでした。これによって、銀行や関連企業は、政府による規制を懸念せずに実証実験を行えるようになったのです。さらに、一九九七年から一九九八年には、銀行法の全面改正が行われるとともに、それまでの金融行政全般の見直しが行われ、銀行サービスのデリバリー・チャネルが自由に設定できるようになりました。

当時の銀行は、こうした改革のもとで、店舗を削減したり転貸したりする一方で、ＡＴＭの設置台数の増加等によって、低コストのデリバリー・チャネルへのシフトを進めていきました。また、個別銀行に加えて、コンビニエンスストアのＡＴＭが広範に設置されるようになりました。これには、多数の銀行の共同チャネルとしてベンダーにより設置されたものや、専業として設立された銀行により設置されたものがあり、住宅街に多く設置されていること、二四時間営業であること等から、利用者に多大な利便性をもたらしました。このほか、インターネットバンキングも急速に普及し、インターネット専業銀行も設立されました。このように二〇〇〇年前後には、デリバリー・チャネルの革新が進み、新規参入者との競争も進展していました。

ロ　銀行代理店制度

しかし、わが国においては、二〇〇〇年代半ばになると、銀行のデリバリー・チャネルの革新が減速してしまったように見受けられます。

その第一の例としては、キャッシュアウト・サービスがあげられます。これは、欧米ではかねてから一般的なサービスであり、わが国でも、上記の改革に伴い、銀行の管理下にない機器を通じて預金の受払いを行うことが可能となっていました。しかし、わが国では、現在まで、この認識が浸透せず、キャッシュアウト・サービスが実施されないままでした。

その要因の一つとして考えられることは、二〇〇六年に導入された銀行代理店制度です。この制度改正は、本来、銀行サービスのデリバリー・チャネルを多様化し、顧客利便の向上を図るため、銀行代理店の担い手の拡大を目指すものでした。しかし、その際、所要の規制の整備の一環として、銀行代理業は、

・人的構成等に照らして、銀行代理業務を的確・公正・効率的に遂行できる能力および十分な社会的信用を有すること

・銀行代理業を遂行するために必要な財産的基礎を有すること

・他業の兼営により銀行代理業の適正・確実な遂行につき支障を及ぼすおそれがあると認められないこと

を要件とする許可制とされ、許可を受けた事業者には各種の義務が課されることになりました。また、委託元銀行に対しても、

・銀行代理店に対し、業務の指導その他の健全・適切な運営を確保する責任

・銀行代理店が顧客に与えた損害の賠償責任

が負わされることとなりました。

流通事業者等の立場からこうした制度をみますと、銀行代理店制度の導入に伴って、デリバリー・チャネルの革新に対する規制が強化され、キャッシュアウト・サービスへの新規参入が禁止されたものと受け止められたのではないかと危惧されます。このように、デリバリー・チャネルの多様化を目指したはずの銀行代理店制度導入によって、かえってイノベーションと競争を抑制してしまったきらいがあります。

② 業務範囲規制

イ　銀行グループの範囲

銀行法では、銀行の営みうる業務は法令で限定列挙され、それ以外の業務を営むことは禁止されています。また、銀行による株式保有についても、この延長線上で、一般的には相手先企業の発行株式に占めるシェアが制限されており、銀行が子会社等とできる企業は基本的に銀行の業務範囲に属する業務を営むもののみでした。銀行の業務範囲規制は、こうした銀行法の枠組みだけでなく、信託業務、証券業務、保険業務等の金融分野の区分や、独占禁止法における金融会社による産業支配の排除といったほかの枠組みとも連動し、非常に固定的なものとなっていました。

こうした規制は、金融と情報通信の技術革新、金融自由化の進展、不良債権問題の深刻化といった環境変化のもとで、意味が薄れていきました。一九九七年から一九九八年の銀行法改正では、こうした状況変化にも対応し、銀行持株会社や銀行を親会社とする企業グループを規制対象とするとともに、その業務範囲についても、金融関連業務として、電気通信業務を含む幅広い業務を規定しました。これは、当時の立法趣旨としては、情報通信技術や金融技術の革新に機動的に対応できるようにすることを意図したものでした。

ロ　電気通信業務の扱い

しかし、現実の銀行においては、上記のような制度改正にもかかわらず、こうした子会社が設けられることはありませんでした。その理由は不明ですが、一つには、銀行法による規制の明確化のために電気通信事業法の概念を援用したことが、事業者からみた規制環境をわかりにくくしたことがあるのではないかと考えられます。

すなわち、銀行法の他業禁止違反には刑事罰が科されるため、銀行グループの営むことのできる電気通信業務の定義には高度の明確性が要求されます。また、銀行による伝送路設備の保有を排除することは当然の前提となっていました。そこで、銀行法の施行規則では、「第二種電気通信事業」という定義が採用されました。一方、電気通信事業法においては、銀行業務が適用除外と規定され、同法の執行においては、インターネットバンキングは電気通信事業に該当しないという解釈が示されていました。また、二〇〇四年に施行された電気通信事業法改正においては、第二種電気通信事業という概念そのものが廃止されました。

事業者の立場からこの両者を併せ考えますと、インターネットを通じて銀行サービスをデリバリーする際に用いるソフトウェアを提供する業務がどのような規制環境に置かれるか不明確だったのではないかと危惧されます。

つまり、規制法を制定する立場からすれば、規制の対象とする必要があるかどうかという観点から検討し、その必要があると判断される業務に限って、その法律ごとに定義することになります。それ以外の業務については、その法律による規制の対象としては特定しておらず、何も決めていないことになります。この考え方からは、定義されていない業務については、事業者が自己責任でさまざまな可能性に取り組めばよいということになります。

一方で、わが国の事業者は、法律により定義された業務について、必要とされる登録等の義務を果たすことで、はじめて事業として実施できると考える傾向があります。法律による定義のない業務については、事業開始後に規制されるリスクを考えると、政府によってレールが敷かれない限り、準備のための投資等を行うことが困難だと受け止めることになります。
電気通信業務が銀行法上の金融関連業務に該当するかどうかという論点については、規制法の性格に関するこうした齟齬があったのかもしれません。

ハ　海外送金業務

一方、免許を得ていない事業者による行為が銀行法違反とされるかどうかについては、海外送金等を行う事業者に対し、いわゆる「地下銀行」として、警察当局による取締りが行われていることが問題となります。こうした取締りは、さまざまな犯罪捜査の一環として行われるものであり、銀行法の法目的を達成するためだけに行われるものではありません。また、その結果、起訴されるか否かについては、起訴便宜主義が妥当するため、事前の明確な基準はありえないことになります。

新たなサービスの提供を目指す事業者からみると、こうした執行体制は、法的リスクの予見可能性を縮小させ、イノベーションを抑制する効果をもつと考えられます。たとえば、コンビニエンスストアにおける収納代行と地下銀行による海外送金について、「顧客から、隔地者間で直接現金を輸送せずに資金を移動する仕組みを利用して資金を移動することを内容とする依頼を受けて、これを引受けること、又はこれを引き受けて遂行すること」という為替取引の定義に基づいて対比を行い、刑事罰を科すべき構成要件に該当するか否かの線引きを行うことは、事業者には困難だと考えられます。

この分野については、ヨーロッパでは、決済サービスの規制に関する横断的な制度整備が行われており、わが国でも、その方向での検討が開始されています。デジタルイノベーションの促進の観点からは、こうした制度整備を早急に進めることが期待されますが、同時に、具体的な執行体制についても、政府全体としての調整が必要だと考えられます。

第五章

金融市場とブロックチェーン

(1) 金融商品と金融市場

① 預金と金融商品

預金による決済システムに関するこれまでの説明では、預金の価値が銀行間で均一であり、中央銀行による金融調節や政府の関与によって時間的にも安定していることが重要であると述べてきました。これは、これまでの情報通信技術のもとで、決済にかかわる情報処理のオペレーションを効率的に行うためには重要な前提でした。

一方で、預金は金融商品でもあります。この側面では、外貨預金等のほか、企業等の発行する株式や債券とも競合関係にあります。外貨預金については、店頭市場で活発な取引が行われ、価格変動が外国為替相場というかたちで示されています。また、株式や債券等のうち一定のものは、市場において取引され、価格が常に変動しており、そのことが発行体の経営方針に影響を与えます。これが金融商品による市場規律ですが、発行体が政府であれば政治的決定機構の当事者、企業であれば人的資本の提供者は、金融市場の参加者とは異なる誘因をもっていますので、双方の間で緊張関係が生じます。

金融市場においては、金融商品の取引を完了させるために特別な決済システムが構築されています。財・サービスの取引を完了させるタイミングの調整等のために金融商品が用いられる理由は、前述のように、金融商品が、一般の財・サービスに比べ、より広く取引され、より効率的に決済できることにあります。契約の束である企業の取引活動を支えるためにも、決済システムが整備された金融商品を用いることが有効だということになります。

他方、情報通信技術の観点から金融商品をみると、典型的なデジタル資産だということができます。金融商品の取引にあたっては、かつては預金通帳や株券のような紙媒体が用いられていましたが、現在では、基本的に電磁媒体によって金融商品の取引が行われるようになっています。このため、情報通信技術のトレンドが自律分散処理に向かっていることは、金融商品の取引にも大きな影響を与えることになります。

そこで以下では、金融商品の機能と、その取引の決済に関する説明を行います。そのうえで、情報通信技術の進歩をふまえて、預金による決済のシステムと金融商品の決済のシステムとを対比します。さらに、ブロックチェーン等によるデジタルイノベーションがこうした流れにどんな影響を与えるかについて考えることとします。

② 金融商品の特性

金融商品と預金を対比すると、金融商品は価格が変動することが異なります。一方、金融商品と財・サービスを対比すると、まず、金融商品では価値の評価が人々に共有されている点に違いがあります。人々が財・サービスのかわりに金融商品を受け取る理由は、それを第三者に転売すれば確実に通貨に替えられることにあるのです。また、金融商品のもう一つの特性は、引渡しが容易であることです。このことは、財・サービスの取引の決済のタイミングを操作する必要がある場合、財・サービスの引渡しのタイミングをずらすよりも金融商品の取引を行うほうが経済合理的となる理由です。

こうしてみると、金融商品が取引される基礎は、その取引のための市場や決済のシステムがきちんと機能していることにあることがわかります。企業に対する貸出等は、わが国ではそれ自体としてはあまり取引されませんが、これらを原資産として市場性のある金融商品に転換する「証券化」が広く行われています。さらに、金融商品の価格変動自体を取引の対象とするデリバティブも数多く開発され、金融市場で広く取り扱われています。

③ 金融商品の価格変動

金融商品の価格を規定する要素をあげますと、まず、発行体の経営に関与する権利があるかどうかがあげられます。前述したように、企業金融においては、残余請求権者が最終的な決定権をもつことが鉄則です。ある決定によって損失を被る可能性がある人にその決定を左右する権利が与えられなければならないということは、資本主義社会の基本原則です。

この点について、株式をみると、元本や配当が業績に応じて事後的に変動する一方で、発行企業の経営に関与する権利が賦与されています。これとは対照的に、債権は、元本返済や利払いの内容が事前に確定している一方で、債務者の経営に関与する権利が賦与されていません。ただし、倒産手続に入ると、債権者は、損失を被る可能性が生ずるかわりに、倒産計画に対する決定権をもつことになります。つまり、倒産手続を経済的にみると、債権の株式への転換である「デットエクイティスワップ」を一斉に行うことと等しいのです。こうした金融商品の性格は、市場で取引されているか否かにかかわらず、民事法で定められています。

こうした二分法のもとで、現実には、業績にかかわらず現在の経営体制を株主に支持してもらおうとする例もみられますし、債権と株式の中間的な性格をもつ劣後債や優先株のような金融商品もみられます。しかし、金融商品が市場で取引されていれば、そうした操作は価格に反映されることになります。わが国でも、投資家に対して閉鎖的な企業の株価は低迷する傾向にあります し、経営への関与の権利を伴う劣後債や優先株の利回りは一般の債券よりも高くなっています。

金融商品の価格を規定する第二の要素は、金融商品を発行している企業等の業況です。企業の業況が悪化すれば、株式では価格下落、負債では借入金利の上昇や市場価格の下落が生じます。こうした機能は経済社会にとってきわめて重要ですので、市場で取引されている金融商品については、価格を発見する機能を確保するため、適正な情報開示をはじめとする規制の枠組みが設けられています。

金融商品の価格に影響する第三の要素は、マクロ的な金融市場の状況変化です。市場金利の変動は、直ちに企業の借入金利に影響しますし、事業の損益を通じて株価にも影響します。また、インフレーションやデフレーションは、名目利子率を変化させますし、企業の保有する資産の価値の変動を通じて株価にも影響します。さらに、これらの変動は外国為替相場に反映され、輸出入の価格競争力や国内外への投資判断にも影響を及ぼします。

マクロ的な金融市場の状況は、金融政策や財政運営によって変動しますので、金融市場関係者の関心は、こうした短期の政策スタンスに集中しがちです。しかし、これまでも述べてきたように、長期的には、実質金利は潜在成長率に収斂することになりますので、経済社会の将来を考えるうえでは、経済の供給力に着目することが必要です。この観点からは、企業がどのような金融商品により資金を調達しているか、発行した金融商品を通じてどのように規律づけられているかが重要だと考えられます。

④ 金融商品の市場と公正性確保の枠組み

金融商品は、財・サービスと異なり、それ自体では具体的な効用をもたらさない一方で、預金と異なり、価格が頻繁に変動しますので、取引を行う人からすれば、十分な情報を得たうえで、利益を得る見込みがあると判断すれば直ちに購入できる一方、損失を被るおそれがあると判断すれば直ちに売却できることが不可欠です。

しかし、こうした要件は、市場に任せれば自動的に満たされるようなものではありません。そこで、政府としては、一定の金融商品については、広く一般の投資家が適時に売買できるようにするための枠組みを設けています。具体的には、市場での公正な取引が常に成り立つようなインフラストラクチュアを整備することと、情報が公正に行き渡るための規制を行うこと等です。

わが国の金融商品取引法では、こうした市場整備の対象として、預金、デリバティブ、株式、債券等を個別に限定列挙し、取引の公正性を確保するための規制を及ぼすこととしています。また、そのうち一定の株式や債券等を「有価証券」と呼び、会計監査や有価証券報告書等の情報開示の枠組みを設けています。民事法上の債務等を出発点として、規制の範囲の明確化のために限定列挙を行っていることが特徴です。このようにわが国の金融商品取引法が市場整備の対象を限定列挙の方式をとっていることは、アメリカ等の枠組みと著しい対照をなしています。これは、規制の最終的な担保を刑事制裁によっていることに伴うものと考えられます。民事上の措置を含めて、市場整備の対象を柔軟に決めることができるアメリカの法制度と比べると、金融分野のデジタルイノベーションに対応していくうえで立遅れを招きやすいものと考えられます。

(2) 企業と金融市場

① 金融商品の価格変動による市場規律

金融市場における価格変動は、十分な情報のもとで公正に取引が行われる場合、経済社会の情報が集約されたものとなっているので、発行者に対して市場規律をもたらすことになります。

金融商品のうち、株式については、証券市場で取引されていなくとも、経営者の任免等に関する議決権等の権能が賦与されています。しかし現実には、経営者の同族や取引先等の安定株主がかなりの比重を占めており、少数の株式しかもたない一般株主が議決に影響を与えることは困難な場合があります。この点、株式が証券市場で取引されていれば、業績や経営方針に不満をもった株主は、自らの株式を市場で売却できます。その結果、株価が下落すれば、安定株主にも損害が生じ、経営者に行動の見直しを求めることになるのです。このように、金融市場における価格変動は、それ自体で、発行体の経営に影響を与えます。

したがって、経営関与の権能が賦与されていない金融商品である債券等であっても、市場で価格が形成されることを通じて、発行体の経営に影響を与えることができます。たとえば、企業の業況が悪化すれば、発行している社債の価格が下落し、経営者に対し財務再構築を迫ることになります。こうした金融商品による市場規律は、企業に関する情報を集約し価格変動に反映させることにより、企業経営を早期に見直す契機となりますし、資金繰りにも影響してきますので、企業の新陳代謝にもつながります。

しかし、金融市場における価格変動がマクロ的な金融市場の状況変化による場合には、異なる現象が生じます。たとえば、金融政策によって長期金利が変動すれば、経営者の投資等に対する誘因は、資金調達の費用の増減を通じて影響を受けますが、経営者が自らの経営方針を見直す動機づけとはなりません。

こうした市場規律は、国債の発行者としての政府にも同様に働くものと考えられます。この点について金融政策の性格を振り返ってみますと、預金を通ずる決済システムが経済社会のインフラストラクチュアであることを利用して行われている需要管理政策です。その効果を、預金による決済システムの機能に沿って確認しますと、金融緩和によって決済の時期を将来に先送りできる金融商品が割安に供給されることで、取引が行われる時期をより前倒しにできるようにするということになります。こうした金融緩和の効果は、企業や個人に対しては当然有効だとされており、経済合理性から考えると、政府に対しても、同様に有効なはずです。

もちろん、政府の行動は政治的決定機構により定められますので、実質金利が低下しても、政府だけはあまり影響されないという可能性もあります。しかし、そうではない可能性も十分にあることは、ユーロ導入により国債の金利が低下した時期の南欧諸国の財政運営をみれば明らかです。これらの国々は、ユーロの導入により、国債発行利回りがドイツ並みに低下しました。こうして低下した資金調達費用に安住した結果、資産バブルの発生とともに、政府支出の膨張を招き、債務危機に陥りました。こうした事例は、長期金利の低下が政府の支出増大に向けた誘因をもたらすことに注意していく必要があることを示しています。

② 金融市場と企業の新陳代謝

企業のステイクホルダーの行動と市場の状況の関係については、各々の接続する市場の流動性が小さければ、相対的に合理性がなくともステイクホルダーが固定化しやすくなりますし、流動性が大きくなれば、ステイクホルダーの参入・退出が行われやすくなります。

この点について企業を取り巻く市場を比較すると、一般的に、労働市場よりも金融市場のほうが流動的だとみられます。一方、企業の内部をみますと、従業員については、企業特殊的な基礎知識の蓄積に伴って、企業にとどまることの利益が転職することの利益を上回るため、企業にロックインされてしまう傾向があるとみられます。経営者は、任免の状況により異なりますが、内部昇格の場合には従業員に近い行動をとりがちです。

これに対し、株主は、上場企業であればいつでも株式を売却して退出できるため、より機動的な行動が可能です。債権者も、かつてのメインバンクのような場合でない限り、これに近い状況にあります。以上から、企業の新陳代謝は、まず金融市場と物的資本の関係に変動が生じ、その対応のために人的資本の再構築が行われるというパターンが通例となります。

一方、企業の資本と負債について、金融市場の変動という観点から比べますと、上場企業では、投資家や株主の行動に伴う株価の変動がまず生ずるのに対し、非上場企業では取引先企業や銀行の行動に伴う資金繰りの変調がまず生ずるという違いがあります。また、金融商品としてのリスクとリターンの関係を比べますと、資本はリスク中立的であるのに対し、負債はリスク回避的だという違いがあります。

このため、企業の新陳代謝に対しては、この両者は対称的な機能をもつことになります。つまり、企業の行動が過度にリスク回避的であれば、資本面で変動が生じ、公開買付け等による企業

図表6　企業の新陳代謝のメカニズム

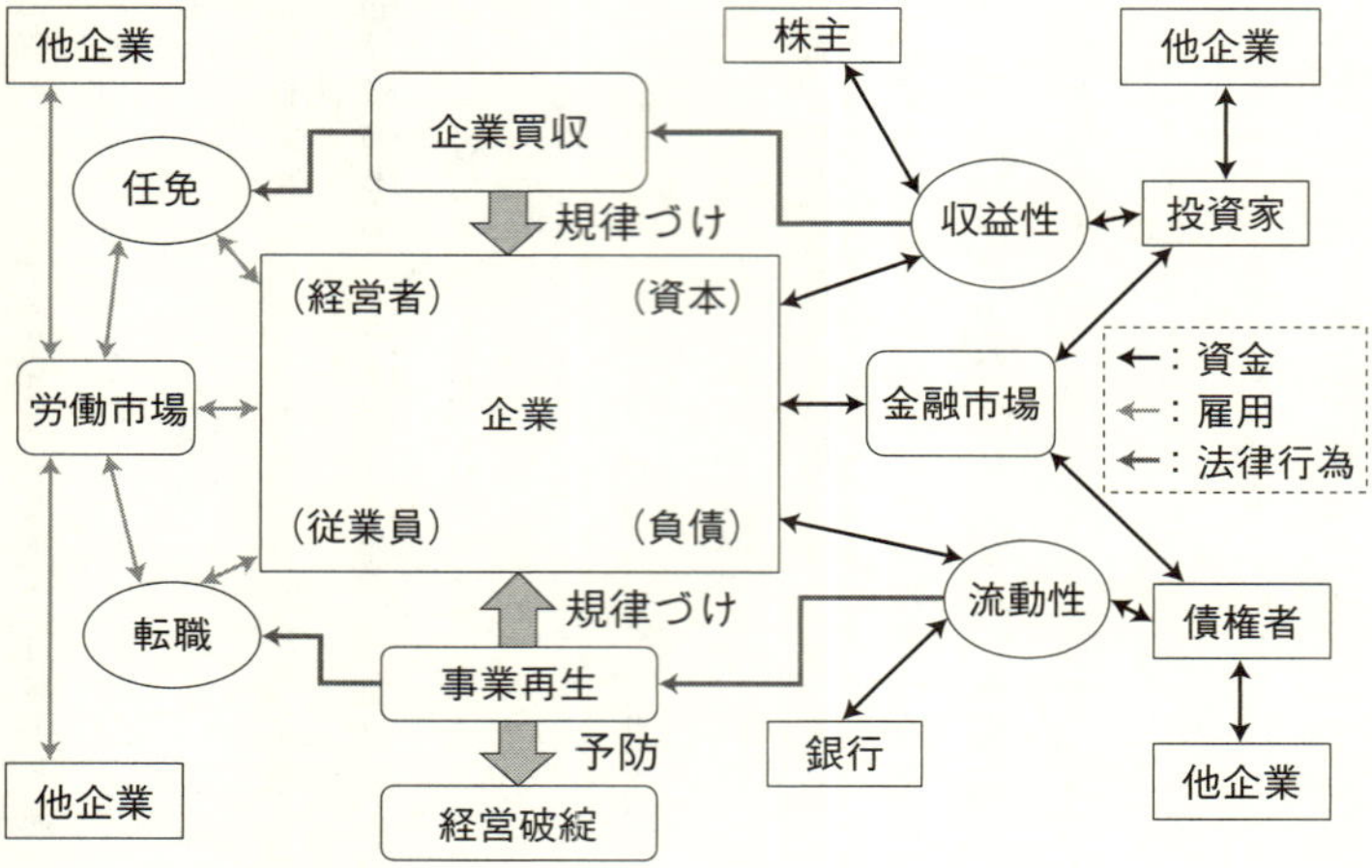

買収の対象とされるでしょうし、過度にリスク選好的であれば、負債面で変動が生じ、倒産手続等による整理の対象とされることになります。企業の経営者としては、いずれの事態にも陥らないように規律づけを受けることになります。

以上を図示すると、図表6のとおりです。ここからは、個別の企業としての最適化だけではなく、経済社会全体としての最適化を考える場合には、金融市場の機能をよりよく発揮させるために、企業買収や事業再生の制度整備が重要であることがわかります。

(3) 外貨取引と決済システム

① 外貨預金の決済のネットワーク

利用者からみれば、外貨も価格の変動する金融商品の一つです。その取引の形態としては、証拠金を事業者に預託して差金決済による売買を行う外為証拠金取引等が行われていますが、投資家の主要な関心事項は、価格変動による損益であるように見受けられます。この本の議論からは、財・サービスの国際的取引の決済手段としての外貨預金が重要です。

そこで、まず利用者の立場から、支払手段としての外貨預金をみますと、わが国の預金を相手国の通貨に変換することを除けば、国内の預金による決済とおおむね同じです。しかし、銀行間の清算については、国内の預金による決済では、銀行が中央銀行に置く当座預金を利用するのに対し、外貨預金による決済では、相手国の中央銀行に口座をもっていない銀行が、その国の銀行に決済の代行を依頼することが少なくありません。このように、別の国の銀行のために決済を代行する銀行のことを「コルレス銀行（Correspondent Bank）」と呼んでいます。

こうしたことから、外貨預金による決済に際しては、通常の送金手数料に加え、外国為替相場の変動の影響を受けたり、為替手数料を負担したりすることになるほか、コルレス銀行を経由することに伴って、その手数料がさらに上乗せされることになります。

② 銀行間の清算のオペレーション

外貨預金による決済のための銀行間の清算システムに関しては、ネットワークを構成する銀行間でスタンダードの共有が必要になります。

この点に関し、まず、オペレーションの側面をみますと、海外送金の指図の処理にあたり、かつては通信手段が銀行ごとに違うこと等から、送金できないことが多かったようです。そこで、銀行間送金のコンピュータ処理に関する世界共通のプラットフォームとして、「SWIFT」(Society for Worldwide Interbank Financial Telecommunication：国際銀行間通信協会)が設立されました。これは、世界二〇〇カ国以上の国や地域で使用されている標準的取引方法を提示しています。具体的には、金融メッセージングのためのプラットフォームとフォーマットの標準とともに、ネットワークへのアクセスと業務との統合、認証、データ分析、法令遵守を容易にする製品やサービスが提供されています。そのなかでも、国内外の銀行を識別するための識別コードや、「IBAN」(International Bank Account Number)と呼ばれるコードにより、銀行口座の所在国や支店、口座番号を特定することが可能となっていることが重要です。

こうした番号管理は情報ネットワークの要となるものであり、たとえば、欧州共同体における統合決済システムである「ＳＥＰＡ」(Single Euro Payment Area) においても、ＩＢＡＮをユーロ圏内の決済に用いるための情報サービスが提供されています。

③ カウンターパーティリスクへの対応

一方、銀行間の清算におけるカウンターパーティリスクについてみますと、決済手段として外貨預金を置いているコルレス銀行が破綻してしまった場合には、仕向銀行にも大きな損失が発生するおそれがあります。そこで、個々の銀行としては、利用先のコルレス銀行の経営状況を監視し、倒産などの危険が生じていると判断した場合には、コルレス先を別の銀行に変更する等の行動をとることになります。こうした危機対応が他の銀行等に伝染していった場合には、グローバルな金融危機につながるおそれがあります。このリスクは、とりわけ世界的金融危機に際して顕在化しました。当時強く懸念されたことの一つは、国際的に活動する銀行や企業の外貨の資金繰り難だったのです。

そこで、各国の中央銀行は、相互に通貨スワップ協定を結び、自国の銀行に対し外貨建ての融資を行いました。たとえば、日本銀行は、円建ての国債を担保としてＦＥＤからドルを借り、わが国の銀行にドル建ての融資をしました。こうした中央銀行間の国際協力の枠組みは、危機時の臨時的対応にとどまらず、平時においても整備が重ねられています。

また、銀行間の国際的な決済についても、決済リスクを削減するための枠組み整備が進められています。具体的には、日米欧の中央銀行が共通して稼働している時間帯に、各々の中央銀行当座預金間の振替えを同時に行う「ＣＬＳ銀行（Continuous Linked Settlement Bank）」が設けられました。これは、銀行間の国際的な決済は、最終的には各国中央銀行の当座勘定間の振替えにつながりますが、その処理時間にズレがあれば、その間の未決済残高についてカウンターパーティリスクが生ずるからです。このため、異なる通貨建ての中央銀行当座預金の間で同時に相互の振替えを行うこととされたのです。

さらに、中央銀行の決済システムの運営にあたっても、グローバル化への対応が進められています。たとえば、日本銀行は、二〇一四年に更改した新しい日銀ネットについて、欧州における金融商品取引を同日に決済できるよう稼働時間を延長したほか、海外からの直接アクセスを容認しました。

(4) 金融商品の決済システム

① 金融商品の取引の決済

金融市場において決済システムを整備する際には、預金と異なり、一般の金融商品に価格変動があることが重要です。預金については、価格が均一で短期的変動がないことから、預金は決済の手段として用いられ、それ自体は取引の対象として観念されませんが、金融商品については、商品ごとの価格の相違や変動を前提として、取引の決済システムを構築する必要があります。

金融商品の市場においては、各投資家が金融商品取引業者を通じて行った取引の約定を金融商品取引業者ごとに照合し、取引の成立した価格を前提として取りまとめ、金融商品取引業者の間で清算を行うプロセスが設けられています。これはかなり煩雑な作業ですので、コンピュータを最大限活用しても、一定の日時が必要となります。そのうえで、取引の約定内容に従って、対価である預金については、金融商品取引業者間で相殺した後の金額を振り替える一方、金融商品については、購入した投資家に個別の金融商品の所有権を移転することになります。その際、未決済部分に伴うカウンターパーティリスクを抑制するために、金融商品とその対価の引渡しを同時に行うＤＶＰ処理が重要です。これは、商店で現金と引き換えに財・サービスを受け取ることと同じやり方ですが、金融商品の取引件数は膨大ですし、常に価格が変動していますので、大変な作業になります。

近年のわが国では、金融商品の取引の決済システムについて、情報通信技術の進歩を活用した効率化が進められています。金融商品の取引の決済については、紙媒体によることを廃止し、国債については日本銀行、それ以外の金融商品については民間の清算機関のコンピュータに登録のうえ、取引の決済時に所有者の名義を振り替えることとなっています。この点に関しては、銀行の保有する日本銀行当座預金間の振替えを行うシステムと、日本銀行の国債保管振替システムや民間の清算機関のコンピュータと「ＣＰＵ接続」により直接データをやりとりする仕組みとされていることが重要です。これによって、金融商品の決済システムにおいては、人手を介さない効率的なＤＶＰ処理が実現されています。

② 市場型取付け

これまで説明したような金融市場の枠組みは、金融サービスを提供するうえでとても有効です。預金を受け入れて貸出を行うという銀行の枠組みでは、預金の価値を変えないことが前提となりますので、リスクの大きい企業活動への資金供給には限界があります。その点、金融商品を用いるのであれば、価格が変動するので、投資家がリスクとリターンの組合せを工夫するとともに、企業に市場規律が十分貫徹すれば、より多様な企業活動を支えられる金融サービスを提供することが可能になります。

そこで、もともとは民事法上も有価証券に該当しないような貸出等の金融商品についても、取りまとめたうえで有価証券につくりかえる証券化の技術が発達してきました。このこと自体は、投資家や住宅購入者の多様なニーズに応える有効な技術革新です。しかし、証券化の拡大のプロセスで、オリジネーター、格付会社、保証事業者等、多種多様な金融事業者が参画し、「Originate to Distribute Model」と呼ばれる市場構造が成立しました。この市場では、それぞれが最終的なリスクを転嫁するかたちで事業規模拡大を追求したことから、さまざまな矛盾が拡大しました。リーマンショックを契機として、こうした矛盾が世界的金融危機につながったのです。

この問題を決済システムの観点からみると、「市場型取付け」が特に重要な論点です。これを図表7に沿って説明しますと、XやYのような金融商品取引業者が証券化に関する金融サービスを提供するためには、投資家に販売するための金融商品の在庫が必要だということが出発点となります。金融商品取引業者がこうした在庫をもつためには、その販売時期と仕入時期の間隔を埋めるに足る資金調達を行わねばなりません。

そのために行われる取引が「レポ取引」と呼ばれるものです。もともとは、在庫である金融商

図表7　レポ取引と市場型取付け

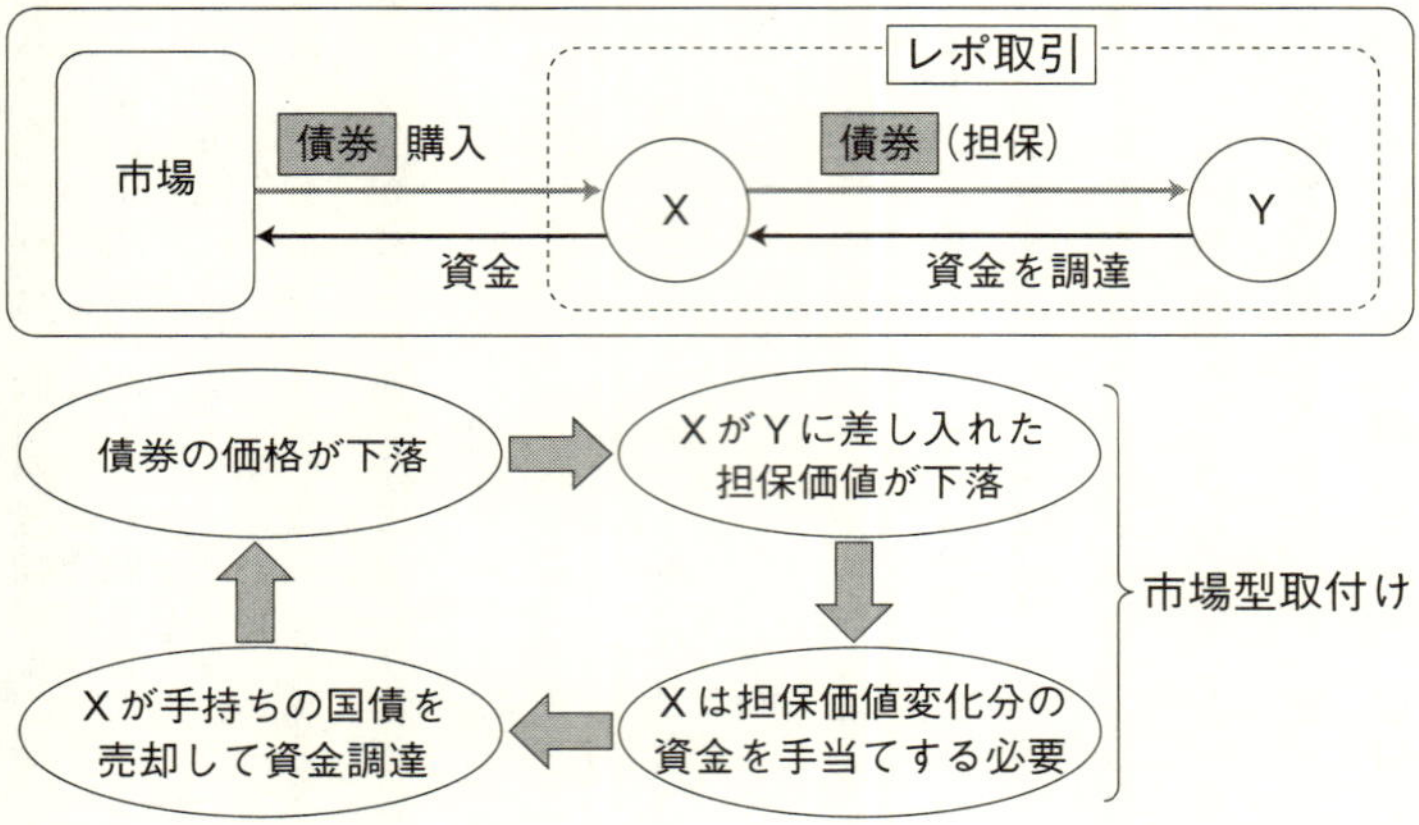

品を、本来の販売見込み時点に買い戻すという条件をつけて、一時的に第三者に売却するということでしたが、実態的には短期借入れと等しい効果を得ることができます。そこで、アメリカの投資銀行を中心に、さまざまな金融商品を多様な相手とのレポ取引に出すとともに、それによって調達した資金でさらに金融商品を買い増すことが行われ、レポ取引の残高がふくらんでいきました。

こうした取引に基づく投資規模の拡大は、金融商品の価格が下落すると、逆回転を始めます。つまり、金融商品取引業者がレポ取引で調達できる資金の額は、在庫として保有する金融商品の価格によって決まってきます。したがって、金融商品の価格が下落すると、調達できる資金の額も少なくなるので、その時点で保有している金融商品の在庫をもちこたえることができなくなります。そこで、金融商品取引業者は手持ちの金融商品を投売りするしかなくなり、その金融商品のさらなる価格下落を招きます。そうなると、その金融商品を使うレポ取引で調達できる資金の額がいっそう減少するという悪循環に陥ります。

その金融商品取引業者は、いずれ負の自転車操業が行き詰まり、資金繰り破綻を起こすという事態に至ります。そうなると、市場では、次にどこが資金繰り破綻を起こすのかという疑心暗鬼が広がり、取引がなかなか成立しなくなります。こうして、市場で金融商品の投売りが行われれば、成立する価格は極端に低くなり、悪循環がよりいっそうひどい状態になってしまいます。これが市場型取付けのメカニズムです。

それまで考えられていた「取付け」は、銀行預金の払出しが集中して、商業銀行が資金繰り破綻するというものでした。この現象に対しては、時間をかければその銀行が返済できることを前提に、中央銀行が貸出を行うことで対応することとされていました。これに対し、市場型取付けでは、資金を供給すべき相手が特定できず、市場で金融商品を買い入れねばならないうえ、事前にはその価格が正常に戻るかどうか確実ではないという問題もありました。それでも、アメリカのＦＥＤは、市場取引を成立させるために、大量の証券化商品を買い入れたのです。これは、金融政策としての量的緩和ではなく、金融システムの安定のための措置でした。

③ 金融市場インフラのリスク管理

こうした金融商品取引業者の破綻を一般企業の破綻と対比しますと、突然死に近いものであることが特徴です。破綻に至る直前まで、大規模な取引を行っていますので、破綻時点では、決済プロセスの途中にある取引が大量に存在していることになります。世界金融危機にあたっては、これをどう処理するかが金融商品の決済システムの課題となりました。

金融商品の取引の決済は、先ほど説明したように、清算作業等に時間がかかることが特徴です。世界的金融危機では、極度の価格変動と取引当事者の突然の破綻が生じましたので、取引から決済までの間のリスクが極端なかたちで顕在化したのです。そこで、危機後の規制改革に際しては、金融市場のインフラストラクチュアの強化が課題となりました。

まず、清算機関の財務基盤の強化です。金融市場における清算機関とは、市場で成立した各取引の相手方となり、債務を引き受け、決済の履行を保証する業務を行う組織です。つまり、金融商品の取引においては、各金融商品取引業者が、市場で成立した売買契約に基づいて、いったん清算機関を相手に金融商品と代金の引渡し義務を負い、日中に行われるさまざまな取引の決済に伴う受渡しを清算機関と金融商品取引業者の間で相殺し、相殺後のネット金額を決済機関に引き継ぐという手順がとられます。

これをオペレーションの観点からみると、これまで繰り返し説明してきたように、ハブ&スポーク型のネットワークとすることが情報処理からみて効率的だということになります。清算機関がハブであり、個別の取引当事者との間にスポークをもつかたちです。また、決済リスクの管理の観点からみると、清算機関は決済ネットワークのなかで、カウンターパーティリスクの伝染を遮断する役割を果たすことになります。つまり、この決済手順の途中で取引当事者が破綻した場合には、清算機関は、その契約相手であった当事者に対し、破綻会社のかわりに金融商品または代金を引き渡すことによって、取引の不履行が伝播していくことを防ぐことができます。

ただし、その際の問題としては、清算機関が破綻当事者にかわって金融商品を売買する場合には、新たに取引を行うことになるので、もとの取引の時点から価格が変動しているということがあります。リーマンショックのような金融危機の時期には、価格変動が極端に大幅になるので、清算機関の抱える価格変動リスクも著しく大きくなります。仮に清算機関が破綻するようなことがあれば、ハブ&スポーク型ネットワークのハブが壊れることになりますので、ネットワーク全体に大惨事が発生します。清算機関では、そうした事態が生じないように、取引参加者から事前に拠出金を積み立ててもらうとともに、それが枯渇した場合には、残った損失額を参加者が按分して追加負担するという枠組みを設けています。世界的金融危機に際しては、これで何とか乗り切ることができましたが、次にさらに大きな危機が生じた場合に備える必要があることが判明しました。損失額があまりに膨大だと、生き残っていた参加者が追加負担の結果、順次破綻していくことがありうるのです。

そこで、国際的な議論が行われた結果、「金融市場インフラのための原則（Principles for financial market infrastructures）」が二〇一二年四月に公表され、清算機関のリスク管理をさらに強化することとされました。清算機関がこれに沿って財務基盤を強化すれば、金融危機時に破綻するおそれは小さくなります。しかし一方、あまりに事前拠出等をふやしますと、その財源を負担する金融商品取引業者の手数料を引き上げることにつながります。その場合、平時には、清算機関で取り扱われる金融商品から投資家が逃げていくことになります。投資家が金融商品の市場をどう利用するかは、彼らにとっての経済合理性によって決まってきますので、これは、バランスをとることがなかなかむずかしい課題です。

一方、清算機関のリスクを削減するもう一つの手段としては、決済のオペレーションに要する作業時間を短くすることがあります。金融商品の決済でのカウンターパーティリスクは、決済額と決済に要する時間の掛け算で決まってきますので、決済に要する期間を可能な限り短縮することは有効な対策になります。しかし、ここでも、無理に期間短縮を行おうとすると、オペレーショナルリスクが高まるという問題があります。オペレーショナルリスクとカウンターパーティリスクへの対処方法は代替的なのです。

預金による決済について説明したところと同様、決済リスクの管理については、各リスクの抑制手段の組合せを考えていくことが重要だと考えられます。

(5) 金融商品とブロックチェーン

① 金融商品の取引のスマートコントラクト

金融商品の取引の決済システムは、預金による決済のシステムと同様、ハブ&スポーク型のネットワークを前提としたものでした。したがって、ブロックチェーンの活用が進めば、大きな影響を受けることになります。

金融商品は典型的なデジタル資産ですし、価格変動も頻繁なので、スマートコントラクトによる処理に適しています。自動執行のトリガーとなる情報等に関しては、とりわけオプション等のデリバティブでは、第三者からシステム上で入手することが可能なものが多いとみられます。こうしたことから、ISDA(International Swaps and Derivatives Association)では、スマートコントラクトの利用可能性について検討し、その結果を公表しています。これによれば、ソフトウェアとしてのスマートコントラクトについては、相互運用性を確保するための標準の設定や支払と清算に関するコードの設定、契約としてのスマートコントラクトについては、自動執行になじむオペレーショナルな条項と自然言語になじむ条項の区分等の必要性が指摘されています。

② ブロックチェーンと企業

イ DACs

ブロックチェーンの拡大は、企業による金融商品の発行にも大きな影響を与えます。

企業が形成される理由は、第一章で説明したように、企業という組織のなかで長期的に取引を行うことで探索や交渉の費用を節約するとともに、指揮命令によって取引の実行を確保し強制の費用を省くことが効率的だというところにあります。これらの費用は、スマートコントラクトの採用によって相当減殺されることになります。ブロックチェーンの拡大は、継続的な組織としての企業の存在理由を希薄にさせるのです。

ただし、取引の内容によっては、コード化できるほど厳密な内容を事前に決められないために、企業の形成による強制の費用の節約効果がなお重要な意味をもつことがあります。そうした合意のためには大きな情報処理費用が必要になり、スマートコントラクトの自動執行による効率化効果を上回るからです。そうした場合のブロックチェーンの活用にあたっては、契約に対応したソフトウェアであるスマートコントラクトではなく、出資に対応したソフトウェアであるＤＡＯｓ（Decentralized Autonomous Organizations）が想定されています。特に営利事業の場合には、配当の支払を行うＤＡＣｓ（Decentralized Autonomous Corporations）が重要だとされています。

ＤＡＣｓは、契約の束としての企業のブロックチェーン版に当たります。取引のスマートコントラクトでは、コード化された権利義務を事前のルールに従って自動執行しますが、事前の詳細な決定が困難な場合には、当事者が協働して取り組む企業への出資だけにスマートコントラクトを用いるという枠組みが経済合理的となります。既存の「匿名組合」や「ＬＬＰ（Limited Liability Partner）」等に適合する事業について、スマートコントラクトに取り組む延長線で組織を形成するのであれば、ＤＡＣｓということになります。

これを経済社会全体の流れのなかで考えますと、ブロックチェーンが情報の自律分散処理を促す一環とみることができます。すなわち、ＤＡＣｓは、従来のわが国の企業のような継続的組織ではなく、情報費用を節約するためのネット上のプロジェクトチームのような存在です。ステイクホルダーが直接参加することにより、既存の企業における利害調整のコストを低下させる意義があると考えられます。

ロ　ICO

ＤＡＣｓによる組織化を行うに際し、取引の当事者のみで必要な物的資本をまかなえない場合には、外部から資金を調達する必要があります。その際には、資金調達もスマートコントラクトの延長線上で実施することが自然の流れです。これが本来のＩＣＯ（Initial Coin Offering）の意義だと考えられます。

実際のＩＣＯにおいては、企業等が電子的証票を発行し、投資家が仮想通貨等を対価として購入します。この証票としては、イベントへの参加権を示すもの、人気投票の手段等にすぎないもの、収益の分配を受ける権利を示すものといった多様なものがあるようです。ＩＣＯにあたっての投資家等に対する事業内容の説明としては、いわゆる「ホワイトペーパー」が開示されています。

一方、ＤＡＣｓの資金調達を企業金融の延長線上で考えますと、設立当初の企業はハイリスク・ハイリターンであり、資金を負債で調達するだけの信用が確立していないので、出資で調達することが必要だと考えられます。その場合には、ＩＣＯはそのチャネルの一つであり、資金の払込みを受けるプロセスをブロックチェーン上で完結させるところに意義があることになります。

ＩＣＯの意義をこの両面から考えるにあたっては、企業金融における残余請求権者の決定権という鉄則を確認しておく必要があります。ＤＡＣｓによる出資の募集は、ベンチャーキャピタル等の出資を受けることと同様、単なる資金調達の手段ではなく、企業経営に参画してもらう手段なのです。

この点に関しては、既存の企業金融においても、リスクを伴う資金を調達しても経営には関与させたくないという既存企業の願望に対応し、さまざまな金融商品が開発されてきたことに留意する必要があります。たとえば、かつては、ＭＳＣＢ（Moving Strike Convertible Bond：転換価格修正条項付転換社債）が盛んに用いられましたが、この商品に対しては、十分な情報開示もなしに株主権の希薄化を招くこと等の弊害が指摘されました。

ＩＣＯの証票についても、発行企業等に対する経営関与権が含まれないものは、同様の弊害をもたらすおそれがあります。特に、投資家等の判断の根拠となるべきホワイトペーパーについて、その内容が玉石混淆で、実現可能性に疑問のあるものもあると指摘されていることが重要です。現状では、記述の正確性の担保がないことをはじめとして、取引の基礎となる情報を公正に行き渡らせる枠組みが未整備だと考えられます。

(6) 金融商品の取引とブロックチェーン

① 外貨取引とブロックチェーン

イ 電子現金による海外送金

外貨預金による決済を国内の預金による決済と比べると、外国為替相場の変動による影響のほか、複数の国の決済システムを経由することに伴う追加コストがかかるという問題があります。また、送金に要する期間も長いうえに不確実です。さらに、多数の取引をまとめて決済することに伴い、取引と支払の突合もいっそう困難です。

この点、ブロックチェーンを用いた決済サービスであれば、ネットワークの運営自体において多数の当事者が取引に関するデータベースを共有するので、関連する商業銀行や中央銀行が情報を逐次処理することによるコストを軽減することができます。つまり、取引当事者が銀行の発行する電子現金を直接受払いすることとし、受け取った当事者が取引銀行で入金することができるというシステムにすれば、入金先銀行と発行銀行の双方が共通のブロックチェーンのネットワークに参加しているので、必要な情報はすでに共有しており、その後の清算を直ちに実行することが可能なのです。

これは、かつての個別回線接続による国際電話サービスをスカイプ等のインターネット電話が置き換えたことと同じメカニズムです。海外送金についても同様の転換が起きることは時間の問題だと考えられます。

ロ　中央銀行の決済ネットワークにおけるブロックチェーンの活用

中央銀行によるブロックチェーンの活用は、前述のように、国内の決済システムについてはあまり経済合理性がありませんが、自国と海外の決済ネットワークの同期を図るうえでは、大きな意味があると考えられます。とりわけ、金融取引のグローバル化が急速に進んでいること等に鑑みると、中央銀行の主宰する決済ネットワークにブロックチェーンを用いることについて、広域的展開や障害耐性の向上の可能性を実証しておく必要があると考えられます。

その際、実証の対象となる決済ネットワークについては、参加者が中央銀行や国際的に活動する銀行に限定されるので、クローズド型のブロックチェーンとなります。また、そのことに伴って、取引指図の発出者やデータの検証者について登録や真正性の確認を担う認証局が必要となります。

日本銀行と欧州中央銀行は、二〇一七年に、金融市場インフラへのブロックチェーンの応用可能性を調査するための実証実験を行いました。この調査報告では、分散型台帳技術（ＤＬＴ）の用語を用い、クローズド型のブロックチェーンの利用について、以下のような結果を述べています。

・現状の中央銀行の資金決済システムとほぼ同等のパフォーマンスを示しうる
・パフォーマンスは、ブロックチェーンのネットワークの規模や、検証作業を行うノード間の物理的な距離に影響を受ける
・コンセンサスアルゴリズムの運用に必要な数のノードが機能し続ける限り、システム全体の可用性は維持されるが、認証局が単一の障害点となる

こうした枠組みで実証実験を行った理由は、中央銀行を中心とする中央集中的な社会的枠組みについては、ブロックチェーンを取り入れたネットワークでも、ある程度はハブ＆スポーク型の構成とならざるをえないことにあると考えられます。技術的には多数の認証局を設置することは可能だとしても、組織的には情報セキュリティの確保に関する責任の所在を明らかにしなければならないからです。その結果、認証局が単一の障害点となることは必然的だと考えられます。

八　貿易金融のスマートコントラクト

多数の当事者がデータベースを共有するというブロックチェーンの特性は、貿易金融に関する情報処理においても有効に活用できる可能性があります。

つまり、貿易金融では、信用状（L/C：Letter of Credit）、船荷証券（B/L：Bill of Lading）、送り状（Invoice）、輸出入貨物にかかわる保険証券（Insurance Policy）等、さまざまな書類が用いられます。紙媒体による場合は、そのやりとりに相当の時間がかかるため、船で送った貨物が届いた後、書類が何日も遅れて買い手のもとに届くことが珍しくありません。こうした場合には、輸入業者としては、貨物をすぐに受け取ることができないのみならず、港によっては追加の保管費用が発生してしまいます。

これを改善するため、「電子データ交換（Electronic Data Interchange）システム」の導入も進められてきましたが、貿易金融では、輸出入業者に加え、運送会社、通関業者、銀行、保険会社、各国の税関や監督官庁等、さまざまな関係者が存在するため、必要な情報通信基盤の構築等について足並みをそろえることが困難でした。

この点、ブロックチェーンであれば、ネットワーク上で情報がおのずと共有されるため、固有の情報通信基盤を構築せずとも、運用が可能です。当事者がそれぞれの書類を電子データで作成し、送付する際の効率を向上させることが見込まれます。ただし、この場合も、処理する情報の内容に責任をもつ主体が限定されるので、クローズド型のブロックチェーンを採用することになり、データの検証者等の資格確認のため、やはり認証局の機能が必要になると考えられます。

② 金融商品の取引とブロックチェーン

イ　金融商品の取引のスマートコントラクト

金融商品の取引については、前述のように、価格情報を共有し円滑に決済するためのインフラストラクチュアが設けられています。ブロックチェーンは、こうしたインフラストラクチュアの基盤としても有効に活用できる可能性があります。その際、技術基盤の面では、取引所に加盟している金融商品取引業者等によるクローズド型のブロックチェーンによることが現実的だと考えられます。

具体的な活用領域に関しては、ポストトレード処理では、限定された参加者の間で約定内容をまず照合し、それに応じて金融商品の引渡しと預金の振替えを同時に行うので、ブロックチェーンによる共通のシステムを用いることにより、大幅な効率化が可能です。

一方、金融商品の取引自体のシステムにおいては、ＨＦＴ（High frequency trading）化等により、処理件数が増加の一途をたどっているので、処理速度がきわめて重要です。この分野では、コンセンサスアルゴリズムの運用に時間を要するブロックチェーンはあまり優位性がないとみられます。

こうしたことから、金融商品取引のポストトレード処理へのブロックチェーン活用について、世界各国の金融市場関係者が検討を進めています。

わが国では、日本取引所グループと証券会社等が有価証券取引の約定照合システムの実証実験を行い、ブロックチェーン活用を新たな選択肢とする報告書をまとめました。これによれば、現状の約定照合業務では、参加者のシステム間で処理の整合性がなく、人手による作業も混じっていること等から、時間がかかるうえに誤りも生じやすいところ、ブロックチェーンの活用は、可用性の高さ、改ざん不可能、障害時のデータ復元が容易、相対的に低コストといった点がきわめて魅力的だとされています。また、これを契機としてビジネスプロセスの見直しを行うことにより、金融サービスの革新や業界全体として大幅なコストの削減が実現する可能性があるとされています。そのうえで、今後の検討にあたっての留意点としては、検証ノード間で実行結果の完全な一致が得られないことにより認証処理を妨げる可能性があることや、取引の当事者以外に対する情報の秘匿性が重要であることがあげられています。

□　金融商品の取引の決済システムにおけるハブ機能

スマートコントラクトでは、自動執行に関する紛争処理や取引のモニタリングのために事実関係を確定しておくことが重要です。とりわけ、金融商品の取引では、件数が膨大であるために当事者間の約定照合が煩雑であるうえ、価格変動が激しいために、当事者や価格の確定の重要性はより大きなものとなります。

そこで、金融市場の機能確保に責任を負う清算機関としては、ネットワークの運営にあたって、取引当事者やデータの検証者を限定することになります。金融市場で用いるブロックチェーンは、クローズド型のものになり、取引当事者の特定のほかデータの検証者の資格を認証することが必要になります。

また、価格変動の激しい金融商品の取引については、当事者間で取引の正確な時刻が共有されることが不可欠なのですが、ブロックチェーンを用いた情報処理ではこの前提が当然に満たされるということにはなりません。ネットワークで記録される時刻は、そのデータを記載したブロックが形成される時刻であって、取引が行われた時刻ではないからです。このままでは、紛争が生じた場合、どの価格で取引を行おうとしたのかという点に齟齬が生じてしまいます。そこで、ネットワークにおける情報処理の時刻と絶対的な時刻との連動を確保するタイムスタンプオーソリティの機能が必要となります。

かつてのインターネットの普及期を振り返ってみますと、メッセージを送った本人を特定するＰＫＩ（Private Key Infrastructure）と呼ばれるセキュリティ基盤が必要とされ、公開鍵暗号の技術を利用して暗号化や電子署名の機能を提供していました。ブロックチェーンにおいても、ネットワーク運営の責任を特定の主体に帰着させる場合には、同様の枠組みが必要になります。

このように、金融商品の決済システムでは、ブロックチェーンを取り入れるとしても、認証やタイムスタンプについて、ハブが不可欠です。これは、金融市場インフラの既存の機能の延長線上のものだと考えられます。

(7) 仮想通貨の取引と決済システム

① 金融商品としてみた仮想通貨

決済手段としての仮想通貨については、当初のビットコインは、政府や中央銀行の管理下にない通貨を創出しようという考え方でしたが、現状では、人々に広く共有されるに至っていません。また、仮想通貨の受払いについては、利用者がブロックチェーンを用いて自ら行うはずでしたが、現状では、多くの場合は仮想通貨交換業者を相手とする取引となっています。さらに、仮想通貨の価格は、短期間で大きな変動を示していますので、決済目的で使用することには不向きとなっています。

仮想通貨は、中長期的にみた場合にも、価値の不安定さが目立ちます。現状では、ＩＣＯの証票の対価として用いられることもあって、仮需が生じていると指摘されることがあります。また、極度の金融緩和が続くなかで、仮想通貨の取引の市場に余剰資金が流れこみ、バブルにつながっているおそれもあります。

② 仮想通貨の取引に対する規制

仮想通貨の取引に関する規制をみると、外国の政府では、金融商品に該当するかどうかが論じられたり、厳格な規制が課されたりしているところが多くみられます。これに対し、わが国では金融商品の限定列挙主義のもとで、当仮想通貨は金融商品取引法上の金融商品として指定されていないので、詐欺的な取引が行われたり、異常な価格変動が生じたりしても、政府が刑事上の取締りを行うことは困難です。

そこで、わが国政府としては、金融商品としての取締りや取引所による監視を行うための枠組みを設けるよう検討することが考えられますが、その制度設計はきわめてむずかしいと考えられます。これは、わが国の金融商品取引法は、適用対象を限定列挙しているのに対し、こうした分野では、同様の技術の組合せで法律上違う構成とすることは容易なので、法令でどう規定しても簡単に迂回されてしまうからです。また、執行にあたっては、クロスボーダー・クロスインダストリーの競争で多種多様なサービスが展開されているなかで、規制対象を特定して取り締まることは至難の業だからです。

こうしてみると、ブロックチェーン等によるイノベーションを促しつつ信頼を確保するには、まず定義を決めてトップダウンで禁止範囲を決めるより、アメリカ等のように取引の現場からボトムアップで適正範囲を決めるほうが効率的です。すなわち、政府に登録した事業者は信頼できるが、それ以外は利用者の自己責任という考え方としたうえで、不正な行為に対しては、事業者に対する刑事上の取締りを行うのではなく、事業者の個別の行為に対し、利用者が民事上の措置をとりやすくすることが考えられます。また、不適正な行為に対する規制の整備にあたっては、外国為替や集団投資スキーム持分の取引のように代替関係にある行為への規制を合理的なものにしたうえで、整合性を確保することが重要です。

実は金融商品取引法には、こうした考え方に近い仕組みがすでに存在します。すなわち、同法一九二条では、「裁判所は、証券取引等監視委員会等の申立てにより、緊急の必要があり、かつ、公益及び投資者保護のため必要かつ適当である場合には、金商法違反の行為を行っているか、又は行おうとする者の行為を禁止又は停止させることができる」とされ、一五七条では、「有価証券の売買その他の取引またはデリバティブ取引等について、不正の手段、計画又は技巧をすること」を禁止しています。これらを組み合わせれば、対象者は限定されておらず、対象行為も証券取引等監視委員会が認定できるので、裁判所による差止命令によって「ぬえ」のような不正行為に対応できると思われます。

③ 仮想通貨交換業者に対する規制

イ　わが国における規制の経緯

一方、仮想通貨を取り扱う事業者に関しては、二〇一四年二月のマウントゴックス社の破綻をめぐって、ビットコインが通貨に該当するか否か等の論点が注目されました。これに対し、政府は、ビットコインは通貨ではなく、既存の金融業務でもないという整理を行い、規制の対象外だとしました。ビットコインについて二〇一四年三月に閣議決定された答弁書をみますと、「ビットコインは通貨ではなく、それ自体が権利を表象するものでもないため、ビットコイン自体の取引は、通貨たる金銭の存在を前提としている銀行法第二条第二項に規定する銀行業として行う行為や、有価証券その他の収益の配当等を受ける権利を対象としている金融商品取引法第二条第一項又は第二項に規定する有価証券等の取引には該当しない」とされています。ここでは、ビットコインという特定のアプリケーションの法律的性格に関する判定が、銀行によるビットコインの取扱禁止という規制に直結しています。ビットコインの基礎であるブロックチェーンの技術からは、ビットコインとわずかに異なる金融商品であっても、法律的な性質がまったく異なる取引の手段であっても、さまざまなアプリケーションをつくることができます。こうしてみますと、政府のこうした整理は、非常に射程範囲の狭いものとなります。

現実には、仮想通貨は通貨や金融商品に近い資産として用いられましたので、その後、マネーロンダリングやテロ資金供与の手段として使われるのではないかという観点からの国際的議論が行われるようになりました。わが国の政府も、こうした進展に対応するため、二〇一六年五月に成立した「情報通信技術の進展などの環境変化に対するための銀行法などの一部を改正する法律」では、仮想通貨交換業に関する以下のような制度整備を行いました。なお、仮想通貨交換業者は、報道などでは「取引所」と呼ばれることもありますが、この制度のもとでは、外貨の両替商等と同様の事業者と位置づけられています。

・登録制の導入……仮想通貨の売買または他の仮想通貨との交換等を業として行うことを「仮想通貨交換業」と定め、内閣総理大臣の登録を受けた者以外が行った場合は刑事罰の対象とする

・仮想通貨交換業者の規制……仮想通貨交換業の登録を受けた企業に対して、情報の安全管理、

利用者に対する情報提供、利用者が預託した金銭・仮想通貨の分別管理、帳簿書類の作成・保存や事業報告書の提出等の義務を課すとともに、当局による立入検査や業務改善命令等の権限を整備する

・マネーロンダリング、テロ資金供与対策……仮想通貨交換業者に口座開設時における本人確認義務などを適用する

ロ　仮想通貨交換業者の情報セキュリティ

仮想通貨による決済については、銀行券による決済と同様なオペレーションを行うのか、預金による決済と同様なオペレーションを行うのかという選択肢があります。この点について現状の実務をみますと、顧客は、まず仮想通貨交換業者から仮想通貨を購入し、保護預りをしてもらうことが多くなっています。この場合には、仮想通貨交換業者が介在し、預金による決済と同様なオペレーションを行うことになりますので、顧客との間の情報セキュリティが重要となります。

預金による決済を取り巻く環境を振り返ってみると、政府から免許を受けた銀行が、自らの負債である預金を用いて決済サービスを提供することで、顧客との間の通信についても情報セキュリティを確保する誘因をもつという枠組みでした。一方、仮想通貨による決済は、顧客が仮想通貨を購入してセルフサービスで使用することが想定されており、仮想通貨交換業者は、国内通貨

との両替にあわせて仮想通貨の取引の仲介業務を行うという立場なので、仮に事故が生じても、直ちに自らの負債が増大するという事態は生じません。自らの負債を決済サービスの手段とする銀行と比べれば、情報セキュリティを確保する誘因が小さくなると考えられます。

たとえば、仮想通貨の取引においては、顧客と事業者の間の通信は電子署名によって管理されますが、仮想通貨交換業者の業務の一環として保護預りが行われる場合には、事業者のシステムに不正な侵入を行うことにより、電子署名の秘密鍵を使って仮想通貨を移動させることが可能となります。しかし、仮にこうした事態が生じても、仮想通貨交換業者自身の負債が直ちに改ざんされることにはならないのです。訴訟等により顧客からの損害賠償請求等が認められた場合に初めて、不正による損害が及ぶことになります。顧客の信頼を確保するためには、仮想通貨交換業者に対して、顧客との通信に関する情報セキュリティ確保を促すような枠組みとすることが必要です。具体的には、証券会社に準じ、利用者の信頼を確立するに足る規制体系を検討する必要があると考えられます。

ただし、こうした制度整備に際しては、多くの困難があります。

とりわけ、仮想通貨をどのようなものとして定義するかが問題です。現在の資金決済法では、仮想通貨とは、「物品購入・サービス提供を受ける場合に、代価の弁済のために不特定の者に対して使用できるもので、かつ、不特定の者を相手方として購入及び売却ができる財産的価値で、電子情報処理組織を用いて移転できるもの」等をいうとされています。この規定は、刑事罰の対象を定めるために明確な内容である必要がある一方、デジタルイノベーションでは規制が迂回されやすいなかでの苦心の策だとみられます。

また、事業者となろうとする企業は多産多死でさまざまなアイデアを提示しますので、なかには、一時的な利得だけを目指し、法令遵守による信用確立を重視しないものが含まれてくるおそれがあります。さらに、インターネットを通じたクロスボーダーの取引も活発ですから、わが国でだけ規制を課しても、外国の事業者が国内の利用者に被害をもたらす懸念もあります。

こうした困難は、政府や中央銀行の管理に依存しないという仮想通貨の考え方にもともと内在していたものです。政府としては、外国の政府や中央銀行との緊密な連携のもとで取り組むことが必要です。

④ 金融商品と決済システム

イ 金融商品による決済システム

金融商品と決済システムの関係については、金融商品の取引を決済するシステムと、金融商品を保有する投資信託の振替えによる決済サービスのシステムという二つの側面があります。前者についてはこれまで説明してきたので、ここでは後者について説明すると、支払額に応じて投資信託の解約や買付けを行い、その額が金融商品取引業者の預金口座と利用者の預金口座の間で振り替えられ、最終的には、各々の取引先銀行の中央銀行当座預金の間で振り替えられるというシステムで、アメリカにおけるMMF（Money Market Fund）がその典型です。

信託財産の価値は内容となる資産の価値に応じて変動しますが、信託財産の持分を支払サービスの手段とするためには、それを利用者にそのまま転嫁するわけにはいきません。この点、預金による決済では、中央銀行や商業銀行の資産の価値変動が決済サービスに与える影響は、政府によるセーフティネットと中央銀行や商業銀行の自己資本により吸収されます。これによって預金の価値が変動しないようになるので、利用者は預金による決済によって取引が完了すると考えることができるようになります。これに対し、投資家のMMF等に対する持分は、各々の投資信託に置かれた現金担保によって、信託財産の価値変動の影響から遮断されるようになっています。つまり、MMF等による決済サービスにおける現金担保の役割は、預金による決済サービスにおける中央銀行や商業銀行の自己資本に対応するものです。

預金による決済のシステムとMMF等の金融商品による決済のシステムを情報処理のあり方の観点から対比すると、前者は中央集中型の情報処理、後者は自律分散型の情報処理を行っている点で異なります。前者では、商業銀行における決済サービスが金融サービスと結合生産されるほか、中央銀行の運営が政治的決定に影響されるおそれがあることが特徴です。

ロ　仮想通貨の取引の決済システム

仮想通貨の取引の決済システムについて、外貨預金に準じて考えると、利用者の売買の相手は仮想通貨交換業者であり、交換業者相互間の清算は預金による決済システムに接続して処理することになります。また、金融商品に準じて考えると、利用者の売買指図を仮想通貨交換業者が取り次ぎ、成立した取引の約定照合を行ってから、対価の支払と仮想通貨の同時引渡しを行うことになります。

こうした事業者間の清算のオペレーションの選択について技術面から考えますと、仮想通貨ではオープン型のブロックチェーンを用いますので、処理速度やコストの問題があります。したがって、前記の二つの類型のうち、外貨預金に近い処理とすることになります。ただし、いずれにしても事業者に対する利用者のアクセスの厳格な管理が必要になるので、従来型の情報セキュリティ確保の方法に近くなり、決済サービスの面からみた競争力が弱くなってしまいます。

本来、仮想通貨については、自律分散処理による決済ネットワークにより、利用者自らがブロックチェーンを使って移転することが期待されていました。これであれば、前記のような清算のオペレーションを伴う「仮想通貨の取引の決済システム」ではなく、「仮想通貨による決済システム」となるはずでした。しかし、現状の仮想通貨は、その価値の不安定さから、決済サービスの手段として有効ではないと考えられます。現状のわが国をみる限り、まずは、投資家からの信認を確立するための規制の整備が必要だと考えられます。

八　電子現金による決済システムの将来

この本では、ブロックチェーンを用いることで、預金のように電子媒体で利用可能であるうえに、銀行券のように利用できる時間や範囲に制約のない決済サービスの手段である電子現金を発行することを検討しました。

その発行形態のうち、銀行が預金による決済システムに接続する電子現金を発行するものについては、最終的には中央銀行による金融調節が行われますので、短期的な価値の平準化にかかわる追加的な問題はありません。

銀行券による決済システムを振り返ってみると、かつては取引の決済に金貨や金の価値に基づく銀行券が用いられた時期もありました。しかし、金本位制のシステムは、取引とは関係なく決まる金の産出量によって経済が攪乱されるうえ、増大する取引に対して金地金が足りなくなってしまいました。そこで、独立した中央銀行が、国債を中心とする資産に見合って銀行券を発行する制度が導入されたのです。また、預金による決済についてみると、政府による銀行経営の監督とセーフティネットの提供によって預金の価値が安定していることが前提となっています。以上をふまえれば、現在の銀行券と預金による決済システムは、政府信用本位制とも呼ぶべきものになっています。

これに対し、当初の仮想通貨による決済システムの構想では、情報処理能力本位制とも呼ぶべきものを目指していました。しかし、現状の仮想通貨には、短期的な価値の平準化のメカニズムが存在していません。MMF等の投資信託による決済サービスに準じて考えれば、サービス提供者が仮想通貨の在庫を保有し、顧客に対しては固定価格で売買する一方で、固定価格と市場価格との差額を引き受けるという枠組みが必要です。そのためのバッファーとしての自己資本等の所要額は、仮想通貨の価格の変動と事業者による在庫保有の期間によって決まってくることになります。その前提としては、マイニング等のルール設計において中期的な価値変動を抑制することが条件となります。

第一章で説明したように、人々が分業の利益を得るためには取引が不可欠であり、取引が機能するためには情報処理費用を節約する枠組みが必要であり、決済は、そうした枠組みが機能するための前提です。その観点からは、仮想通貨の価値を情報処理費用の変化に応じて変動させる枠組みができれば、決済手段としての長期的な価値は安定し、経済社会の効用の長期的最大化に資するはずでした。しかし、現実の仮想通貨においては、オープン型のブロックチェーンの基盤のガバナンス、短期・中長期双方の価値の不安定、技術面の未成熟等、なお問題が山積していると考えられます。仮想通貨による決済システムについては、政府や中央銀行の管理に対するアンチテーゼとしての役割を担うため、こうした問題に対処するための地道な努力を積み重ねることが期待されます。

ボックス6 預金による決済システムの競争環境

預金による決済のシステムは、かつての情報通信技術のもとで形成されてきたものですので、技術革新に伴って、ほかの決済システムとの競争関係に入ってきています。

① 預金による決済システムの国際競争

預金による決済システムの第一の競争相手は、外国の預金による決済システムです。外貨預金による決済に関しては、銀行間の清算に伴うコストや為替変動に伴うリスクという障壁が存在していましたが、財・サービスや金融商品の取引のグローバル化に伴って、国際的に活動する企業からみれば、各国の預金による決済システムが選択肢となっています。

この問題は、企業の経営資源の配分効率化を通じ、その国の産業全体の競争力にも影響します。この点に関し、アジアにおけるわが国企業の活動と、ヨーロッパにおけるドイツ企業の活動を比べてみましょう。ドイツ企業がヨーロッパの他国の企業と取引する場合には、SEPAのおかげで、すべての域内取引先がドイツ国内にあるかのように決済できますし、統合引落サービス等により、取引と資金決済を突合する際の困難も小さくなっています。一方、日本企業がアジアの他国の企業と行った取引の決済では、国内決済に比し大きな追加費用がかかりますし、取引と資金決済の突合は困難です。こうしてみると、決済システムの違いにより、ヨーロッパにおけるドイツ企業のほうが効率的にクロスボーダー取引を行えるようになっていることがわかります。

また、現在、国際的に活動する企業では、グローバルキャッシュマネージメントシステムが用いられています。その企業が得るさまざまな国のさまざまな通貨建てのキャッシュを統合的に管理し、余剰資金をタイムリーに金融商品等で運用していくシステムです。国際的に活動する銀行は、こうしたグローバルキャッシュマネージメントシステムの提供をめぐり、競争を続けています。国際的に活動するわが国の銀行においても、競争力のあるグローバルキャッシュマネージメントシステムの提供が期待されます。

預金による決済システムは、政府や中央銀行の管理下にありますので、クロスボーダーの取引に対応した決済サービスの改革を進めるためには、政府や中央銀行の能動的なイニシアティブが求められます。

② 預金による決済と金融商品の取引の決済の競合

預金による決済システムの第二の競争相手は、金融商品による決済のシステムです。

第一に、金融商品としての預金について考えると、決済サービスの手段として用いられる前提として、価値が銀行間で均一であり、時間的にも安定しているという特徴があります。しかし、平時にどんなに価値が安定していても、銀行の経営が破綻したときには、預金の価値は大きく変動します。つまり、預金の価値が安定しているといっても、それは銀行の経営破綻が生じにくいと考えられていることと等しいのです。

一般企業も銀行も同じように経営努力を重ねているのに、銀行だけは経営破綻が生じにくいと考えられている理由は、政府によって厳しく監督されている一方で、預金の引出しに対しては預金保険等のセーフティネットが設けられていることがあげられます。しかし、預金の価値を安定させなければならないことは、銀行が貸出等でリスクをとって収益を得ようとすることに対する制約にもなります。政府による監督やセーフティネットと、銀行のリスク回避や低収益とは裏腹の関係にあります。

また、銀行は、決済サービスと金融サービスを結合生産することで収益を得ていますが、その手段である預金の価値は、政府信用によって補完されています。銀行の経営からみれば、決済サービスについては情報処理の数量に応じて収益が決まってくる一方で、金融サービスについては、取り扱う金額に応じて収益が決まってくることになります。こうした条件のもとで、銀行の短期的な経営を考えると、決済サービスについては義務的な提供にとどめ、金融サービスの金額的拡大に重点を置くことが合理的となります。しかし、この経営方針は、預金の価値が政府信用によって補完されることで可能となっているものなので、財政赤字等により政府信用が毀損されれば、同時に実行が不可能になることに留意する必要があります。

第二に、支払サービスの手段としての預金について考えると、かねてから金融商品取引業者により、投資信託の振替えによる支払サービスが提供されてきました。利用者は支払額に応じて投資信託の解約や買付けを行い、その対価の受払いを金融商品取引業者の預金口座と利用者の預金口座の間の振替えで行い、利用者による支払は金融商品取引業者を通じて行われることになります。こうした支払サービスは、ＭＭＦというかたちで、アメリカにおいて最も発達していました。

しかし、世界的金融危機に際しては、そのＭＭＦについて、元本割れによる取付けという事態が生じました。これは、信託された金融商品の価格が大幅に下落したことで、ＭＭＦのバランスが債務超過に陥り、価格変動のない預金に振り替えることができなくなったものです。当時のアメリカでは、これに対応し、ＭＭＦに政府保証を提供する措置がとられました。

これは、決済サービスの手段であるＭＭＦが実質的に預金に近づいたものと考えることができます。その後、アメリカでは、ＭＭＦによる決済サービスに対する規制が強化されたので、サービス提供事業者である金融商品取引業者と銀行の差異も小さくなったと考えられます。

第三に、清算機関について考えてみると、まず、金融商品の決済システムでは、もともと、価格変動に対応するためにさまざまな枠組みが設けられていることに留意する必要があります。世界的金融危機の後は、これをさらに安全にするための工夫が加えられました。こうした工夫が加えられれば加えられるほど、預金による決済システムと共通の性格をもつようになってくるのではないかと考えられます。

また、金融商品の取引の決済において、清算機関がデータベースの更新により金融商品の移転を行うとともに、中央銀行当座預金による処理を行うことをあわせてみれば、預金による決済を直接中央銀行当座預金で行うことと機能的にほぼ等しくなっています。技術革新により金融商品の取引から決済までの処理時間が短くなっていけば、預金による決済システムとの違いはさらに小さくなっていくと見込まれます。

さらに、世界的金融危機後の規制強化を通じて、清算機関と中央銀行の果たす役割が次第に類似してきています。つまり、清算機関が財務基盤を強化して破綻しないようになる一方、中央銀行が市場型取付けに対応して金融商品を買い入れるということは、市場全体に対するカウンターパーティリスクをとる点で、清算機関の役割を代行していることになっています。こうした流れは、今後とも進展していくものと考えられます。

③ 銀行以外の事業者による支払サービスのネットワーク

イ　支払サービス

預金による決済システムの第三の競争相手は、流通事業者や通信事業者による支払サービスです。

こうしたサービスに関しては、かねてから、ＩＣカードの普及等と並行し、クレジットカードや電子マネーがより広く店頭等で用いられるようになってきましたが、従来は加盟店に認証用端末が必要であることが制約要因でした。加盟店にとっては、売上増等のメリットが端末や回線等に要するコストを上回ることが必要だったからです。

これに対し、近年では、ＱＲコード等を用いた支払サービスが拡大してきています。これは、広範に普及してきたスマートフォンによってＱＲコード等の認識を行うこととすれば、利用者と加盟店の区分なく認証を行うことができることから、支払サービスとしての利便性が著しく向上したことによるものです。

かつて、電子マネーの導入が検討されていた時期には、いわゆる「オープンループ」として、利用者間で転々流通できる決済サービスの手段が模索されましたが、偽造の防止の観点から採用されませんでした。この点、現在、中国を中心に採用されているＱＲコード等を用いた支払サービスは、利用者からみれば、オープンループを実現させたものと評価できます。ただし、決済サービスの提供者からみれば、預金による決済のネットワークとの接続はデビットカードのシステムと同様なので、なお情報セキュリティ確保のための負荷が大きくなっていることに留意が必要です。

流通事業者や通信事業者等からみますと、こうした支払サービスを提供することにより、スマートフォン等を用いた流通サービスや通信サービスとの結合生産を行うことができるほか、顧客の財・サービスの購買行動に関する情報を蓄積できることが重要です。こうした情報は、自らの事業の改善のほか、金融サービス提供のための情報生産、他の財・サービスの生産者に対するマーケティングサービス等、さまざまな事業機会につながります。ブロックチェーンを用いることで、情報セキュリティ確保のための負荷を軽減できるようになれば、さらに普及していく可能性があります。

ロ　清算のネットワーク

こうした支払サービスに対応した清算のプロセスは、これまでのところ、預金による決済のネットワークに接続することで処理されてきました。ただし現在では、投資信託の取引をあわせて仲介し、預金との間の振替えを迅速に行うことにより、投資信託持分による決済に等しいと感じられるサービスが提供されています。利用者からみれば、これによって、決済と金融、流通や通信といった業種の区分を超えた総合的サービスが提供されているように受け止められます。

こうしたサービスが拡大している中国では、わが国の全国銀行資金決済ネットワークに該当するシステムの整備に対し、中央銀行や商業銀行と並んで流通事業者や通信事業者等が参加しており、外国との直接接続を含め、国内既存の銀行システムに閉じないネットワークが形成されています。これは、「網聯（ワンリェン）」と呼ばれており、具体的な運用がどうなるかが今後注目されます。

④　財政規律に関する脅威

預金による決済システムについては、以上のような競争関係が進んでいくなかで、政府信用本位制であることに伴うリスクが存在しています。それは、極度の金融緩和に伴う財政規律の弛緩です。

金融緩和には、実質金利を潜在成長率以下に引き下げるための費用がかかります。預金による決済サービスを提供する銀行システムの収益がそのための財源です。この関係は、とりわけ中央銀行で、金利引下げが収益を減少させるというかたちで明確に表れます。金融緩和の当初は、資産残高が大きくなりますので、中央銀行の収益は一時的に増大します。しかし同時に、潜在成長率以下の実質金利で資産を購入することによる潜在的損失がふくらんでいます。つまり、将来、金融緩和が成功して総需要と総供給が一致してくれれば、実質金利は潜在成長率の水準に上昇しますので、購入した金融商品の価格が下落し、中央銀行に損失をもたらすのです。

金融引締め時には、以上で説明したことと逆のことが起こります。長期的にみて金融緩和と金融引締めが同程度行われるのであれば、銀行システム、とりわけ中央銀行の損益に対して、金融政策は中立的になるはずです。先ほど説明した潜在的損失についても、引締めに転じても買い入れた資産を売却せずにすませれば、会計上の損失として認識することは避けられます。こうしたこともあり、伝統的な金融政策では短期の金融商品を買い入れてきました。

しかし、外部からの金融政策への期待は、非対称であるかもしれません。借入れにより資金を調達して事業を行う企業は、金融引締めよりも金融緩和を歓迎することが自然です。とりわけ、わが国のように潜在成長率が趨勢的に低下しつつある場合、企業からみれば、売上に縮小圧力がかかっている原因が供給サイドにあるのか需要サイドにあるのかは、必ずしも明らかではありません。そこで、何はともあれ需要拡大につながる金融緩和を求める声が強くなるおそれがあります。

金融政策が長期的に緩和に偏った場合の最大のリスクは、政府に対し、歳出の前倒しに向けた誘因をもたらすことです。これは、国債発行の累増につながるおそれがあります。その場合、さらに、国債費を抑制するために、よりいっそう金融緩和に偏った金融政策を政府が期待するおそれもありえないことではありません。万が一、こうした期待に中央銀行が従うということがあれば、金融市場において「財政ファイナンス」とみなされ、政府信用が失われてしまいます。その際には、預金による決済システム全体が機能不全に陥ることになります。

現在の経済社会では支配的なインフラストラクチュアである預金による決済システムも、ほかの決済システムとの競争にさらされているうえ、以上で述べたように、財政規律との関係でもリスクを抱えています。状況いかんによっては、預金による決済システムが現在享受しているネットワークの外部経済性が失われるおそれがないではありません。

第六章

政府の役割

(1) 政府の役割の変革

① 情報通信技術の進歩と政府の課題

イ　経路依存性

デジタルイノベーションに関する政府の役割については、まず、法制度や政府機関の「経路依存性（Path Dependency）」と情報通信技術の関係を考える必要があります。

既存の財・サービスは、かつての情報通信技術を所与として、多くの事業者が相互に連携しつつ、それぞれの分野で工夫を凝らしてきた成果です。また、既存の取引方法や企業組織は、このような財・サービスを前提として、その取引を効率的に行うために形成されてきた社会的枠組みということができます。そして、既存の法制度や政府機関は、こうした取引方法や組織を前提として設けられたものです。こうしたなかで、基礎にある財・サービスが相互に関連していること、取引方法や企業組織も相互に依存していること、法制度や政府機関も相互に補完的であることをあわせ考えると、政府は全体として、かつての情報通信技術をひきずったものとなっているということができます。

たとえば、郵便という事業や郵便局という組織は、紙に書かれた信書や箱に入った荷物等を最も確実かつ効率的に集配するために長年にわたって工夫が凝らされてきた成果です。その結果、現在では、全国に広がる郵便局ネットワークや信書の秘密等を定めた郵便制度が設けられていま す。また、こうして提供されるサービスの一つである郵便書留は、警察署や税務署等の業務の基本となる本人確認作業の基盤として用いられています。さらに、そうした本人確認作業を前提として、取引規制や税制等のさまざまな法制度が立案され、執行されています。郵便から取引規制に至るさまざまな法制度や政府機関は、紙等を媒体とする通信というかつての技術を前提として積み上げられてきたものなのです。

このように、経済社会の各要素は、緊密な相互補完性のなかで、全体として経路依存性を示しています。そのなかで、法制度や政府機関はとりわけ粘着的だとみられます。現在の法制度や政府機関は非常に複雑かつ相互補完的ですので、たとえ一部でも変更しようとすれば、きわめて大きなコストがかかるからです。こうしたこともあって、法制度については、いわゆる立法事実論といわれるように、現在の法制度では処理できず立法を必要とすることが実例により証明されるまでは改正を行わないという原則が設けられています。また、政府機関についても、企業組織の役職員と同様、人的資本の提供者は既存の業務や組織に特有の知識の習得等に投資しており、組織にロックインされています。このため、政府機関は、機動的な組織変更がむずかしいうえ、既存の供給体制や法制度等の枠に収まらない財・サービスについて、消極的な対応をとりがちになります。

ロ　突破口としてのデジタルイノベーション

以上のように、既存の財・サービスは、さまざまな要素が相互に関連するなかで絶え間ない改善を経てきたものですので、仮に現時点で満たされていない顧客のニーズを見出したとしても、何かの突破口がなければ、そうしたニーズを満たす新たな財・サービスを開発することはむずかしいのです。この点、情報通信技術の進歩は、経済活動の根底にある情報処理の方法の変革をもたらしますので、多くの財・サービスを一斉に変革する突破口となり、その一環として斬新なアイデアの実現を可能とします。

こうしたアイデアは、技術革新の活用をシーズとして創出されるものであり、既存の財・サービスの体系に沿ったものとなる必然性はありません。むしろ、既存の体系にこだわらないもののほうが、これまで満たされていない顧客のニーズを発掘できる可能性が高いということになります。デジタルイノベーションにより事業に成功したいのであれば、既存の組織や法制度に執着しなければしないほどよいということになりますし、デジタルイノベーションの成果は、インターネットを通じて、国境に関係なく需要のあるところへ提供されることになります。

このように、デジタルイノベーションは、経済社会の経路依存性に対する突破口となり、その一環として、政府に対しても変革を迫るものとなります。

② 政府の役割

イ　デジタルイノベーションに向けた政府の課題

デジタルイノベーションにおいては、これまで説明したように、既存の体系に収まらない財・サービスによって、従来満たされていない顧客のニーズを発掘することが最も重要です。

この流れに沿った政府の役割としては、具体的な財・サービスを自ら振興することよりも、多様なアイデアが迅速に事業化されるような環境整備に注力することが有効です。これは、第一に、政府は顧客に接していないので、未充足のニーズを考える手がかりがないことによります。第二に、政府機関の職員は、自らのアイデアの事業化に成功してもそれによる収益を得られないので、創意工夫を凝らす誘因に乏しいことがあります。第三に、政府が特定の事業を促進する場合には、公的な資金が投入されることになりますが、政治的決定の説明責任や資金保全の必要性の観点からは、ハイリスク・ハイリターンの事業への投入は困難であることがあげられます。

また、政府の環境整備においては、新興企業を念頭に置くべきものと考えられます。これは、オープンイノベーションが進展するなかでは、既存企業における研究開発等よりも、スタートアップ企業を主役とするアイデアの創出のほうが重要であることによります。その際、政府としては政策の立案にあたり既存の企業から情報を得ることが多くなりがちですので、新興企業の置かれた状況を観察するよう努めたうえで、経済取引の基本に立ち戻ったアプローチをとることが適切だと考えられます。

ロ　政府の役割の相対化

デジタルイノベーションの進展につれて、政府の分担する役割の範囲は相対化していくものと考えられます。たとえば、現在でも、プラットフォーマーは、経済活動のインフラストラクチュアとなるサービスを提供していますし、これらに対しては、個人情報の管理、不正行為の排除、公正な企業活動の確保等の社会的要請が出されています。これは、従来の行政庁の活動に相当する機能です。また、仮想通貨の不正移転に際して、ブロックチェーンの基盤の主宰者が既存の処理履歴を無効化するかどうかの決定を行った例もみられます。これは、従来の裁判所の活動に相当する機能です。

一方、政府の内部においても、国内における立法、行政、司法の役割分担や、国際的な枠組みと国内の活動の関係が変化していくことになります。これまでも、たとえば金融市場に関しては、金融技術の進歩が早く、グローバル化の進展も著しいので、専門性のある行政庁による機動的な執行や国際的な議論の重要性が高まってきていました。デジタルイノベーションの進展に伴い、こうした流れは、政府の活動全般に及んでくるものと考えられます。

③　政府間の競争

イ　経済政策の国際競争

経済政策の運営者である政府としては、デジタルイノベーションの促進をめぐる国際競争に直面することになります。デジタルイノベーションの制約要因となっている法制度や政府機関について、他国より少しでも早期に改革を進めていかねばなりません。

そのうえで、デジタルイノベーションが経済社会に定着した時期に備えて、その成果が活用されるように法制度や政府機関をオーバーホールしていかねばなりません。その際、法制度と政府機関は全体として相互補完的ですので、包括的な検討が必要になりますし、それには長期間を要しますので、現時点から検討を開始しておかないと間に合わないことになります。

こうした改革に際し、デジタルイノベーションの今後の流れを見通したものとするためには、既存の法制度や政府機関を前提として検討するよりも、経済取引の基本に立ち戻ったアプローチによるほうが有効だと考えられます。デジタルイノベーションが進展するなかでは、現状からの具体的な改善について詳細に検討しても、その成果はすぐに陳腐化してしまいます。変化を先取りするためには、既存の枠組みの基本にある経済原則を確認し、どのような未充足のニーズとシーズがありうるかを考えるほうが有益です。経済政策の基礎となる理論を提供する社会科学の分野でも、そうしたアプローチに応じた論考が求められます。

ロ　制度間競争

経済政策の運営者としての各国政府の競争においては、取引方法や企業組織の基礎となる法制度の改革が特に重要です。

経済成長における法制度の重要性は、法と経済学の分野では、かねてから強く認識されてきました。その例としては、「制度は経済の長期的成果の基本的決定因である」というダグラス・ノースの指摘や、「所有権を強化し、平等な機会を創出し、新たなテクノロジーとスキルへの投資を促す包括的経済制度は、収奪的制度よりも経済成長につながりやすい」というダロン・アセモグル&ジェイムズ・ロビンソンの指摘があげられます。

このことは、経済統合が進むヨーロッパや州間の競争が熾烈であるアメリカでは実感を伴うものでしたが、労働や資本の国際的移動が少ないわが国では、あまり意識されてきませんでした。しかし、現在でも、インターネットによるサービスについては、すでにわが国と中国等の事業者は直接の競争状態に入っています。今後、デジタルイノベーションが進むなかで、こうしたクロスボーダーの競争が激化していきますので、わが国政府としても、制度間競争を重視せざるをえなくなると考えられます。

デジタルイノベーションをめぐる競争の対象となる法制度としては、紙等の物理的媒体を前提とした法令の改正のような技術的補整から、イノベーションを支えるインフラストラクチュアやガバナンスのような枠組み整備まで、広範なものがあげられます。そうしたなかでも、既存の財・サービスにかかわりなくアイデアが創出され、迅速に事業化されるための環境を整えることが先決だと考えられます。

(2) わが国政府の当面の課題

① 横断的検討の必要性

デジタルイノベーションの環境整備という観点から、わが国の法制度や政府機関をみますと、まず、縦割りの問題があげられます。たとえば仮想通貨交換業者の破綻への対応にみられたように、新たな問題が生じた場合に、官庁間で消極的な権限争いが生ずることはまれではありません。また、責任をもつ官庁が決まった段階に至っても、複雑な相互依存関係にある既存の法制度等との整合性が求められるので、直接に関連する法制度のみの部分的補整にとどまりがちです。

検討の基礎となる理論を提供する社会科学においても、もともとイノベーションの盛んなアメリカでは、それをさらに促進するための法制度改革が研究されているのに、わが国では、法律学と経済学、前者のなかの法律分野等、細かい専攻区分の縦割りが強く、各々が既存のドグマを維持しようとする傾向が見受けられます。

このままでは、わが国でデジタルイノベーションを促進することは困難です。この問題を根本的に解決するためには、わが国の法制度全体をイノベーションに親和的なかたちへと改革する必要があります。これまでのわが国の成長戦略は、既存の法制度を原則として維持したうえで個別の規制に風穴を開けるという考え方がとられていましたが、国内的には関連する制度との権衡をとることがむずかしく、国際的には実効性に対する識者の理解を得ることがむずかしかったことが実情です。経済社会の多様性と流動性を高めていく観点から、法制度全体を改革していくことが本来の姿です。

ただし、こうした全面的な改革には長期間を要するので、デジタルイノベーションに関する制度間競争が進展するなかでは、他国に後れをとるおそれがあります。逆に、部分的な改革でも、デジタルイノベーションを促進するための突破口となる可能性もあります。そこで、外国と比べて立ち遅れが顕著であったり、わが国でも過去に対応した事例があったりするものだけでも、早急に是正していくことが考えられます。

以下では、そうした点について説明します。

② 本人確認システム

イ デジタルイノベーションと本人確認

わが国の法制度のうち、デジタルイノベーションを促進していくうえで決定的な障害となっているものとしては、本人確認の基礎となる公的なインフラストラクチュアが整備されていないことがあげられます。わが国では、紙媒体を用いた情報処理については、郵便制度が経済社会のインフラストラクチュアとなってきましたが、電磁媒体を用いた情報処理については、これに対応するような経済社会のインフラストラクチュアが整備されてきませんでした。

この点に関し、企業の活動をみますと、インターネットの商業利用の拡大に伴い、非対面の取引が一般的となり、なりすまし等のリスクが高まってきたため、本人確認の重要性が増してきたことへの対応が行われています。具体的には、まず、取引の相手を特定するための枠組みとして、公開鍵暗号技術に基づく電子署名が用いられます。また、取引相手の支払能力等を審査するための枠組みとしては、クレジットカード情報の確認等による認証が行われます。こうした手続を行うにあたり、取引が契約として有効であることを確保するためには、公的な「識別（Identification）」のインフラストラクチュアに基づくことが必要です。こうした公的な識別の枠組みの必要性は、従来の対面取引でも、高額な資産を売買する場合等には同様であり、所有権移転のための印鑑証明書や銀行振込みのための本人確認書類として公的な文書が求められてきましたが、非対面の取引では、こうした枠組みが全面的に必要になったのです。

こうした本人確認の重要性は、デジタルイノベーションの進展に伴って、よりいっそう高まるものと見込まれます。たとえば機器のシェアリングサービスを考えますと、借りた人々が機器を壊さずに使用し、対価を支払った後に返却してくれるかどうかは、事前にはわかりません。従来の取引形態では、事前にデポジットを徴収する等の保全策を講じてきましたが、そのためには、サービス提供者が法的リスク等に対応できるような大企業でなければなりませんでした。シェアリングサービス等では、サービス提供者となる個人はそうした体制をとれませんので、スマートコントラクトを採用し、利用者がなんらかの条件に抵触した場合は機器を動かなくする等により、自動執行を確保しなくてはなりません。そのためには、利用者と支払者を特定し、サービス提供に紐づけするための本人確認が必要です。

一方、政府の活動をみますと、さまざまな公的サービスの提供の前提として本人確認を求めているほか、支払サービスの利用を把握することを犯罪抑制の手段とするため、銀行等に本人確認を義務づけています。具体的には、国内の預金取引については、マネーロンダリングやテロ資金供与を防止するための規制がありますし、クロスボーダーでは、国際的制裁の一環として特定の者との決済を禁止する等、さらに強い規制が行われています。こうした規制を行う際には、その基礎として、支払サービス提供者に依拠を求めるに足る公的なインフラストラクチュアが必要です。

以上のように、財・サービスを提供する企業の観点からも、規制を行う政府の観点からも、信頼するに足る本人確認を行うために、インターネットに対応した公的な識別のインフラストラクチュアが必要ということになります。

なお、本人確認の手続を分解してみますと、この本で説明してきた取引費用の各要素に対応したものであることがわかります。つまり、「探索の費用」に相当する情報処理としては電子署名、「監視の費用」に相当する情報処理としては認証、「強制の費用」を支えるための情報処理としては公的なインフラストラクチュアに基づく識別が行われることになります。法と経済学の観点からみても、技術革新に伴って、法制度にかかわる情報処理の方法を見直していかねばならないということになります。

ロ　わが国における本人確認の制度

本人確認の意義について、基本に立ち返って論ずると以上のとおりです。デジタルイノベーションを事業化するためには、本来、公的な識別のインフラストラクチュアが必要なのです。ただし、現在のわが国の実務では、銀行に対する政府の規制が最も重視されることも現実ですので、既存の制度の改革という切り口からは、警察庁による規制の具体的な内容が重要です。

そこで、「犯罪による収益の移転防止に関する法律」をみると、銀行口座を開く時や多額の振込みを行う時には、本人特定事項の確認が必要であり、その内容は、「顧客が個人である場合は氏名、住居及び生年月日、顧客が法人である場合は名称及び本店又は主たる事務所の所在地について、運転免許証等の公的証明書等により確認することをいう」とされています。この確認義務は、銀行等の事業者が法律により義務づけられているものですので、公的証明書等とは、法律により認められる本人確認書類でなければなりません。これらの書類は、紙を媒体としているうえ、そこに記載されている情報も、住居の所在地等の物理的な性格のものです。

具体的には、まず、窓口で対面の取引を行う場合について、警察庁は、「旅券等を除き、本人確認書類であるためには住居等の記載がある必要がある」とし、「現在の住居等が本人確認書類と異なる場合又は住居等の記載がないときは、納税証明書、社会保険料領収書、公共料金領収書等の補完書類によって、現在の住居等を確認する必要がある」としています。

また、非対面での取引の場合について、警察庁は、「本人確認書類又はその写しの送付を受け、確認記録に添付するとともに、取引に係る文書を、本人確認書類に記載されている顧客の住居宛に、書留郵便等により転送不要郵便物等として送付する方法をとる」必要があるとしています。書留郵便とは、引受けから配達までの送達過程を記録し、万一、郵便物等が壊れたり、届かなかったりした場合に、実損額を賠償するものです。また、転送不要郵便物とは、宛先の住所に宛名の人が居住していない場合に、転送せずに差出人に返還するという取扱いを指します。これによって、事業者は、本人が届け出た住所に住んでいることを確認できるのです。

なお、「電子署名法に基づき、氏名、住居、生年月日の記録のある電子証明書に関する情報の送信を受ける方法等によっても本人特定事項の確認を行うことができる」とされてはいますが、電子証明書を取得するためには、本人確認書類を電子証明事業者に送らねばなりませんので、住居の確認等の必要性に変わりはありません。

このように、わが国の本人確認の実務は、最終的には郵便書留で紙をその人の住所に送るという物理的作業に頼っています。これは、それ自体非効率であることに加えて、外国からのアクセスが困難であること、郵便書留制度の将来に懸念があることから、わが国におけるデジタルイノベーションにとって大きな制約要因となると考えられます。

まず、外国からのアクセスの必要性について説明しますと、わが国の企業によるサービス提供は、現状の本人確認の実務のもとではわが国に住居を有する利用者に制限されるのに対し、住所を要件としない本人確認システムを採用している国の企業によるサービスは、その国に住居を有する利用者のみならず、わが国を含む外国に住居を有する利用者にも提供することができることになります。デジタルイノベーションでは、国境と関係なくサービスが提供され、そのことに伴う追加的コストが小さいことに鑑みますと、この違いは、企業間の競争上大きな差につながります。また、同様に住居を要件とする本人確認のシステムを有する国であっても、わが国のように人口が減少していく国にある企業では、そうでない国の企業に比べ、デジタルイノベーションに取り組む誘因が小さくなってしまうという問題もあります。

一方、郵便書留制度の将来についても、悲観的にみざるをえません。わが国では、人口の減少と高齢化が進んでいることが、空き家の増加等を通じ、郵便サービスの採算性を低下させる要因となっているからです。郵便という紙媒体による情報伝達サービス自体、インターネットの普及に伴い競争力が低下しているなかで、こうした構造問題もあるのでは、現状の郵便書留制度を将来にわたって維持することは容易ではないと考えられます。

このように、本人確認にかかわる現在のわが国の制度は、デジタルイノベーションの制約となるばかりか、持続可能性も大きくないので、早急な改革が不可欠です。わが国の政府機関が物理的な情報処理を墨守し、郵便書留制度に寄りかかり続けているとすれば、経済社会の将来にとって大きな禍根となると考えられます。

この点に関し、「未来投資戦略(2018)」では、「郵便を用いた本人確認手続が、事業者・利用者双方の負担となっているとの指摘があること等に鑑み、犯罪収益移転防止法施行規則を速やかに改正し、本人の顔の画像等を活用したオンラインで完結する本人確認手法を導入する」とされています。こうした地に足の着いた措置はデジタルイノベーション促進の第一歩であり、早期の実現が期待されます。

八 マイナンバー制度

一方で、前述のように、デジタルイノベーションの基盤となる公的なインフラストラクチュアとしては、マイナンバー制度を見直していくことが考えられます。この観点からすると、現行の制度のままでは多くの問題点があります。

まず、利用者についてみれば、住民基本台帳に依存した付番システムになっており、外国人でも住民登録をしていれば取得できる一方で、「長期在外邦人」や「住所不定者」等、住民基本台帳に登録されていない日本人には個人番号が割り振られないという問題があります。これは、物理的な住居という情報を本人確認の鍵としていることに伴う限界です。

また、マイナンバーを提出する際には、支払調書に用いてもらうため、個人番号提供書、マイナンバー通知カードのコピー、住民票と健康保険証か運転免許証のコピーを書留で送らねばなりません。マイナンバーの情報は、電子メールで送ることはもちろん、提供書に書き込むことも許されません。マイナンバーカードをつくれば、銀行等の窓口で本人確認書類として利用できますが、マイナンバーカードの裏面をコピー・保管できる事業者は、行政機関や雇用主等に限定されています。こうした考え方のままでは、マイナンバーをデジタルイノベーションのための公的なインフラストラクチュアとしていくことはむずかしいと考えられます。

さらに、事業者についてみれば、現在の制度では、税務等の目的以外への使用が禁止されています。規制に従ってマイナンバーの情報を集めても厳格な情報管理が求められるだけであり、事業に活用できるメリットはありません。

一方、マイナンバー制度による効率化効果を享受できるはずの税務署でも、これによる機構簡素化等は行われていません。これは、情報のコンピュータ処理で効率化効果を得るためにはストレートスループロセッシングが不可欠であるのに、マイナンバーを利用した税務事務では、収入にかかわる情報のみをデジタル処理とし、支出にかかわる証憑は紙による処理にとどめているからです。これでは、経済社会全体としての効率化効果を期待することはできません。

なぜこんな制度になったかという理由としては、マイナンバーは本人を特定する重要な情報なので、プライバシー保護のため、紙のやりとりで処理しなければならないということがあげられています。しかし、これは、物理的媒体を前提とする考え方にひきずられた議論ではないかと考えられます。現在では、一般の個人でも、氏名と所属等によりネット上で簡単に特定できるので、こうした情報にマイナンバーが紐づけされても、事態に変化はありません。また、なりすまし等による被害が生ずるかどうかも、個人の特定にマイナンバーが使われるかどうかと関係はなく、情報セキュリティ一般の問題です。

このように、現在のマイナンバー制度には、用途が限定されていることや物理的な観念に依存していること等に伴う弊害がありますので、今後見直していく必要があると考えられます。

二　デジタルイノベーションの国際競争と本人確認

マイナンバー制度を見直す際には、デジタルイノベーションにおけるクロスボーダーの競争に留意することが必要です。

現在の本人確認制度のもとでは、わが国の企業が外国の人にサービスを提供しようとしても、その人の住居にわが国の郵便書留を出せないので、使ってもらえないというハンディがあります。紙を住居に届ける物理的作業がインターネット上のサービス提供の前提ということでは、わが国の企業が国際競争に伍していくことは困難です。わが国の企業によるデジタルイノベーションを促進するうえでは、物理的な媒体に依存しない本人確認のシステム整備が必要だと考えられます。

この観点から最も参考となる枠組みは、エストニアのＩＤ制度「e-Residency」です。この枠組みのもとでは、エストニアの外に住居をもつ人でも、顔写真とパスポートのデータを用意すれば、インターネット上でＩＤの交付を申請できます。この申請はエストニアの政府により審査され、所要のプロセスを経れば、申請者の国に所在するエストニア大使館でＩＤカードを受け取ることができます。このカードのチップには、インターネットで利用するために、電子署名の秘密鍵が格納されています。カード上の記載事項は、氏名、有効期限、文書番号、個人番号だけで、顔写真はありません。

わが国のマイナンバーが秘密情報のように扱われるのに対し、エストニアのＩＤ制度における氏名と個人番号は、完全な公開情報です。また、エストニアにおいては、政府機関による公的サービスや銀行等による決済サービスの情報を交換するための情報基盤とともに、ＩＤカードによりデータに電子署名を付す環境が提供されています。こうした組合せは、本人確認のインフラストラクチュアとしてだけでなく、本人が自らの個人情報をコントロールするためにも有効な体制だと考えられます。デジタルイノベーションの国際競争という観点からみても、エストニアで事業を行えば、こうした機能を利用する外国人にもサービスを提供できることになります。

デジタルイノベーションをめぐるクロスボーダーの競争に鑑みれば、わが国でも、本人確認の方法をグローバルに開放していくことを検討していく必要があると考えられます。仮にそのことがプライバシー保護等に弊害をもたらすおそれがあるのであれば、そうした分野について、個別に弊害防止制度を設ければよいと考えられます。「原則開放・例外制限」へと、枠組みを転換していくことが期待されます。

③ 企業制度

イ 企業の設立・再編に関する法制度

デジタルイノベーションにかかわる具体的問題点としては、まず、起業の形態について、わが国の税法が会社法を大前提としているため、アイデアの拠出者と資本の拠出者の誘因の組合せがむずかしいことが指摘されています。企業法上は、「日本版ＬＬＣ（Limited Liability Company）」と呼ばれる合同会社制度が導入されました。しかし、この会社に対しても法人税が課されるため、実務における活用は限定的です。会社に対して課税せず、出資者等に課税する制度は「パススルー課税」と呼ばれており、アメリカでは認められているのですが、わが国では、収益が出ても会社には課税しないこととすれば、租税回避に用いられるおそれがあるとされ、認められていません。

また、起業の主体については、優秀な技術者が既存の大企業に就職することの多いわが国では、分社化が有望な候補と考えられます。具体的には、企業が特定の事業所を新会社として独立させ、既存株主に新会社の株式を配るという方法であり、「スピンオフ」と呼ばれています。しかし、その実行については困難が指摘されてきました。たとえば、ある事業所に素晴らしいアイデアがあって、直ちに売り出せば市場で受け入れてもらえるかもしれないのに、本社では、さまざまな角度からの審議が行われ、長期にわたって採用されないような状況を想定しましょう。この場合、アメリカ等では、事業所が独立し、アイデアを認めてくれる他の企業から出資してもらうことが自然な選択肢となります。しかし、わが国で同様の行動をしようとすると、法人税が制約要因の一つとなりました。つまり、わが国の法人税制では、こうした場合、事業所という資産を新しい独立会社に譲渡すると考えます。そうすると、たとえば既存の大企業の事業所の土地は、かつての価格で簿価がついていたところ、譲渡によって現在の時価に変わるわけですから、莫大な額の課税所得が生じてしまいます。この課税制度は、スピンオフによる起業を抑制するほか、窮境企業が赤字で納税できなくなる前に分社化等を行う妨げにもなっています。

さらに、わが国では、起業家が事業化の成果を得る手段についても問題が指摘されています。

デジタルイノベーションが加速しているなかで、アメリカ等の起業家にとっては、長い準備期間を要する上場ではなく、既存の企業等への株式売却が成果を得る主な手段となっているといわれています。そして、その主要な方法は、既存の企業等が自社の株式を対価として新興企業の株式を取得する「株式対価M＆A」だとされています。これに対する各国の課税制度を比べますと、組織の再編に該当すれば課税繰延べ、株式の売買に該当すれば譲渡益課税という基本的考え方は共通ですが、具体的な線引きに大きな違いがあります。すなわち、アメリカやドイツでは、投資が継続すれば組織の再編に該当するとされる一方、わが国では、事業の継続が基準となっており、具体的には役職員を維持すること等が要件とされています。これまでも説明したように、デジタルイノベーションでは、新興企業のうち莫大な収益を得るものはごくわずかなのですが、それを顕在化させようとすると直ちに課税されるということでは、起業の誘因が抑圧されてしまいます。また、その場合には、新興企業は納税資金の確保のために取得した株式を売却せざるをえず、株式対価M＆Aの相手となる企業等としては株価下落リスクを懸念せざるをえないことになります。

以上のような企業法と法人税制の問題点は、かねてから指摘されてきたのですが、わが国の法制度の基本的枠組みに起因しており、短期間での解消はむずかしいとみられます。従来は、既存企業から改正要望が出されないこと等もあって、検討は進んできませんでした。

しかし、関係者が粘り強く主張した結果、二〇一七年には、スピンオフについて、一定の要件を満たしていれば課税を繰り延べる制度がようやく導入されました。分社後の企業の株式を売却したときには税金がかかるのですが、スピンオフしただけでは、資産の評価替えに伴う課税が行われないようになったのです。さらに、二〇一八年の税制改正では、株式対価M＆Aについて、既存企業が生産性向上特別措置法に基づく事業再編計画の認定を受ければ、新興企業は課税の繰延べが可能となりました。こうした措置は、なお、政府の関与に基づく例外という位置づけではありますが、わが国の法人税制がデジタルイノベーションに対応したものになるための重要なステップになると考えられます。

企業経営の実務における活用が期待されます。

ロ　事業再生

これまで繰り返し述べているように、どの国においても、デジタルイノベーションを目指す新興企業の多くは失敗します。こうしたなかでも起業家の誘因を確保するためには、たとえ失敗しても円滑に再起を図ることができるような枠組みが重要です。その中核をなすものが倒産制度です。その内訳としては、債権者の合意で処理内容を決定する私的整理と、裁判所が処理内容を決定する法的整理があります。

この点に関し、まず法的整理の制度を比較しますと、アメリカでは、法的整理の申立ては企業の財務状況にかかわらず任意であり、裁判所は原則として申立てを受け付けなければならないとされています。一方、ドイツとわが国では、債務超過や支払不能のおそれがないと法的整理を申し立てることができない点は共通していますが、ドイツでは、要件に該当すると経営者に申立義務が生ずることが異なります。ドイツでは、その状態で負債をふやせば直ちに毀損するので、法的整理を開始しないでいることは詐欺に近いとみられていると考えられます。わが国では、この義務がありませんので、窮境企業の経営者の立場からみれば、資金繰りで末期症状に陥らない限り、責任追及を受けるおそれのある法的整理の手続を開始しないことが合理的ということになります。なお、債権者の立場からみても、わが国の法的整理の制度は、債権者が窮境に陥った企業の経営に介入しても倒産手続上不利益を被らない等、法的整理を促す誘因が設けられていないことが特徴です。

こうした法的整理の制度の差異は、それに先立つ私的整理の際にもアンカーとして機能しますので、わが国で事業再生の着手全般が手遅れになりがちである背景となっていると考えられます。その結果、わが国の企業が事業再生に着手する主な契機は資金繰り困難であることが実情です。そして、事業再生の着手の遅延が支配的である結果、倒産した企業向けの債権に対する配当がきわめて少なくなり、債権者としても厳しい責任追及を行わざるをえないという悪循環に陥っています。わが国の倒産制度は、中立義務がない点で経営者に緩やかなようにみえますが、結果として、倒産企業の傷を深くし、経営者個人も再起不能にさせがちだという問題があります。デジタルイノベーションの観点からみると、起業の誘因をくじいているほか、停滞した企業に人的資本を閉じ込めることにもつながっていると考えられます。

この点、現在の欧州共同体では、産業の活性化に関する環境整備の一環として、倒産、免責、起業のサイクルの迅速化を推進していることが注目されます。加盟国であるドイツでも、これに対応して、毎年のように法的整理の制度改正が行われています。これに対し、わが国では、二〇〇七年以降、法的整理の制度が改正されていません。また、実態としても、世界的金融危機以降における金融円滑化措置や近年における極度の金融緩和により、事業再生の着手の誘因が著しく抑制されています。

こうしたなかで、二〇一四年三月には、行政の関与する私的整理である事業再生ＡＤＲの対象となった企業だけでも、法的整理においてＡＤＲとの円滑な接続を確保しようという提言が出され、二〇一八年に成立し、生産性向上特別措置法の改正案に盛り込まれました。事業再生の実務に活用されていくことが期待されます。

ただし、この制度は、事業再生に着手した後の手続の円滑化に資するものですので、上記のような事業再生の先送り問題の根本的解決ではありません。デジタルイノベーションの促進の観点からも、倒産制度に関するさらなる検討が期待されます。

八　外国人材

デジタルイノベーションでは、アイデアの斬新さが何より重要です。新しいアイデアは、異なる考え方が混じりあうなかで得られることが多いとされていますので、政府としては、起業人材の多様化を促していく必要があります。そのなかでも、外国人による起業活動の奨励は、自国民との考え方の違いが大きいことから、アイデアの創出と事業化を促進するうえで有効だと考えられます。

この点に関して、ドイツの例をみますと、かつては移民制度を全面否定していたなかで、「ガストアルバイター（外国人労働者）」の劣悪な労働環境等が社会的問題となっていました。しかし、一九九〇年代末以降には、社会民主党のシュレーダー首相による労働・資本市場等の構造改革が行われ、その一環として、外国人政策が抜本的に見直されました。その結果、ドイツでは、移民制度による外国人材の導入が正面から認められるようになり、その一環として、「自営業ビザ」が一〇年前に導入されました。これは、既存の企業等を経営するのではなく、新たに起業するために外国人がドイツで活動することを認める制度です。また、受け入れた移民にドイツの言語と法制度をマスターしてもらうための施設が数多く設けられました。こうした経緯を経て、現在のドイツでは、起業の四割が外国人によるようになったとされています。

また、アメリカの例をみても、起業活動は、自国民よりも外国人のほうが盛んだとされています。従来、アメリカでは、外国起業人材向けには投資家ビザと投資永住権等が提供されてきましたが、近年では、イギリスや韓国等との人材誘致競争に負けているという危機感が表明されるようになっています。

現時点では、両国とも、難民への対応が政治問題化し、ポピュリズムの流れのなかで外国人受入れには逆風が生じていますが、シリコンバレーで典型的にみられるように、デジタルイノベーションでは、外国人材が新興企業にとって不可欠となっています。

これに対し、わが国では、外国起業人材の誘致のための制度は存在しません。現在、福岡の国家戦略特区において、経営・管理の準備のための六カ月間の在留資格を試行中ですが、永住権との関係が不確実であること等から、誘致効果にはおのずから限界があると考えられます。ドイツやアメリカと異なり、わが国では、人手不足のもとで、外国人が雇用機会を奪うという問題もありません。外国人材の誘致について、全国的制度改革としての検討が期待されます。

④ 消費者保護

以上のような起業促進策を講ずるとしても、わが国では、当面、既存企業による財・サービスの開発がなお主流であり続けると考えられます。しかし、既存企業は、事故時の責任関係が不明確な事業には消極的になる傾向が強いという指摘があります。こうしたリスク回避は、既存企業の役職員が「会社共同体」の存続を最優先することによるものであり、急には変わらないと見込まれます。一方、アメリカでは、オープンイノベーションが主流となっており、多くのスタートアップ企業が淘汰されるなかから、成功にたどり着くものが生ずるのであって、とにかくやってみようと考える点が異なります。同様の考え方は、中国の新興企業についても指摘されています。

こうした企業行動の差異が典型的に表れた例として、掃除ロボットの開発が指摘されることがあります。わが国のメーカーは、製造技術はありながら、一〇〇％の安全性を確認できないため、掃除ロボットを事業化できないでいました。そうしている間に、アメリカでは、スタートアップ企業が開発に取り組み、迅速に事業化した結果、わが国を含む世界の市場を席巻したということです。同様の現象は、医療機械等の分野においても生じているといわれています。

こうした既存企業のリスク回避志向を前提としますと、わが国の政府としては、他国に先駆けて事業の不確実性を除くための環境を整備していくことが必要だということになります。これはなかなかの難問ですが、なかには、かつてわが国政府による環境整備が模範例となった分野もありますので、これに倣った工夫を行えば、再度成功を収める可能性もあるかもしれません。

具体的には、まず、完全自動運転車の事故対応があげられます。自動運転に関する保険として従来論じられているものは、運転手に対する補助機能を前提としており、運転手のいない場合については保険制度が存在していません。わが国の企業からみると、こうしたことでは法的リスクが大きく、完全自動運転車の開発の誘因を削がれることになります。

しかし、わが国においては、モータリゼーションの初期に、裁判所が中心となって交通事故の紛争処理方法を確立し、保険会社や弁護士等に標準を提供した例があります。これは、わが国ではあまり取り上げられませんが、アメリカの学会においては高く評価されています。この方法を自動運転に対する今後の取組みでも応用し、技術面から自動運転車の事故の可能性を最小化しようとするだけではなく、事故が生じた場合の法的関係を早期に明確化することが期待されます。

事故の際の責任関係がはっきりしないという問題は、人工知能を組み込んだ製造物全般の欠陥に共通します。現在の消費者保護の枠組みでは、製造物についてはメーカーに厳格責任を負わせる仕組みになっているのですが、ソフトウェアについてはそうした仕組みになっていないからです。たとえば、スマートフォンを買ってすぐ電池切れになったらメーカーが換えてくれるのですが、スマートフォンに載せたアプリが思うように動かなくても、メーカーは対応してくれません。今後この境界がどうなるかは明確ではありませんので、わが国の企業からみると、人工知能を組み込んだ製品提供の法的不確実性が高いことになります。

この点に関しても、わが国では、法的リスクの高い産科医の志望者数が少ないことへの対策として、医療事故の責任保険制度ではなく、被害者補償と解決策研究の制度を導入することで、医療サービスの供給を確保した例があります。デジタルイノベーションに関しても、このように経済合理性からみて有効な枠組みを整備することが期待されます。

⑤ 業務規制

イ レギュラトリーサンドボックス

わが国の業務規制の設計を概観しますと、銀行法や金融商品取引法が典型であるように、規制対象とする行為を定義したうえ、登録等を行わないで営業する者を警察が取り締まる一方、登録等を行った者は所管行政庁が監督するという業法の枠組みがとられています。ここでは、行為の定義が刑事取締りの鍵となるので、法律で明確に規定しなくてはなりません。

一方、デジタルイノベーションでは、事業の核心はアイデアの斬新さにあり、実装には大きな設備を要しないので、小規模なスタートアップ企業が推進の主役となっています。また、産出物の可塑性が高いこと、アイデアの事業化と陳腐化のテンポが速いことから、ベータ版や実証実験により利用者との対話を図りながら事業化を進めることが一般的です。

こうした流れに対しては、わが国の企業の伝統的行動様式は、特に適性が小さいとみられます。その背景としては、大企業を中心として、人材の多様性の不足や技術の自前主義の残存等、さまざまな要因が指摘されますが、なかでも法令遵守を重視するあまり、斬新なアイデアの事業化を鈍らせていることは重要だと考えられます。

「レギュラトリーサンドボックス（Regulatory Sandbox）」は、こうした問題全般に対処するための枠組みです。ここでは、何のために規制をしているのか、対象事業にどういう問題があれば規制すべきかを、政府が起業家と一緒に考えることになります。上記のような傾向からみますと、わが国ではすべての規制を対象にレギュラトリーサンドボックスを設けていく必要性があると考えられます。

ただし、わが国にレギュラトリーサンドボックスを導入する場合には、業法による規制の体系と政府の規模の小ささが補完関係にあることに留意する必要があります。各国政府の職員数をみると、わが国が五〇万人であるのに対し、イギリスは二三〇万人、アメリカは二〇〇万人、ドイツは三六万人等となっています。人口一人当りでみると、イギリスはわが国の八倍ですし、アメリカとドイツは、中央政府では大差がないものの、連邦制であるために地方公務員の比重が非常に大きくなっているところが異なります。わが国は、政府の規模が小さく、業法のもとで規制の執行コストを事業者が分担しているのです。現在の財政状況のもとでは、政府の規模を大幅に拡大することは現実的ではないので、業法の体系を大きく見直すこともやはり現実的ではないと考えられます。

そこで、わが国としては、現在の業法の体系を維持する一方で、実証実験を対象として、執行面で横断的な枠組みを設けることが考えられます。

具体的には、ある行為が規制対象か否かの判断にあたり、

・各業法に共通する定義である「営業」について、基準を明示すること
・各業法における「事業」の内容に関する照会への回答を政府全体で共有すること
・各省庁における法令照会の対応と行政実務への反映の体制を整備すること

が考えられます。

こうした措置の効果としては、まず、政府全体としての方針表明を行うことで、個別の所管行政庁が公正・中立性に関する批判を受ける懸念を減殺する効果を期待できます。また、回答の共有については、警察当局や検察当局との関係がとりわけ重要です。これらの組織は、独立して職務を行うとされていますが、所管行政庁が正当な業務等であるとして公表した行為については、可罰的違法性が小さくなったり、事業者の責任が阻却されたりするとみてよいと考えることが期待されます。さらに、個別分野に関しては、イノベーション促進という方針を所管行政庁の実務に浸透させていくことにつながることが期待されます。

こうした枠組みは「未来投資戦略（2018）」で取り上げられ、二〇一八年に成立した生産性向上特別措置法の改正案に「規制のサンドボックス」として盛り込まれました。事業者は、新技術等実証計画を政府の一元的窓口に提出し、政府は、内閣の設置する評価委員会の意見を聴いて、事業所管行政庁と規制所管行政庁が計画を認定するという制度です。

ただし、その運用に際しては、外国のレギュラトリーサンドボックスは、まさに特定の事業者と行政当局が一緒に問題を考えていく枠組みであることに留意が必要です。そうしたなかで、公平性を重視するあまり、出る杭を打つような考え方がとられると、わが国発のイノベーションにとって大きな障害となります。制度を公正に運用するとともに、こうした価値観を変えていくことが重要だと考えます。

ロ　法制度の整備

デジタルイノベーション促進に向けたわが国政府の環境整備としては、以上に加え、個々の規制法を改正していくことも必要です。規制のサンドボックスの枠組みにおいても、実証の結果をふまえて、規制を見直すことが盛り込まれていますし、金融関係法については、機能別の横断的規制に向けて、包括的な検討が始められました。「未来投資戦略（2018）」では、「現在の業態ごとの金融・商取引関連法制を、同一の機能・リスクには同一のルールを適用する機能別・横断的な法制に見直すことについて、関係省庁において連携しつつ検討を行い、法整備に向けた基本的な考え方について、本年度中に中間整理の取りまとめを目指す」とされています。

この考え方は、規制の実効性確保という観点からも必要だと考えられます。たとえば、現在の銀行法を全体としてとらえれば、銀行業務をするのであれば免許が必要となるという業法ですが、銀行業務の定義は、窓口でお札を出し入れしていた頃に形成された考え方が引き継がれています。しかし、現在では、情報通信技術の進歩を背景に、電子取引や電気通信の企業も、クリックを重ねることで支払手段や貯蓄手段を利用することのできるサービスを提供しています。こうしたサービスは銀行業務だから、免許がないとクリックさせてはいけないという規制は、国内の事業者に対しては執行可能としても、外国の事業者が越境サービスを行っている場合には、執行できません。わが国としても技術革新に見合った規制とするよう検討するほうが適切だと考えられます。この問題は、限定列挙主義をとっている金融商品取引法にも同様に当てはまります。

その際には、規制の内容のみならず、具体的な規定や執行の仕方に十分留意する必要があります。とりわけ、デジタルイノベーションが進展するなかで、事業を規制する必要がある場合には、情報通信の物理的媒体等に関する既存の概念にひきずられた文言とならないよう、細心の注意を払う必要があります。また、業法の執行の枠組みについても、顧客と事業者の創意工夫を促すようなものとすることが重要です。こうした観点からは、具体的な規制の内容については、可能な限りソフトローを活用していくことが考えられます。

この点に関して、金融関係法令を例として考えますと、金融市場等に新たな技術を導入する場合には、顧客に利便性をもたらす一方で、顧客情報の管理懈怠やシステムの悪用による損害等の問題も発生するおそれがあります。これに関しては、行政庁が事前に規制することにより問題を予防するという対応もありえますが、金融関係事業者と顧客の関係を適正化するための措置を整備したうえで、行政庁は事後的に対処するという対応もありえます。これまでのわが国では、前者の対応に偏っていたため、結果としてイノベーションの制約につながってきたきらいがあります。今後は、デジタルイノベーションを促進するためにも、後者に比重を置くことが望ましいと考えられます。

(3) わが国政府の将来の課題

① わが国におけるブロックチェーンの将来

わが国の企業は、デジタルイノベーションに関し、外国と比べて厳しい状況に置かれています。今後、以上で説明したような改革がよほど進展しない限り、日本の産業はこの分野でも競争力を維持できないかもしれません。しかし、それは、わが国の国民にデジタルイノベーションの利便が及ばないということではありません。少なくとも金融システムにかかわる分野では、仮想通貨はともかくとして、ブロックチェーンを活用したサービスが普及していくことは確実だと考えられます。

そこで、以下では、ブロックチェーンが定着した段階で、法制度にどのような影響があるかについて説明します。具体的には、スマートコントラクトが普及し、電子現金による決済が一般に用いられるような状況を想定します。

② 企業制度

ブロックチェーンの定着により根本的な影響を受ける法制度としては、まず、企業制度があげられます。

わが国の企業制度をアメリカやドイツと比較しますと、アメリカでは、州ごとに異なる企業法があって企業制度の選択肢が多く、連邦税法は、その経済的性格に応じて適用が決まる方式とされています。また、ドイツでは、EU市場統合に向けて、加盟国間の企業法や税法のハーモナイズが図られています。これに対し、わが国では、独自の企業法と法人税法が一対一で剛結合しており、企業の組織変更や資本提携の自由度が著しく小さくなっています。

こうした状況は、これまでのわが国では、企業の新陳代謝が不活発であり、クロスボーダーでの人的・物的資本の移動が小さかったという事情に起因するものです。しかし、スマートコントラクトやＤＡＣｓが定着し、クロスボーダーでのサービス提供が一般的になれば、そうした特殊性を維持することは困難になると考えられます。

外国ではすでにインターネット上だけで会社を設立することが可能になっているところがあります。また、ブロックチェーン上のＤＡＣｓ等については、国際的な標準化に向けた議論が開始されています。わが国でも、少なくとも、法務局における登記や公証人による証明等の手続を改革し、インターネット上だけで法人を設立できるようにする必要があると考えられます。

③　業務規制

イ　事前予防に対する需要の拡大

スマートコントラクトが普及しますと、自動執行の領域が広がりますので、問題が生じた場合には、現状を回復してもらうよう請求することが多くなります。こうした場合は、既成事実が生じてからの措置なので、裁判所による事後的救済の実効性は低下すると考えられます。そこで、デジタルな財・サービスについては、行政庁による事前予防に対する需要が高まることが想定されます。しかし、行政庁の立場からすれば、対応能力が限定されている一方で、新たな財・サービスが提供されれば問題が生ずるということになるので、デジタルイノベーション全般に消極的になってしまうおそれがあります。

ブロックチェーンが普及した段階では、国境を越えてサービスが提供されます。わが国の企業の立場からみれば、あるサービスの提供がわが国で規制されても、外国の企業がそのサービスを提供してしまえば、競争上不利となるだけだということになります。また、政府の立場からみても、インターネット経由で外国のサービスが提供されるなかでは、他国との規制の横並びを常に考えなければならなくなります。さらに、クロスボーダーの企業活動に関しては、規制当局としては窓口として国内に営業所があるほうがよいとしても、不合理な規制をしている国には資本や人材も来なくなるといった問題等が生じます。

□　規制体系の転換

こうしたことから、デジタルイノベーションが進展するなかで、取引規制にあたって現在の業法の枠組みを維持することは困難になると考えられます。これは、業法では、対象となる業務を明確に規定しなくてはならないのですが、デジタルイノベーションでは財・サービスの可塑性が高いので、「後出しじゃんけん」で、規制が簡単に迂回されるからです。こうした問題は、金融分野ではすでに顕在化していますが、デジタルイノベーションの進展に伴って、今後ありとあらゆる分野で生じてくることが想定されます。

また、届出等を行わない事業者を警察が取り締まることができるかという問題もあります。仮に警察が捕まえられないのだとすると、制度設計を見直さなければなりません。従来のわが国は、安定した閉鎖的な社会だったので、警察の取締りが行き届き、法令遵守のしっかりした事業者への規制に頼ればよかったのですが、たとえば、金融商品の取引等では、海外でのインサイダー取引にみられるようにすでに綻びが生じています。デジタルイノベーションが定着する段階では逆の考え方にしなければならないと考えられます。つまり、政府に登録した事業者は信頼できるが、それ以外は利用者の自己責任としたうえで、不正な行為に対しては、政府が事業者に対する刑事上の取締りを行うのではなく、利用者が個別の行為に対する民事上の措置をとるという考え方です。

これは、行政庁や裁判所にとってはコペルニクス的な発想転換かもしれません。しかし、新しい財・サービスが次々に開発され、クロスボーダーで提供されていくような事態を想定すれば、規制体系を従来の演繹型から機能型へ転換していくことが必要になると考えられます。

④　司法制度

司法制度は、スマートコントラクトによって最も本質的な影響を受ける分野です。「未来投資戦略（２０１８）」でも、「司法府による自律的判断を尊重しつつ、民事訴訟に関する裁判手続等の全面ＩＴ化の実現を目指す」とされています。

この点について、これまでの説明と関連づけるとすれば、まず、裁判所については、書証を読み上げることを中心としている現在の裁判手続を変更する必要が生じます。取引の内容はコードで書いてあり、当事者が合意しているかどうかという情報もブロックチェーン上で処理されるので、裁判手続もそれに対応したものにしなければなりません。

また、実体法の面でも、ソフトウェアを記述するコードに契約の文言と同等の法律上の効果を賦与できるかどうかを判断しなければなりません。たとえば、スマートコントラクトを用いたシェアリングのサービスを想定した場合、コードに基づく資産の制御権能の移転と契約文言に基づく法律上の権利の移転をどう関係づけるかといった論点が生じます。

こうした点については、従来の法律論からすれば、実体法上は意思表示の方法の変更にすぎず、証拠については自由心証主義がとられているので、法制度面の対応は不要という結論になるかもしれません。しかし、デジタルイノベーションにかかわる企業からすれば、スマートコントラクトにかかわる紛争が裁判所に持ち込まれてはじめて評価が定まるということでは、事業化を進めることが困難になります。その場合には、スマートコントラクトを用いた取引の多くが、わが国以外の裁判管轄や準拠法によることになるおそれがあります。

一方、弁護士についてみれば、現在の制度上は、弁護士は最終的には裁判所で弁論できる専門家だとされていますが、スマートコントラクトが普及した段階では、現在のアメリカではすでに議論されているように、わが国でもそうした資格に意味があるかが問題とされる可能性があると考えられます。

また、信託業との境界も問題になると考えられます。信託業法は、法律的な専門性がある業務をきちんと行うために一定の要件が必要だという考え方に基づいていますが、スマートコントラクトでは、ソフトウェアと契約が一体的に運用されることになります。そうしたなかでは、弁護士業と信託業は情報処理ビジネスの一形態として収斂していくのかもしれません。

このように、スマートコントラクトの定着は、裁判所を含む司法制度全体に見直しを迫るものになります。

ボックス7　わが国におけるデジタルイノベーションの制約

①　オープンイノベーションと産業構造

デジタルイノベーション促進にかかわる第一の論点は、産業構造です。情報通信技術の進歩に伴って、新興企業とプラットフォーマーの役割拡大等の産業構造の変化が進展してきており、産業の国際競争力は、こうした企業間の機動的連携に基づくオープンイノベーションによって培われるようになっています。デジタルイノベーションは、その延長線上の現象です。

この点について、まず、デジタルイノベーションにおける新興企業の役割をみますと、大企業に長い間勤めている人は、固定的な考え方をしてしまいがちで、斬新なアイデアを出すことが困難だといわれています。また、仮にアイデアが出されても、既存事業への影響等、組織内でチェックが行われる過程でスポイルされてしまいがちです。これに対し、新興企業では、そうした抵抗がないので、思いもかけないようなアイデアがどんどん創出されます。たいていはうまく事業化できないのですが、まれには大成功を収めるものが出てきます。

また、産業構造上のもう一つの論点は、プラットフォーマーの役割です。いわゆるＧＡＦＡ（グーグル、アップル、フェイスブック、アマゾン）等は、検索やモバイル端末等のインターフェイスで膨大な数の利用者と情報のやりとりをすることで、取引のプラットフォームを提供しています。デジタルイノベーションにおいて、新たなサービスを一挙に大規模に投入するためには、広範な顧客基盤があり、そのさまざまなデータを保有しているプラットフォーマーと連携することが有利です。

この点、中国においては、新興企業とプラットフォーマーのメリットを兼ね備えた強力な企業が成長してきていることが注目されます。アリババやテンセントのような企業は、巨大なプラットフォーマーであるとともに、新興企業でもあり、マンネリ化や自滅の弊害から自由だといわれています。

デジタルイノベーションでは、このような企業により、クロスボーダーの競争が繰り広げられています。

② わが国における新陳代謝

イ 産業の開放性と新陳代謝

こうした流れと比較しますと、わが国の産業構造は、対外的に閉鎖的であるとともに、企業の新陳代謝が不活発であることが特徴です。

前者について統計をみますと、図表8に示したように、わが国における対内直接投資の対GDP比率や外国人労働者の比率は、アメリカやドイツに比して桁違いに低いものとなっています。

また、事業所の開業率と廃業率も、アメリカやドイツの約半分の水準です。たとえば、中小企業庁によれば、「わが国の開業率・廃業率は、二〇〇一年から二〇一五年にかけて、開業率は五％前後、廃業率は四％前後と欧米諸国に比べて一貫して非常に低い水準で推移している。他方で、イギリスやフランスは足下の開業率はともに一三％前後であり、わが国と比べ一〇ポイント近くも高くなっていることが分かる」とされています。

図表8　産業の開放性と新陳代謝

	アメリカ				日本				（参考）ドイツ			
	2000	2005 [2000－2010]	2010	直近 [2017]	2000	2005 [2000－2010]	2010	直近 [2017]	2000	2005 [2000－2010]	2010	直近 [2017]
潜在成長率（注1）		[2.3]	1.7	1.7		[0.6]	0.4	0.4		[1.2]	1.2	1.3
対内直投残高GDP比（注2）	27.1	21.5	22.9	31.1	1.1	2.2	3.9	4.1	24.1	22.3	27.9	33.4
外国人労働者比率（注3）	12.9	15.2	16.2	n.a.	0.8	1.1	1.0	1.2	8.8	9.3	9.4	n.a.
開業率（注4）	10.4	10.9	9.3	n.a.	4.4	4.4	4.5	4.5	n.a.	n.a.	8.6	8.5
廃業率	9.8	9.6	10.3	n.a.	4.4	4.4	4.1	3.8	n.a.	n.a.	8.4	8.1
平均勤続年数（注5）	(4.7)	4.0	4.4	4.6	(13.3)	(12.0)	11.9	12.1	(10.0)	(10.2)	11.2	11.0

（注1）　この項目の2005年の欄には2000年から2009年の平均伸率、直近の欄には2017年の推計値を記載。
（注2）　この項目の直近の欄には2015年の計数を記載。
（注3）　この項目のアメリカとドイツについては、2010年の欄に2009年の計数を記載。日本の直近の欄には2014年末の計数を記載。
（注4）　開業率と廃業率の直近の欄には、アメリカは2010年、日本は2012年、ドイツは2011年の計数を記載。
（注5）　この項目の本書きは国際労働比較、カッコ内は各国資料による。2005年の欄には2006年の計数を記載。
（資料）　OECD 'Economic Outlook Annex Tables' (2016.5)、UNCTAD 'World Investment Report 2016'、労働政策研究・研修機構「国際労働比較」、中小企業庁「中小企業白書」(2014)、OECD Statistics 'Employment by jab tenure intervals'、厚生労働省「賃金構造基本統計調査」、U.S. Bureau of Statistics 'Employee tenure'

一方、従業員の平均勤続年数をみますと、アメリカに比べると長いのですが、ドイツとは大差がありません。アメリカの雇用契約の特殊性を考慮すると、わが国産業の閉鎖性は、労働市場の流動性の低さよりも企業の新陳代謝の乏しさによるところが大きいと考えられます。わが国における開業の少なさと廃業の少なさは、相互に循環的な関係にあります。停滞した企業が長期間存続することで新規起業に提供されるべき人材や資本が閉じ込められる一方、新規に人材や資本が活用される可能性が小さいために廃業の困難が大きいのです。

ロ　産業の生産性と新陳代謝

わが国で古い企業が大きな比重を占めていることは生産性にも悪影響を与えている可能性があります。この点について、日本銀行の職員による論文をみますと、「企業年齢と生産性成長率の関係をみると、生産性成長率は、新規参入企業の方が高く、企業年齢の高まりとともに低減していく傾向にあることが確認できる。（中略）また、日本では、既存企業の中に、アメリカの基準でみれば退出すべき企業も相応に含まれているため、既存企業の生産性上昇への寄与が小さくなっているという見方もできる。このほか、ある企業が生産性の高い企業を買収した場合、被買収企業の退出が生産性下押しに寄与する一方、買収企業（既存企業）の生産性が上昇すると考えられる。日本では、そもそもM&Aが、アメリカと比べて限定的である点が両国の違いを生み出している可能性もある」と述べられています。これを示したものが図表9です。

こうしてみれば、わが国でも、新規の起業やM&Aを促進することがきわめて重要です。大企業での終身雇用が重視され、起業で失敗したら一生再起できなかったり、M&Aで被買収側になることを忌避したりするということでは、デジタルイノベーションの国際競争で優位に立つことは困難

図表9　企業年齢と生産性

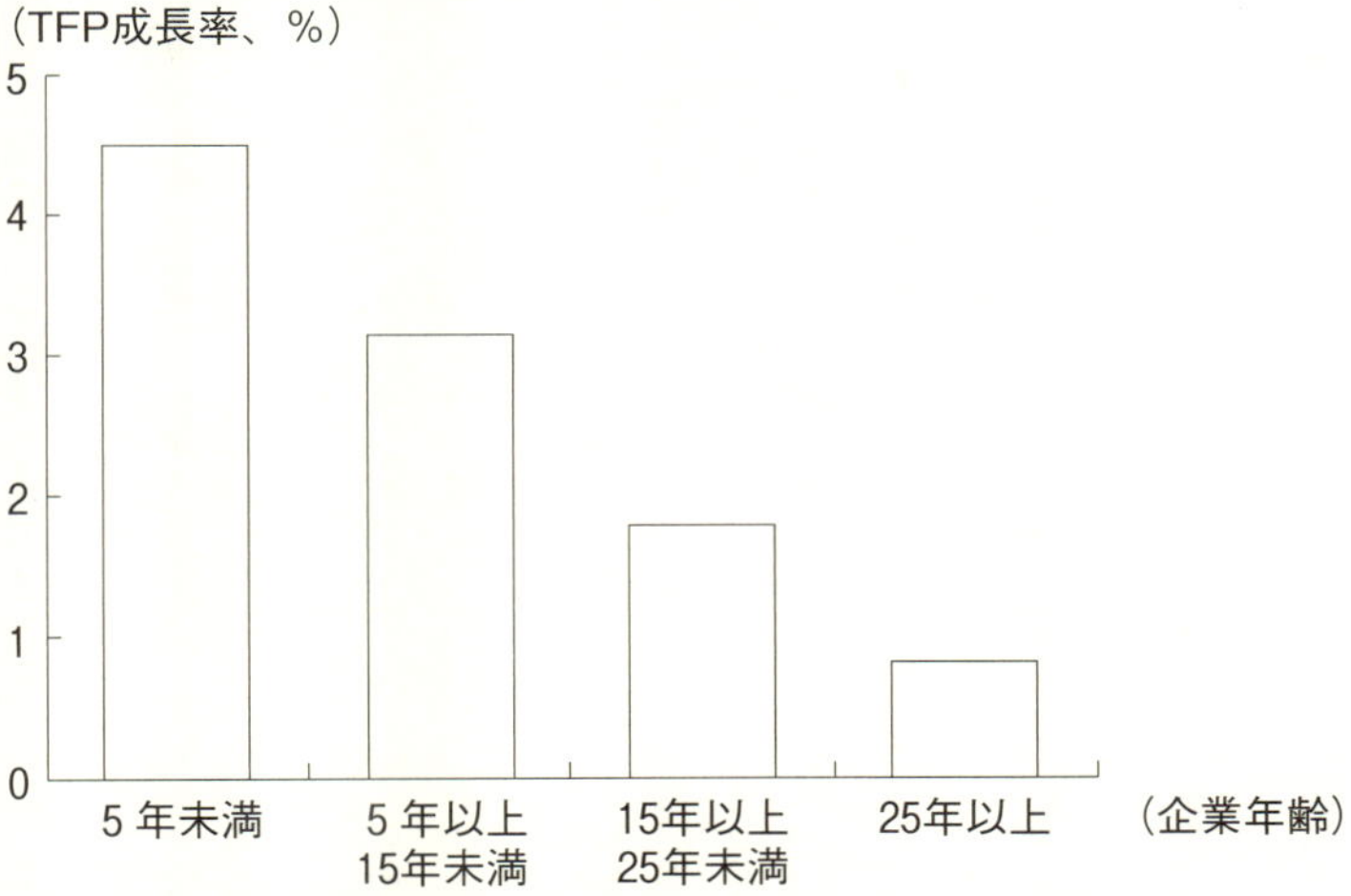

(注)　中村康治・開発壮平・八木智之「生産性の向上と経済成長」による。

だと考えられます。こうした風潮は、会社共同体の存続を最優先する考え方が経済社会の固定観念となっていることによるものであり、一朝一夕には変わらないかもしれません。また、わが国では、法制度や政府機関も粘着性が強く、産業と政府が相互依存しているなかで顕著な経路依存性がみられます。

デジタルイノベーションの促進が経済社会にとって決定的に重要であることを考えれば、少なくとも、外国と比べて新陳代謝の制約となっている法制度を改革することは、わが国政府の果たすべき重要な役割だと考えられます

③　業務規制

デジタルイノベーションにおいては、スタートアップ企業が主役となって斬新なアイデアを出すことや、プラット

フォーマーが既存の業種や国境の区分と関係なく事業を展開することから、既存の規制法では整理がつかないことがしばしばです。いわゆる規制緩和は、規制されることが明らかな業務について既存の企業が行う要望に対応する枠組みですが、本当に斬新なアイデアは、規制されるかどうか自体がわかりません。また、規制緩和では、外国で可能な事業がわが国ではできないという議論が多いのですが、わが国発のアイデアについては、こうした議論は通用しません。起業家としては、デジタルイノベーションの競争が加速を続けているなかで、仮に規制が緩和されるとしても、それまでの年数を待てませんので、どのような業務であれば規制されるのかについて、事前に相談に乗ってもらいたいと考えることになります。

この点を考えるため、まず、わが国における業務規制を概観しますと、その根拠法の多くは業法に分類されます。これは、一般的に、特定の業種の営業に関する規制の条項を含む法律を指すもので、「〇〇事業法」といった名称の法律のほか、幅広い内容の法律の一部として、関連する事業を営む事業者に関する特別の規制を設けているものもあります。

業法は、まず、特定の業務を営む事業者に対して、許認可、登録、届出等を義務づけて、行政庁による把握の対象とします。そのうえで、把握された事業者に対しては、業務に関する禁止行為を定めたり、事業者の約款に認可を要求したり、有資格者の配置を義務づけたりする等の規制を課すことになります。また、行政庁に対しては、多くの場合、報告徴収、立入検査、業務改善命令等の権限を付与します。一方、届出等の義務を果たさないでその業務を営む事業者には、刑事罰が科されます。

個別事業者に対する業法の執行について、政府の立場からみますと、登録等を通じて行政庁が把握している事業者か否かで大きく異なっています。把握ずみの事業者に対しては、所管行政庁としての権限行使が物理的に容易であり、それを背景とした日常的な意思疎通も行われます。一方で、把握ずみでない事業者に対しては、届出等の義務違反として刑事罰を科すべきことになりますが、所管行政庁では十分に対応できないので、犯罪捜査の一環として警察当局で対応することが中心になります。これは、必ずしも業法の規制目的を達成するためではなく、秩序維持のための幅広い活動の一環として行われることがあります。

一方、事業者の立場からみますと、自らの営もうとする事業が業法の規制対象に該当するか否かがきわめて重要です。該当する場合には、届出等を行わないと刑事罰が科されるうえ、所管行政庁による規制や権限行使等を受忍しなくてはならなくなるからです。しかし、所管行政庁としては、決してむやみに規制しようと考えているわけではないにしても、確実な判断をするためにも、新たな業務が現実に行われるようになった段階で規制対象かどうかを検討するという事後的対応を行うことになります。

業法の規制対象に該当するか否かという観点から業法の規定を概観すると、規制対象の定義としては、「○○を行う営業」等と記されています。ここでは、当該行為が「○○」に該当するか否かとともに、どの程度の行為を行えば「営業」や「事業」に当たるのかが重要です。このうち、定義としての「○○」の明確性は法律により異なるうえ、技術革新に伴って既存の定義が有効でなくなることも生じうると考えられます。また、「営業」については、法令用語として、一般的に、その行為が反復継続的に遂行されていることや、社会通念上「事業の遂行」とみることができる程度のものであることが判断基準とされています。これらは、いずれも個別具体的な事情によるところが大きく、事業者が結論を予見することは困難です。法令を遵守しようとする起業家としては、リスクをとって事業化に踏み出した後で、万が一取締りを受けるようなことになれば、どうしようもないと考えざるをえません。

なお、所管行政庁が把握ずみの事業者についても、デリバティブの取扱いに賭博罪適用の懸念が表明された例があったように、業法以外の法規に基づく取締りがありうることに留意する必要があります。事業者からみれば、こうした点も、事業を取り巻く法的な不確実性につながります。

こうしたことから、業務規制の見直しにあたっては、具体的な執行の状況にも細心の注意を払わなければ、デジタルイノベーションの促進につながらないおそれがあることを理解いただけると考えます。

むすび

「ゆく河の流れは絶えずして、しかももとの水にあらず。淀みに浮かぶうたかたは、かつ消えかつ結びて、久しくとどまりたるためしなし。世の中にある人とすみかと、またかくのごとし」。これは、方丈記の冒頭の記述です。

私は、一九七七年に社会に出て以降、ほとんどの年月を金融システムのために投入してきました。現在までの四〇年を振り返ってみますと、この間に、わが国の経済と金融のシステムが様変わりになっていることに気がつきます。とりわけ、一九九〇年代以降のインターネットの普及は、すべてを変革しました。地下鉄に乗ってみても、かつては多くの人々が新聞を開いていたのに、いまはほぼ全員がスマートフォンを操作しています。金融機関のお客様も、かつては支店の窓口で待っていただいていたのですが、いまやインターネット経由でないとサービスさせていただけないことが多いのです。こうしてみると、方丈記の記述は、単なる無常観の表明ではなく、現実の描写だと思い至ります。

こうしたなかで、現在のわが国の金融産業、とりわけ銀行は、かつてなく厳しい環境に置かれています。これまで本業と考えていた金融サービスでは、ほとんど利鞘が得られませんし、経済社会のインフラストラクチュアを担っていた決済サービスでも、フィンテック企業等による浸食が指摘されています。また、主な顧客である企業も、国内では人口の減少による需要と労働力双方の低迷、国外では中国を中心とする強力な新興企業との競争に直面し、安定した将来を見通すことはむずかしい状況にあります。

しかし、このように激しい変化は、既存の業務や組織に安住しようとする者には苦境となりますが、新たな可能性に挑戦しようとする者には素晴らしい機会をもたらします。わが国の金融システムの歴史を振り返ってみると、かつての不良債権問題は、戦後に例をみない大変な試練だったのですが、新たな事業者や事業再生の専門家の参入を受け入れながら、金融産業の方々が努力を積み重ねられたことで、何とか克服することができました。その過程で、わが国の金融システムはより強靭となり、より多様な機能を発揮するようになりました。この経験をふまえれば、現在置かれた状況も、これまでの業務や組織に固執することなく創意工夫を重ねていくことで、対応できるはずだと考えられます。その際には、わが国の政府も環境整備に全力をあげることが求められます。

ただし、その後の金融システムは、現在の姿とは大きく異なるものとなっているに違いありません。終身雇用システムのもとで社会生活を送ってきた私としては、そうした将来に向けて、口はばったいコメントをできる立場にはありません。それでも、スティーブ・ジョブズのスタンフォード大学におけるスピーチは、一言一句頭に刻み、日々思い起こしています。少し古くなりましたが、そのなかから、「若いころにアップルから追放されたことが新たな起業につながった」とする彼のコメントを拙訳とともに書かせていただくことで、この本のむすびにしたいと思います。

「The heaviness of being successful was replaced by the lightness of being a beginner again, less sure about everything. It freed me to enter one of the most creative periods of my life.（成功者で居続けねばならない重苦しさは、何につけてもあまり確かではなくなったものの、再び創始者になるという軽やかさに置き換わった。私は自由になり、人生で最も創造的な時期に入ったのだ。）」

お読みいただいて誠に有難うございました。

参考文献

青木周平
「決済の原理――決済についての入門講義」（日本銀行のＨＰ、二〇〇〇年）
赤羽喜治・愛敬真生編著
「ブロックチェーン――仕組みと理論」（リックテレコム、二〇一六年一〇月）
アセモグル、ダロン&ロビンソン、ジェイムズ　Ａ
「国家はなぜ衰退するのか」（鬼塚忍訳、早川書房、二〇一三年六月）
岩村充
「貨幣の経済学――インフレ、デフレ、そして貨幣の未来」（集英社、二〇〇八年）
「貨幣進化論――「成長なき時代」の通貨システム」（新潮社、二〇一〇年）
「中央銀行が終わる日――ビットコインと通貨の未来」（新潮社、二〇一六年）
「金融政策に未来はあるか」（岩波書店、二〇一八年六月）
上村未緒
「企業単位の規制改革は進むか」（みずほ総合研究所、「みずほインサイト」二〇一五年四月二七日）
英国政府科学局
「分散型元帳技術：ブロックチェーンを超えた応用の可能性」（UK Government Chief Scientific Adviser, December 2015）（日本語版監修　公益財団法人ＮＩＲＡ総合研究開発機構）
太田洋編著
「Ｍ&Ａ・企業組織再編のスキームと税務」（大蔵財務協会、二〇一六年一月）
岡田仁志・高橋郁夫・山崎重一郎

「仮想通貨」（東洋経済新報社、二〇一五年六月）
翁百合
「ブロックチェーンは社会をどう変えるか」（総合研究開発機構、「NIRAオピニオンペーパーNo.26」、二〇一六年一二月）
翁百合・柳川範之・岩下直行編著
「ブロックチェーンの未来：金融・産業・社会はどう変わるのか」（日本経済新聞出版社、二〇一七年九月）
カストロノヴァ、エドワード
「「仮想通貨」の衝撃」（伊能早苗・山本章子訳、株式会社KADOKAWA、二〇一四年）
神作裕之・小野傑・湯山智教編
「金融とITの政策学――東京大学で学ぶFinTech・社会・未来」（金融財政事情研究会、二〇一八年七月）
木下信行
「改正銀行法」（日本経済新聞社、一九九九年七月）
「銀行の機能と法制度の研究――日米の金融制度の形成と将来」（東洋経済新報社、二〇〇五年一一月）
「金融行政の現実と理論」（金融財政事情研究会、二〇一〇年四月）
「決済から金融を考える」（金融財政事情研究会、二〇一五年七月）
「電子マネーと取引費用および法律」（法学セミナー、一九九七年九月）
「情報通信技術の革新と金融システムの進化」（フィナンシャル・レヴュー、一九九九年六月）
「フィンテックの法と経済学（上）――ブロックチェーンを活用した決済サービスの改善が緊急の

課題」（金融財政事情研究会、「金融財政事情」、二〇一六年五月三〇日）二六―三〇頁
「フィンテックの法と経済学（下）――イノベーションに親和的な法制度への改革が求められる」（金融財政事情研究会、「金融財政事情」、二〇一六年六月一三日）二九―三三頁
「フィンテックとデジタルイノベーション」（太陽グラントソントン―エグゼクティブ・ニュース、二〇一七年五月号）
「ブロックチェーンとファイナリティ」（商事法務、ＮＢＬ、二〇一六年七月一五日）
「窮境企業に対する銀行の経営関与」（宍戸善一、後藤元編著「コーポレート・ガバナンス改革の提言」第13章、商事法務、二〇一六年一二月）
「レギュラトリーサンドボックスについて」（商事法務、ＮＢＬ、二〇一七年一月一五日）
「ブロックチェーンの法的検討」（商事法務、ＮＢＬ、二〇一七年三月一五日・四月一五日）
「スマートコントラクトについて」（商事法務、ＮＢＬ、二〇一七年一一月一五日）
木下信行・日向野幹也・木寅純一
「電子決済と銀行の進化」（日本経済新聞社、一九九七年一一月）
金融情報システムセンター
「電子決済研究会報告書」（一九九六年五月）
金融法委員会
「金融デリバティブ取引と賭博罪に関する論点整理」（一九九九年一一月二九日）
「デリバティブ取引に対する参入規制および行為規制の整理――金融商品取引法および商品先物取引法を中心に」（二〇一四年九月）
久保田隆（編）
「ブロックチェーンをめぐる実務・政策と法」（中央経済社、二〇一八年四月）

黒田巌
「通貨・決済システムと金融危機」(中央大学出版部、二〇一三年)
警察庁刑事局組織犯罪対策部国際捜査管理官
「来日外国人犯罪の検挙状況(平成二七年)」(二〇一六年三月)
コース、R.H.
「企業・市場・法」(宮澤健一・藤垣芳文・後藤晃訳、東洋経済新報社、一九九二年一〇月)
サイモン、ハーバート A
「システムの科学」(稲葉元吉・吉原英樹訳、パーソナルメディア、一九九九年六月)
佐藤雅美
「大君の通貨——幕末「円ドル」戦争」(文藝春秋、二〇〇三年三月)
宍戸善一
「動機付けの仕組としての企業——インセンティブ・システムの法制度論」(有斐閣、二〇〇六年九月)
嶋拓哉
「資金決済におけるファイナリティ概念について」(FSAリサーチ・レビュー、二〇〇六年)
白川方明
「現代の金融政策——理論と実際」(日本経済新聞出版社、二〇〇八年三月)
須藤修・後藤玲子
「電子マネー」(筑摩書房、一九九八年)
須藤純正
「デリバティブと賭博罪の成否(2)——刑事規制と民事救済の交錯」(「法学志林一一〇巻一一号」、

二〇一二年八月）二〇三―二七八頁
成長戦略法制研究会
「成長戦略法制――イノベーションを促進する企業法制設計――」（商事法務、二〇一八年秋刊行予定）
全国銀行協会
「全銀システムのあり方に関する検討結果について」（二〇一四年一二月）
園尾隆司
「民事訴訟・執行・破産の近現代史」（弘文堂、二〇〇九年四月）
大和証券グループ
「約定照合業務におけるブロックチェーン（ＤＬＴ）適用検討」（ＪＰＸワーキングペーパー、二〇一八年一月一八日）
タプスコット、ドン＆アレックス
「ブロックチェーン・レボリューション」（高橋璃子訳、ダイヤモンド社、二〇一六年一二月）
電子商取引実証推進協議会
「公的機関におけるＥＣの取組み調査」（一九九九年三月）
内閣
「参議院議員大久保勉君提出ビットコインに関する再質問に対する答弁書」（「内閣参質一八六第三九号」、二〇一四年三月一八日）
「未来投資戦略（２０１８）」（未来投資会議）
中島真志・宿輪純一
「決済システムのすべて」（東洋経済新報社、二〇一三年）

日本銀行
「日本銀行の機能と業務」(日本銀行のHP)
「業務概況書」(日本銀行のHP)
「新日銀ネットの有効活用に向けた協議会」報告書(二〇一四年三月)
「日本銀行・欧州中央銀行による分散型台帳技術に関する共同調査」(二〇一七年九月)
「決済システムレポート・フィンテック特集号」(二〇一八年二月)
「決済インフラを巡る国際的な潮流とわが国への含意」(日銀レビュー、二〇一二年五月)
「次世代RTGS第2期対応実施後の決済動向」(日銀レビュー、二〇一二年六月)
「主要国における資金決済サービス高度化に向けた取組み」(日銀レビュー、二〇一四年一一月)
「決済の法と経済学」(日銀レビュー、二〇一六年三月)
「わが国における自然利子率の動向」(日銀レビュー、二〇一六年一〇月)
日本銀行金融研究所
「中央銀行と通貨発行を巡る法制度についての研究会」報告書(金融研究、二〇〇四年八月)
「取引法の観点からみた資金決済に関する諸問題」(金融研究、二〇一〇年一月)
「証券取引における分散型台帳技術の利用を巡る法律問題研究会」報告書(金融研究、二〇一七年一一月)
ノース、ダグラス
「制度・制度変化・経済成果」(竹下公視訳、晃陽書房、一九九四年一二月)
野口悠紀雄
「仮想通貨革命――ビットコインは始まりにすぎない」(ダイヤモンド社、二〇一四年)
野村総合研究所

「公務員数の国際比較に関する調査報告書」（内閣府経済社会研究所、「研究会報告書等№21」、二〇〇六年八月）
「ブロックチェーンを利用したサービスに関する国内外動向調査」（二〇一六年三月）
原島研司
「英国のRegulatory Sandbox」（みずほ総合研究所、「みずほインサイト」二〇一六年三月三一日）
フェリックス、マーティン
「21世紀の貨幣論」（遠藤真美訳、東洋経済新報社、二〇一四年九月）
ブキャナン、マーク
「複雑な世界、単純な法則」（坂本芳久訳、草思社、二〇〇五年二月）
古市峰子
「現金、金銭に関する法的一考察」（金融研究、一九九五年一二月）
古江晋也
「店舗規制緩和と金融機関の店舗展開」（農林金融、二〇〇五年八月）
増島雅和
「ブロックチェーン技術を用いたスマートコントラクトの検討」（商事法務、ＮＢＬ、二〇一七年三月）
柳川範之
「契約と組織の経済学」（東洋経済新報社、二〇〇〇年四月）
柳川範之・山岡浩巳
「ブロックチェーン・分散型台帳技術の法と経済学」（日本銀行ワーキングペーパーシリーズ№17－J－1、二〇一七年三月）

吉本佳生・西田宗千佳
「暗号が通貨になる「ビットコイン」のからくり――良貨になりうる3つの理由」（講談社、二〇一四年五月）
ライタン、ロバート　E編著
「成長戦略論――イノベーションのための法と経済学」（木下信行、中原裕彦、鈴木淳人ほか訳、NTT出版、二〇一六年三月）
第1章「イノベーションと成長を促進するうえでの法の重要性」（バート・クーター、アーロン・エドリン、ロバート・E・ライタンほか著、山岡浩巳訳）
第2章「イノベーションのための法創造」（ジリアン・ハドフィールド著、鈴木淳人訳）
第9章「契約、不確実性、イノベーション」（ロナルド・J・ギルソン、チャールズ・F・セーブル、ロバート・E・スコット著、杉村和俊訳）
第10章「不法行為、イノベーション、成長」（ギデオン・パチョモフスキー、アレックス・シュタイン著、木下信行訳）
第11章「現代不法行為法がイノベーションと経済成長にもたらす影響」（ジョージ・L・プリースト著、江川絵理訳）
第14章「企業設立のデジタル化」（オリバー・R・グーデナフ著、利光秀方訳）
第19章「イノベーションと成長の育成に向けた法形成過程とより良い政策の発見」（ヘンリー・バトラー、ラリー・E・リブスタイン著、木下信行訳）
Bank for International Settlement,

'Principles for financial market infrastructures' (Committee on Payment and Settlement Systems, Technical Committee of the International Organization of Securities Commissions, April 2012)

'Central Bank Digital Currencies' (Committees on payment and Market Infrastructures, Markets Committee, March 2018)

Buterin, Vitalik

'A Next Generation Smart Contract & Decentralized Application Platform' (Ethereum Whitepaper, 23 January 2014)

'DAOs, DACs, DAs and More: An Incomplete Terminology Guide' (Ethereum Blog, 6 May 2014)

'On public and private blockchains' (Crypt Renaissance Salon, 7 August 2015)

'On settlement finality' (Crypt Renaissance Salon, 9 May 2016)

Calomiris, Charles W., and Charles M. Kahn

'The Efficiency of Self- Regulated Payments Systems: Learning from the Suffolk System' (Journal of Money, Credit and Banking, Vol.28, No.4)

Catalini, Christian & Gans, Joshua S.

'Some Simple Economics of the Blockchain' (NBER Working Paper No. 22952, December 2016)

Citi GPS (Global Perspective and Solutions)

'Digital Disruption Revisited – How FinTech is Forcing Banking to a Tipping Point' (March 2016)

'Bank of the Future' (March 2018)

De Filippi, Primavera & Hassan, Samer

'Blockchain technology as a regulatory technology: From code is law to law is code' (First Monday, Volume 21, Number 12-5 December 2016)

EBA Working Group on electronic and alternative payments

'Cryptotechnologies, a major IT innovation and catalyst for change' (11 May 2015)

European Commission

'A new European approach to business failure and insolvency' (Com (2012) 742 final, December 2012)

Fenwick, Mark and Kaal, Wulf A. and Vermeulen, Erik P. M.

'Legal Education in the Blockchain Revolution' (U of St. Thomas (Minnesota) Legal Studies Research Paper, No.17-05. 22 March 2017)

SSRN: https://ssrn.com/abstract=2939127

Financial Conduct Authority

'Annual Report 2015/2016' P10-11, P38-42, P68-72, P98-118

'Corporate governance of Financial Conduct Authority' P2-326 (March 2016)

'Regulatory Sandbox' (November 2015)

ISDA

'Whitepaper: Smart Contracts and Distributed Ledger - A Legal Perspective' (LINKLATERS, August 2017)

Khalil, Firas Al, Ceci, Marcello, O' Brien, Leona & Butler, Tom

'A Solution for the Problems of Translation and Transparency in Smart Contracts' (GRCTC.

February 2017)

Kaminska, Izabella

'Blockchain's governance paradox' (FT Alphaville, 15 June, 2017)

Kim, Henry M. and Laskowski, Marek,

'A Perspective on Blockchain Smart Contracts: Reducing Uncertainty and Complexity in Value Exchange' (10 May 2017)

SSRN: https://ssrn.com/abstract=2975770

McJohn, Stephen M. and McJohn, Ian,

'The Commercial Law of Bitcoin and Blockchain Transactions' (Suffolk University Law School Research Paper No.16-13, 22 November 2016) .

SSRN: https://ssrn.com/abstract=2874463

Milhaupt, Curtis J. & West, Mark D.

'Economic Organizations and Corporate Governance in Japan' (Oxford Press, August 2004)

Moribi, Massimo

'From "Bitcoin hype" to a real business case for Financial Markets' (Bocconi University and Banca IMI, 21 March 2016)

SSRN: http://ssrn.com/abstract=2760184

Murck, Patrick

'Who Controls the Blockchain?' (HARVARD BUSINESS REVIEW, 19 April 2017)

Peters, Gareth W. & Panayi, Efstathios

'Understanding modern banking ledgers through blockchain technologies: Future of transaction

processing and smart contracts on the internet of money' (19 November 2015)
SSRN: https://ssrn.com/abstract=2692487

Raskin, Max
'THE LAW AND LEGALITY OF SMART CONTRACTS' (GEO.L. TECH, REV. 305, April 2017)

Raskin, Max & Yermack, David
'Digital currencies, decentralized ledgers, and the future of central banking' (NBER Working Paper No. 22238, May 2016)

Reijers,Wessel, O'Brolcháin, Fiachra & Haynes, Paul
'Governance in Blockchain Technologies & Social Contract Theories' (Ledger, Vol 1, 2016)

Stark, Josh
'Making Sense of Blockchain Smart Contracts' (Coin Desk, 4 June 2016)

Swan, Melanie
'Blockchain - blueprint for a new economy' (O'REILLY, Feburary 2015)

Swanson, Tim
'Consensus-as-a-service: a brief report on the emergence of permissioned, distributed ledger systems' (6 April 2015)
http://www.ofnumbers.com/wp-content/uploads/2015/04/Permissioned-distributed-ledgers.pdf

Szabo, Nick
'Formalizing and Securing Relationships on Public Networks' (First Monday, Volume 2, Number 91 September 1997)

Walch, Angela

'The bitcoin blockchain as financial market infrastructure: a consideration of operational risk' (New York Legislation and Public Policy, Vol.83, 16 March 2015)

Werbach, Kevin D. and Cornell, Nicolas,

'Contracts Ex Machina' (18 March 2017, Duke Law Journal, Forthcoming)

SSRN: https://ssrn.com/abstract=2936294

Wright, Aaron and De Filippi, Primavera,

'Decentralized Blockchain Technology and the Rise of Lex Cryptographia' (10 March 2015)

SSRN: https://ssrn.com/abstract=2580664

World Economic Forum

'Realizing the Potential of Blockchain: A Multistakeholder Approach to the Stewardship of Blockchain and Cryptocurrencies' (White Paper, June 2017)

Yarvin, Curtis

'The DAO as a lesson in decentralized governance' (urbit.org/blog/dao/, 24 June 2016)

◆ヤ行

◆ラ行

◆ワ行

◆タ行

◆ナ行

◆ハ行

◈サ行

◆カ行

事項索引

■著者略歴■

木下　信行（きのした　のぶゆき）

1977年東京大学法学部卒業、同年大蔵省入省。
86年日本貿易振興会フランクフルト事務所長。
94年大蔵省銀行局金融市場室長。
95年金融情報システムセンター総務部長。
97年大蔵省銀行局調査課長。
99年金融監督庁監督部銀行監督第二課長。
2001年金融庁監督局総務課長。
04年コロンビア大学客員研究員。
05年財務省九州財務局長。
06年内閣官房郵政民営化委員会事務局長兼郵政民営化推進室長。
08年金融庁総務企画局参事官兼公認会計士・監査審査会事務局長。
09年証券取引等監視委員会事務局長。
10年日本銀行理事。
14年アメリカンファミリー生命保険会社シニア・アドバイザー。
18年東京金融取引所代表取締役社長（現任）。

デジタルイノベーションと金融システム

2018年10月26日　第1刷発行

著　者　木　下　信　行
発行者　倉　田　　　勲
印刷所　三松堂印刷株式会社

〒160-8520　東京都新宿区南元町19
発　行　所　一般社団法人 金融財政事情研究会
企画・制作・販売　株式会社 き ん ざ い
出版部　TEL 03(3355)2251　FAX 03(3357)7416
販売受付　TEL 03(3358)2891　FAX 03(3358)0037
URL https://www.kinzai.jp/

ISBN978-4-322-13407-0